SCHWEDEN
DER SÜDEN MIT STOCKHOLM

Jutta Westmeyer
Petra Juling

SCHWEDEN
DER SÜDEN MIT STOCKHOLM

Inhalt

LAND & LEUTE

Im Herzen Skandinaviens

Kultur und Leben

Tipps für Ihren Urlaub

UNTERWEGS
IN SÜDSCHWEDEN

Stockholm und Umgebung

Inhalt

Die Westküste

Die Ostküste

Die großen Seen

Inhalt

REISEINFOS VON A BIS Z

SÜDSCHWEDEN-ATLAS

LAND & LEUTE

»Ob das nun Einbildung ist oder reale Kräfte – diese Landschaft im Norden ist eben meine. ... hier wirst Du ein kleines bisschen begreifen, warum ich immer mit dem Norden so viel angebe. Wie die grünen Bäume gegen den grünen Himmel stehn ...«

Kurt Tucholsky

Im Herzen Skandinaviens

Einer von unzähligen stillen Seen
in Südschweden

VORSTELLUNGEN VON SCHWEDEN

»Es ist doch merkwürdig«, sage ich. »Wenn die Leute in Deutschland an Schweden denken, dann denken sie: Schwedenpunsch, furchtbar kalt, Ivar Kreuger, Zündhölzer, furchtbar kalt, blonde Frauen und furchtbar kalt. So kalt ist es gar nicht.«

So fasst die Hauptfigur in Kurt Tucholskys 1931 erschienenem Roman ›Schloss Gripsholm‹, deutsche Vorstellungen von Schweden zusammen. Heute setzt sich unser Schweden-Bild anders zusammen, denn Schweden ist seit dem EU-Beitritt im Jahr 1995 näher an Europa herangerückt, und nicht mehr nur das Königshaus erscheint der Berichterstattung wert.

Wir kennen die Theaterstücke eines August Strindberg, die unter anderem den quälenden Geschlechterkampf darstellen, und die Filme eines Ingmar Bergman, ›Szenen einer Ehe‹, aber auch ›Fanny und Alexander‹, typisch schwedisch in dem Kontrast zwischen den heiteren, lebensfrohen sommerlichen Großfamilienfesten unter grünenden Birken und der erdrückenden Strenge eines protestantischen Bischofshaushaltes. Astrid Lindgrens Bücher und deren Verfilmungen zeigen Kinder, die oft in einer nahezu paradiesischen Umwelt aufwachsen, Kinder wie Pippi Langstrumpf und Michel aus Lönneberga. »Typisch Schwedisch« verbinden wir heute mit Qualität: Design mit schlichten, klaren Formen, Möbel von IKEA, Popmusik, spannende Kriminalliteratur z. B. von Henning Mankell und Åke Edwardson, Tetra Pak, Autos von Volvo und Saab, Wodka von Absolut, Kleidung von H&M, Telefone von Ericsson, Knäckebrot von Wasa …

Und dann ist da noch die Landschaft: eine unendliche Zahl größerer und kleinerer Seen, dunkle, endlose Wälder, liebliche, aber auch zerklüftete Küsten und beeindruckende Hochebenen. Da das Land im Vergleich zu Zentraleuropa äußerst dünn besiedelt ist und nicht zu den bevorzugten Zielen des Massentourismus zählt, ist es immer möglich, diesen ungeheuren natürlichen Reichtum auch völlig ungestört zu genießen. Pittoreske Dörfer und lebhafte Städte zeigen architektonische Zeugnisse aus allen Epochen, wie wir sie z. B. in Deutschland nicht mehr vorfinden. Denn schließlich hat Schweden seit 1814 keine Kriege mehr geführt. Wenn sich dann noch das Wetter von seiner besten Seite präsentiert, der Sommer warm und lichtdurchflutet, der Winter kalt und schneereich, dann wird dieses Land im Norden Europas zu einem idealen Reiseziel für Menschen, die Erholung suchen in einer einigermaßen unzerstörten Natur, ohne jedoch auf die infrastrukturellen und kulturellen Annehmlichkeiten einer hochentwickelten Gesellschaft verzichten zu müssen. Und auch der Genuss kommt nicht mehr zu kurz: Schwedische Köche gewinnen heute bei Kochwettbewerben reihenweise erste Preise und zaubern aus den hervorgenden Rohwaren ihrer Landschaft köstliche Gerichte.

STECKBRIEF SCHWEDEN

Lage und Größe: Schweden, das fünftgrößte Land Europas, nimmt den Süden und den Osten der skandinavischen Halbinsel ein. Es grenzt im Westen an Norwegen, im Nordosten an Finnland. Fläche: 449 964 km², davon 9% Binnengewässer und ca. 54% Wald, ca. 6% der Gesamtfläche sind Naturschutzgebiete. Nord-Süd-**Ausdehnung** 1 574 km, Ost-West-Ausdehnung 499 km; gesamte **Küstenlänge** ca. 3218 km, ca. 150 000 Inseln. Die höchsten **Erhebungen** finden sich entlang der schwedisch-norwegischen Grenze und erreichen Höhen zwischen 1 000 und 2 000 m (Kebnekaise in Lappland 2 111 m). Auch die längsten Flüsse befinden sich in Norrland, dafür hat der Süden die größten **Binnenseen** aufzuweisen: Vänern 5 585 km², Vättern 1 914 km², Mälaren 1 409 km², Hjälmaren 484 km² (zum Vergleich: Bodensee 538,5 km²). **Die größten Städte:** Stockholm (765 000 Ew. bzw. 1,87 Mio. Ew. im Großraum), Göteborg (481 000 Ew.), Malmö (269 000 Ew.)

Staat und Verwaltung: Schweden (Konungariket Sverige) ist eine Parlamentarisch-demokratische Monarchie. Staatsoberhaupt ist seit 1973 König Carl XVI. Gustaf. Das Parlament *(Riksdagen)* mit 349 Mitgliedern wird alle vier Jahre im September gewählt (zuletzt 2002). Im Parlament vertreten sind die *Socialdemokratiska arbetarepartiet* (die mit Göran Persson den Regierungschef stellt), die konservative *Moderata samlingspartiet,* die liberale *Folkpartiet liberalerna, Centerpartiet* (Umweltpartei), *Vänsterpartiet* (die frühere Kommunistische Partei), die Umweltpartei *Miljöpartiet de gröna* und *Kristdemokraterna.* Für einen Einzug in den Reichstag muss eine Partei mehr als 4% der Wählerstimmen auf sich vereinen.

Bevölkerung: 9 Mio. Einwohner, durchschnittlich 19 Einwohner pro km², allerdings lobon ca. 85% in der südlichen Landeshälfte. In Schweden gibt es ca. 215 000 Angehörige der finnischsprachigen Minderheit und 6000 Samen sowie rund 0,6 Mio. Ausländer. Die Bevölkerung wächst jährlich um ca. 0,3%. Durchschnittliche Lebenserwartung: Männer 77,5 Jahre, Frauen 82,1 Jahre

Religion: Bis 1996 wurde jeder Schwede mit der Geburt automatisch Mitglied der evangelisch-lutherischen Kirche, der heute 85% angehören. Seit 2000 gibt es eine Trennung von Staat und Kirche. 1,7% sind Katholiken, ca. 18 000 Juden, ca. 250 000 Muslime und ca. 4000 Buddhisten. Seit 1958 dürfen Frauen Pastorinnen werden.

Wirtschaft: Von der erwerbstätigen Bevölkerung arbeiten nur noch 3,3% in der Land- und Forstwirtschaft sowie Fischerei, 19% in der Industrie, 71% im Dienstleistungssektor. In Schweden sind 74,8% aller Frauen berufstätig. Wichtigste Wirtschaftszweige sind Maschinenbau, holzverarbeitende Industrie, chemische Industrie, Papiererzeugung, Telekommunikation und zunehmend Tourismus.

LANDSCHAFTEN UND NATURRAUM

Spuren der Eiszeit

Begrenzt wird Schweden im Osten und Südwesten von der Ostsee und, entlang der norwegischen Grenze, auf fast 1500 km von den Skanden, dem bis knapp über 2000 m hohen skandinavischen Gebirgszug. Zum Bottnischen Meerbusen hin fällt das Land sanft ab. In den Skanden entspringen auch alle großen nord- und mittelschwedischen Flüsse, die in südöstlicher Richtung zum Bottnischen Meerbusen fließen und wichtige Energielieferanten sind. Die südschwedischen Flüsse entspringen meist im småländischen Hochland.

Seine heutige Oberflächengestalt erhielt Schweden während der letzten Eiszeit vor ca. 10 000–20 000 Jahren. Die skandinavische Halbinsel war stellenweise von bis zu 3000 m dicken Eismassen bedeckt, die einen enormen Druck auf das Land ausübten und gleichzeitig durch permanente Bewegung die anstehenden Gesteinsarten, überwiegend urzeitliche Granite sowie Gneise, glattschliffen: ein Umstand, dem wir u. a. die Schären vor der West- und der Ostküste verdanken.

Unter der Last der Eismassen hatte sich der Festlandsockel gesenkt, so dass am Ende der letzten Eiszeit große Teile des heutigen Schweden noch unter Wasser lagen. Mit dem Abschmelzen des Eises hob sich die Landmasse

wieder, ingesamt um ca. 300 m – ein Vorgang, der auch heute noch nicht abgeschlossen ist und am Nordende des Bottnischen Meerbusens noch ca. einen Höhenmeter in 100 Jahren ausmacht. Für die Küstenstädte hatte dieser Prozess mitunter einschneidende

Spuren der Eiszeit zeigen
die Schären an der Westküste

Folgen, wenn Häfen verlandeten und verlegt werden mussten

Den Auswirkungen der Eiszeit ist denn auch die vielfältige Gestalt des Landes geschuldet: felsiger Untergrund mit ebenen Moränenlandschaften, sanfte Hügel, lange Sandstrände, kleine Seen und Moore, felsige Küsten im Süden (Götaland), ausgedehnte Wälder, lange Flüsse und riesige Seen (Vänern, Vättern, Mälaren, Hjälmaren) im mittelschwedischen Tiefland (Svealand) und der karge, dünnbesiedelte Norden (Norrland).

Die Besiedlung des Landes nach der Eiszeit vollzog sich naturgemäß dort, wo günstige geografische und klimatische Gegebenheiten herrschten, also entlang der Küsten und Flussläufe sowie im Mälartal.

Flora und Fauna

Grob teilt man Schweden in vier Vegetationszonen ein: Im Süden findet sich in einem schmalen Streifen entlang der Küsten die Laubwaldregion, die in großen Zügen der mitteleuropäischen ähnelt. Vor allem die Buche ist hier bestandsbildend. Den größten Teil Mittelschwedens nimmt die südliche Nadelwaldregion ein, hier gedeihen ausgedehnte Mischwälder mit Fichten, Kiefern, Buchen, Eichen und natürlich Birken und Espen.

Das Gebiet jenseits der großen schwedischen Seen prägt die nördliche Nadelwaldregion, Teil der Taiga, die sich von Russland und Finnland nach Westen erstreckt. Im Gebirge an der westlichen Landesgrenze liegt die Baumgrenze bei ca. 800 m ü. NN. Zwischen den baumlosen Gebirgsregionen und der Nadelwaldzone wachsen, ein einzigartiges Phänomen, Birken, die allerdings weitaus kleiner sind als in den südlichen Landesteilen. Schweden ist zu ca. 54% von Wald bedeckt, der traditionell, wenn auch heutzutage gegen wachsenden Widerstand seitens der Naturschützer, wirtschaftlich genutzt wird.

Eine Ausnahme bilden Öland und Gotland, die aufgrund des kalkhaltigen Gesteins und einer extrem geringen Niederschlagsmenge völlig andere Vegetationsformen kennen. Auf Ölands großer Steppe (Alvar) wachsen ca. 30 Orchideenarten, aber auch das Siljan-Gebiet und der Omberg sind ein gutes Terrain für Orchideenliebhaber.

Im südschwedischen Hochland finden sich ausgedehnte Hochmoore, die entstanden, weil die relativ großen Niederschlagsmengen schlecht abfließen können. An manchen Stellen ist die Torfschicht 10 m dick.

Pflanzen- und Tierwelt profitieren in Schweden vor allem von der noch relativ unbeschädigten Natur und der Tatsache, dass dieses Land sehr dünn besiedelt ist. So konnten sich in Skandinavien Tierarten behaupten, die auf dem europäischen Kontinent schon fast ausgestorben sind, z. B. Fischotter, Biber und der Elch. Diese Art kommt mittlerweile mangels natürlicher Feinde in Schweden wieder in so großer Zahl vor, dass sie mancherorts zu einer Plage geworden ist. Abhilfe schaffen unter anderem für viel Geld an ausländische Touristen verkaufte Abschusslizenzen. Wer die eindrucksvollen Tiere in freier Wildbahn beobachten möchte, sollte sich in der Dämmerung zu Waldrändern oder Lichtungen begeben.

Angler erfreuen sich am Fischreichtum der Flüsse und Seen, wo Lachs und Forelle, Hecht und Maräne leben. Für Ornithologen ist das sommerliche Schweden ein Paradies, denn viele in Mitteleuropa seltene Vögel wie Fischadler oder Birkhuhn sind hier zu beobachten.

Ein unangenehmes Kapitel sind die Mücken, die im Sommer einen Aufenthalt in wasserreichen Regionen zur Qual machen können, denn die agressiven Wesen stürzen sich mit Vorliebe auf wehrlose Wanderer und Badende. Um sich vor ihnen zu schützen, schwören viele Schweden auf eine bestialisch stinkende, Dschungelöl (Djungelolja) genannte Tinktur.

16

FERIEN AUF SALTKROKAN

Mitte Juni die Stadtwohnung zu verriegeln und auf eine winzige Insel in den Schären zu verschwinden, wie es in Astrid Lindgrens Erzählung ›Ferien auf Saltkrokan‹ Vater Melcher und seine Familie tun, danach sehnen sich viele Schweden. *Smultronställe* nennen sie den Ort ihrer Urlaubsträume – das sind die versteckten Stellen, an denen die kleinen süßen Walderdbeeren *(smultron)* wachsen. Ein solches Plätzchen bedeutet für die Schweden die Erfüllung ihrer schönsten Kinderwünsche. Idealerweise währt diese Flucht aus dem Alltag mehrere Wochen, in denen man sich die Zeit mit Fischen, Schwimmen, Segeln und Sonnenbaden vertreibt.

Urlaub im eigenen Land ist in Schweden – Kenner wundert das nicht – äußerst beliebt. Wer sie nicht sowieso besitzt, und das tut ca. ein Fünftel aller Schweden, mietet sich sommers eine *stuga*, ein kleineres oder auch größeres (rotes) Holzhäuschen, vielleicht auf einer winzigen Insel, manchmal sogar ohne Strom, fließendes Wasser und Telefon, und verbringt dort die langen Ferien. Gemeinsam ist allen Feriendomizilen, ob sie sich nun auf einer Insel im Stockholmer Schärengarten, inmitten dunkler Wälder in Småland oder an der Küste in Skåne befinden, dass sie möglichst einsam liegen müssen. In schwedischen Ferienhauskatalogen ist deshalb immer die Entfernung zum nächsten Nachbarn angegeben, je größer, desto lieber. Zur perfekten Idylle gehört ein (Bade-)Gewässer in der Nähe: Fluss, See oder das Meer, das man mit einem Boot befahren kann und aus dem man bei Bedarf Nahrungsmittel in Form von Fisch bezieht. Die umliegenden Wälder bieten Beeren und Pilze in Hülle und Fülle, und der ungestörten Rückkehr an den Busen der Natur steht nichts mehr im Wege.

WIRTSCHAFT UND UMWELT

Industrie und Landwirtschaft

Schweden, noch Mitte des 19. Jh. eines der ärmsten Länder Europas, hat in relativ kurzer Zeit den Sprung vom Agrar- zum Industriestaat geschafft, in dem nur mehr 3 % der Erwerbstätigen in der Landwirtschaft arbeiten (die aber das Land bis auf wenige Ausnahmen komplett mit landwirtschaftlichen Gütern versorgen). Ein Großteil der schwedischen Wirtschaftskraft resultiert aus den reichen Rohstoffvorkommen an Holz, Eisenerz und Wasser und deren Weiterverarbeitung. Ein Boom in der Kommunikationstechnologie löste in den 1990er Jahren ein gewaltiges Wirtschaftswachstum aus, das unterdessen durch die Pleiten zahlreicher Start-Up-Unternehmen jedoch wieder etwas gebremst wurde. Nach einer ernsten Wirtschaftskrise Anfang der 1990er Jahre weist der schwedische Staatshaushalt heute einen Überschuss auf, Inflation und Arbeitslosenrate sind wieder gesunken.

Schweden ist stark von Exporten abhängig, wichtigste Handelspartner sind Deutschland, Großbritannien, die USA und Norwegen. Ausgeführt werden überwiegend Erzeugnisse der metallverarbeitenden, der Holz-, Zellstoff- und Papierindustrie, der chemischen Industrie sowie IT-Technologie.

Noch liefern 12 Atomkraftwerke fast die Hälfte der in Schweden verbrauchten Energie. In einer Volksabstimmung wurde 1980 beschlossen, bis 2010 alle Reaktoren stillzulegen, inzwischen hat sich dieser Zeitplan aber als unrealistisch herausgestellt, da es nicht gelang, umweltfreundliche Energien zu einem akzeptablen Preis zur Verfügung zu stellen. Größte Chancen sieht man bei Windenergie und Biomasse. Die Nutzung von Wasserkraft, die gut 10% der Energieversorgung stellt, ist aus ökologischen Gründen umstritten. Per Gesetz wurde beschlossen, bestimmte Flüsse und Flussabschnitte zu verschonen.

Umweltschutz

Verglichen mit anderen europäischen Ländern ist Schweden ein Umweltparadies. Steuern und strenge Auflagen für die Industrie haben dazu geführt, dass die Qualität von Luft und Wasser heute besser ist als vor 20 Jahren. Größtes Umweltproblem ist die Versauerung von Böden und Gewässern – und das ist äußerst schwer zu bekämpfen, denn Schweden ist nur für die Hälfte der schädlichen Emmissionen selbst verantwortlich, der Rest kommt vor allem aus Großbritannien, Polen und Deutschland.

Die Landwirtschaft nimmt derzeit eine europäische Vorreiterstellung an, 10% der landwirtschaftlichen Nutzfläche werden nachhaltig bewirtschaftet. Ihre Produkte nimmt z. B. die schwedische Staatsbahn ab, die in ihren Zugrestaurants ökologisch zertifizierte Lebensmittel anbietet.

ALLEMANSRÄTT

Das schwedische Allemansrätt, das Jedermannsrecht, wird geregelt durch den in der Welt einzigartigen Paragraphen 1 des Naturschutzgesetzes, der allen Menschen freien Zugang zur Natur garantiert. Ausnahmen bilden lediglich einige Nationalparks und Naturreservate, zu denen nur ein eingeschränkter Zutritt möglich ist.

Erlaubt ist es, immer unter der Voraussetzung, dass die Natur keinen Schaden nimmt, sich überall zu Fuß oder auf Skiern zu bewegen, Gewässer, auch private, zu befahren, an Stränden, die erkennbar nicht zu Privatgrundstücken gehören, zu baden und für kürzere Zeit, allerdings nicht in der Nähe von Häusern, zu zelten. Selbstverständlich sollte man, wenn man ihn denn ausfindig machen kann, immer den Besitzer der Wiese oder des Grundstücks um Erlaubnis fragen.

Verboten ist alles, was der Natur Schaden zufügt bzw. die Privatsphäre anderer stört. So darf man weder Vogelnester ausnehmen, Böden, Pflanzen und Saaten beschädigen oder geschützte Pflanzen pflücken, ohne Erlaubnis fremde Grundstücke und Anpflanzungen befahren, an privaten Stegen oder Bojen Boote vertäuen, noch Abfälle in der Natur zurücklassen, was auch für Picknickreste und Exkremente gilt. Hunde sind dort, wo sie andere Tiere stören könnten, an der Leine zu führen. Angeln und jagen darf man, bis auf wenige Ausnahmen, nur mit einer entsprechenden Erlaubnis. Auch wenn es noch so romantisch sein mag: Auf Klippen (die durch die Hitze zerspringen würden) oder in brandgefährdeten Umgebungen darf nie Feuer gemacht werden. Wohnmobil- und Motorradfahrer mögen es bedauern, aber sie dürfen sich mit ihren Fahrzeugen nicht im Gelände bewegen.

Das Funktionieren des Allemansrätt setzt einen verantwortungsvollen Umgang mit der Natur voraus. In den letzten Jahren ist es in Regionen mit hohem Touristenaufkommen immer wieder zu Schäden an der Natur gekommen, die im Norden um so schlimmer sind, als die Natur in der kurzen Vegetationsperiode ungleich länger als in südlicheren Gefilden braucht, um sich von Beschädigungen zu erholen. Es besteht deshalb immer die Gefahr, dass dort, wo Touristen sich nicht verantwortungsbewusst verhalten, das Allemansrätt ausgesetzt wird und es fürderhin unmöglich sein könnte, einfach dort, wo es schön ist, sein Zelt aufzuschlagen.

GESCHICHTE IM ÜBERBLICK

Von den Anfängen zur Konsolidierung des Reiches

vor ca. 12000 Jahren	Die ersten Menschen, nomadisierende Jäger und Sammler, betreten den Boden des heutigen Südschweden nach dem Ende der letzten Eiszeit und folgen dem zurückweichenden Eis nach Norden.
ab ca. 3000 v. Chr.	Erste Spuren einer dauerhafteren Besiedlung. Überliefert sind zahlreiche Dolmen-, Gang- und Steinkistengräber.
98 n. Chr.	Erste schriftliche Erwähnung des Volksstammes der Suiones oder Svear, die in der Region um den Mälarsee leben, in der ›Germania‹ des Tacitus.
8.–11. Jh.	Drei Jahrhunderte lang beherrschen die **Wikinger** mit ihren schnellen Schiffen die Meere und Flüsse nicht nur im Norden Europas.
ab 9. Jh.	Die **Christianisierung** des Nordens beginnt durch angelsächsische und fränkische Missionare. Gleichzeitig **konsolidiert sich das Reich**, das aus Finnland und Schweden ohne Skåne, Blekinge, Halland und Bohuslän besteht. An der Spitze steht ein gewählter König. Im 13. Jh. werden die ersten Gesetzessammlungen schriftlich fixiert.
13. Jh.	Für das Agrarland Schweden beginnt der **Eintritt in den europäischen Handel**. Es werden Kontakte zu den Kaufleuten der Hanse geknüpft, die in der Folge entscheidenden Einfluss auf die wirtschaftliche, politische und kulturelle Entwicklung des Landes nehmen. Sie kontrollieren praktisch alle Warenbewegungen und stellen in manchen Städten sogar die Mehrheit der Stadträte, weshalb es zeitweise in Visby und Stockholm Verordnungen gab, nach denen der Stadtrat mindestens zur Hälfte aus Schweden zu bestehen hatte. Die relative Isolation, in der sich das Land mit Ausnahme der Wikingerzeit immer befand, wird durch den internationalen Handel mit Rohstoffen (Eisen) und Agrarerzeugnissen beendet. In der Folge erlebt Schweden eine **kulturelle Blüte**.

Vom Teilstaat zur Großmacht

1389–1521	Aus Protest gegen die Einsetzung von deutschen Adeligen auf schwedischen Burgen durch Albrecht von Mecklenburg verbündet sich die schwedische Aristokratie gegen ihren deutschstämmigen König, der mit Hilfe der dänischen Königin Margarete 1389 besiegt wird. 1397 kommt es zu einer Union mit Dänemark und Norwegen. Die Führung der **Kalmarer Union**, so genannt, weil die wichtigsten Verhandlungen in Kalmar stattfanden, übernimmt Königin Margarete von Dänemark. Die folgenden Jahre bis zur Auflösung der Union stehen im Zeichen heftiger Kämpfe. Schweden versucht immer wieder,

DIE WIKINGER

Die Wikinger befuhren mit ihren schnellen, seetüchtigen Segelschiffen die Nord- und Ostsee, die großen Flüsse Zentraleuropas und sogar den Atlantik bis nach Neufundland, gelangten also lange vor Columbus an die Küste des amerikanischen Kontinents, während ihre Frauen mithilfe von Sklaven daheim die Höfe versorgten. Wikinger aus dem heutigen Norwegen und Dänemark gründeten in Südengland das Königreich Danelag, entdeckten Island (874) und Grönland (986) und betrieben von dort aus Handel. ›Schwedische‹ Wikinger, die Waräger, machten sich auf in Richtung Süden und Osten, trieben Handel, verdingten sich in Byzanz als Leibwächter und gründeten Städte wie z. B. Kiew.

Zeitgenössische Berichte über dieses angeblich so blutrünstige Seefahrervolk stammen vor allem von christlichen Missionaren, deren Bekehrungsversuchen sich die Wikinger anfangs massiv widersetzten und deren Klöster sie ausraubten und niederbrannten. Im Jahr 793 überfielen Wikinger das Kloster Lindisfarne an der Ostküste Großbritanniens. 843 griffen sie Nantes an, 844 Sevilla, 845 Paris und Hamburg, 860 Konstantinopel, 881 Köln, Mainz, Aachen und Worms. Dass die Äußerungen der direkt Betroffenen nicht freundlich gewesen sein können, ist verständlich. Arabische Quellen berichten dagegen von den Fähigkeiten der Wikinger als Händler und Politiker, aber auch von ihrer Schamlosigkeit und ihren schlechten Manieren.

Als gesichert gilt heute, dass die Wikinger überaus tüchtige – und geldgierige – Händler waren. Zu ihren Stützpunkten gehörte (neben Birka im Mälarsee und später der Insel Gotland) Haithabu an der Schlei, das ein maurischer Gesandter Ende des 10. Jh. als reichste Stadt des Nordens bezeichnete. In riesigen Hafenanlagen wurden die Waren umgeschlagen und zum Weitertransport vorbereitet. Man handelte mit Sklaven, Salz aus Frankreich, Luxuswaren aus Byzanz, Zinn aus England und Elchgeweihen aus Lappland. Bezahlt wurde mit Silber.

Im 11. Jh. waren die Wikingerzüge größtenteils beendet, vermutlich auch, weil sich in ihren bevorzugten Zielgebieten Reiche konsolidierten, die sich gegen die Angriffe zu wehren wussten, weshalb der Raubhandel weniger einträglich geworden war. Bis zu diesem Zeitpunkt konnten die Wikinger deshalb so erfolgreich sein, weil sie politische Instabilität geschickt ausnutzten und auf dem Gebiet der Schiffsbautechnik haushoch überlegen waren. Die Segelschiffe konnten bei Bedarf auch gerudert werden und hatten zudem einen extrem flachen Kiel, was die Landung am Strand erheblich erleichtert haben dürfte. Überliefert ist die Vorstellung, dass gefallene Krieger dem höchsten Gott Odin in Walhall Gesellschaft leisten durften – eine mögliche Erklärung für die legendäre Furchtlosigkeit der Wikinger.

Alles in allem waren die Wikinger wohl keineswegs nur kulturlose Barbaren. Silberschmuck, den man in Gräbern oder bei Ausgrabungen fand, ist von großer Kunstfertigkeit und Schönheit. Verziert wurde er, wie auch Waffen und Gebrauchsgegenstände, mit Flechtwerk, geometrischen Ornamenten und Tiermotiven.

seine Selbständigkeit zurückzuerlangen; und der Adel mag sich nicht mit einem übermächtigen Herrscher abfinden.

Anfang 15. Jh. Im Bergbaugebiet Bergslagen bricht unter der Führung von Engelbrekt Engelbrektsson ein Aufstand gegen die Dänen aus. Er endet mit der Wahl eines schwedischen Königs.

1. Hälfte 16. Jh. Endgültig **selbständig** wird das Land 1523, als **Gustav Wasa** die Macht übernimmt und den Staat reformiert. Er enteignet 1527 faktisch die Römische Kirche, in erster Linie, um die Staatsfinanzen zu sanieren, und schafft gegen den Widerstand der Provinzen eine zentrale Landesverwaltung.

2. Hälfte 16. Jh. Gustav Wasas Reformen haben günstige Voraussetzungen für die Expansionsbestrebungen seiner Söhne geschaffen, die in den folgenden Jahrzehnten zahlreiche Kriege führen, um den Ostseehandel mit Russland unter Kontrolle zu bringen. In dieser Zeit entstehen die mächtigen **Wasa-Schlösser** im Renaissancestil (Gripsholm, Kalmar, Vadstena, Uppsala).

1. Hälfte 17. Jh. Mit König Gustav II. Adolf steigt Schweden zur **europäischen Großmacht** auf. Unter seiner Führung beteiligt sich das Land am **Dreißigjährigen Krieg**, wo der König 1632 in der Schlacht von Lützen fällt. Nachfolgerin wird seine sechsjährige Tochter Kristina, die Regierungsgeschäfte führt Reichskanzler Axel Oxenstierna. Eine Reihe von Friedensschlüssen bringen dem Land territoriale Zuwächse: Im Frieden von Brömsebro 1645 erhält Schweden die Provinzen Jämtland, Härjedalen, Gotland und Halland, im **Westfälischen Frieden** (1648) Vorpommern, Bremen und Verden, verliert aber die polnischen Besitzungen, im Frieden von Roskilde 1658 schließlich kommen Skåne, Blekinge und Bohuslän zu Schweden.

Verlust der Vormachtstellung und Nordische Union

2. Hälfte 17. Jh. Die durch ihre Leistungen im Dreißigjährigen Krieg zu Reichtum gekommenen Adeligen eignen sich in der Folge die kontinentaleuropäische Kultur an, indem sie Baumeister und Künstler ins Land holen. Der Staat hingegen ist verarmt, denn er hatte die Unterstützung der Adeligen mit Verkauf von Grundbesitz und Steuererleichterungen teuer bezahlt. Schließlich gehören dem Adel 72% des Grundbesitzes, Staat und Bauern teilen sich den Rest. Dieses Missverhältnis, das mit einer wachsenden Macht der Adeligen einhergeht, sucht Karl XI. mit der sogenannten **Reduktion** wieder zu verändern. Er entzieht den Adeligen einen Teil ihrer Besitzungen und setzt sie um, mit dem Ergebnis, dass sich nun Adel, Staat und Bauern den Grundbesitz teilen. Dadurch können Ausgaben für militärische und zivile Staatsaufgaben gedeckt werden.

1697–1718 Unter Karl XII. (1697–1718) führt Schweden **zahlreiche Kriege** gegen Russland, Polen und Dänemark. An deren Ende hat das Land bis auf Teile Finnlands und einige Gebiete an der deutschen Ostseeküste alle Besitzungen außerhalb der heutigen Landesgrenzen und damit seine **Vormachtstellung verloren.**

1719–72 Während der sogenannten Freiheitszeit, in der eine Verfassungsreform die Macht des Reichstages stärkt, erleben Wirtschaft und Kultur eine **erneute Blüte**. 1766 wird ein Gesetz zur Pressefreiheit verabschiedet, das erste in Europa. Die kulturelle und politische Entwicklung – Bauern und Nichtadelige erhalten **mehr Rechte**, die Macht des Königs wird schließlich beschnitten – setzt sich zunächst unter dem ›Theaterkönig‹ Gustav III. fort (s. S. 63).

Anfang 19. Jh. Nach einer langen Phase außenpolitischer Konflikte verzichtet der gewählte Thronfolger Karl Johan Bernadotte, ein früherer Marschall Napoleons, auf dem **Wiener Kongress** 1814 auch auf die letzten exterritorialen Besitzungen des Landes. Allerdings bringt das Ende der napoleonischen Kriege auch einen Gebietszuwachs – 1814 wird Dänemark gezwungen, **Norwegen an Schweden** abzutreten. Diese den Norwegern aufgezwungene Union hält bis 1905.

Ein Agrarstaat wird industrialisiert

1. Hälfte 19. Jh. Innen- und sozialpolitisch ist das 19. Jh. geprägt von einem starken **Bevölkerungswachstum**. 1815 leben knapp 2,5 Mio. Menschen in Schweden, um 1900 sind es bereits mehr als 5,1 Mio. Ursachen sind bessere Ernährung und Gesundheitsvorsorge. Die veralteten landwirtschaftlichen Produktionsbedingungen können jedoch die Versorgung der stark angewachsenen Bevölkerung nicht mehr sicherstellen, es bildet sich ein ländliches Proletariat, die sogenannten *torpare*, deren katastrophale Lebensbedingungen zu massenhafter Auswanderung, vorzugsweise in Richtung Nordamerika, führen.

Mitte 19. Jh. Parallel zu dieser Entwicklung setzt Mitte des 19. Jh. die **Industrialisierung** des Agrarlandes Schweden ein. Sägewerke entstehen, die Holz auch ins Ausland exportieren, Eisenbahnlinien erschließen unzugängliche Regionen, wodurch der Abbau von Bodenschätzen (Eisenerz) teilweise überhaupt erst möglich und rentabel wird.

2. Hälfte 19. Jh. Diese Umwälzungen bleiben nicht ohne Folgen für die Innenpolitik. Eine **liberale Opposition** gegen den König formiert sich und erreicht 1840 schließlich, dass Minister nicht nur als Ratgeber des Königs fungieren dürfen. 1842 wird die allgemeine Schulpflicht eingeführt, 1845 das gleiche Erbrecht für Männer und Frauen, 1858 Rechte für alleinstehende Frauen, 1860 die Religionsfreiheit. 1856–66 erfolgt eine Parlamentsreform.

Ende 19. Jh. Der Großteil der Bevölkerung, der zu diesem Zeitpunkt noch nicht wahlberechtigt ist, schließt sich in **Volksbewegungen** zusammen, die die weitere schwedische Geschichte entscheidend beeinflussen werden. 1889 konstituiert sich die sozialdemokratische Partei, 1900 die liberale und 1904 die konservative.

Anf. 20. Jh. Die Volksbewegungen haben entscheidenden Anteil an Wissens- und politischer Bewusstseinsbildung weiter Teile der Bevölkerung, die zum ersten Mal 1911 an **Reichstagswahlen** teilnehmen dürfen und Sozialdemokraten und Liberalen zu großen Zuwächsen verhelfen.

1914–18 Im Zusammenhang mit dem **Ersten Weltkrieg** erlebt Schweden einen rasanten wirtschaftlichen Aufschwung und kann seine Industrieerzeugnisse wie Eisen und Stahl, Zellstoff, Streichhölzer, Kugellager u. ä. in alle Welt exportieren. Das Land bleibt im Ersten Weltkrieg neutral, führt aber weiterhin ungehindert Handel mit den kriegführenden Staaten, was schließlich zu Maßnahmen seitens der Alliierten führt, in der Folge eine **Wirtschaftskrise** auslöst und die konservative Regierung zum Rücktritt zwingt.

ab 1920 Im Jahr 1920 wird der Sozialdemokrat Hjalmar Branting Staatsminister, bis 1932 erlebt Schweden, das von der **Weltwirtschaftskrise** hart getroffen wird, eine Reihe wechselnder Minderheitsregierungen.

Schweden unter den Sozialdemokraten

ab 1932 Unter den Sozialdemokraten – die Partei regiert zwischen 1932 und 1976 ununterbrochen – entwickelt sich Schweden zu einem **Sozialstaat**, dem im Ausland Modellcharakter zugesprochen wird. Die Sozialdemokraten suchen die Zusammenarbeit mit Industrie und Gewerkschaften, um ihre ehrgeizigen Ziele verwirklichen zu können.

1939–45 Wenn sich Schweden im **Zweiten Weltkrieg** auch offiziell neutral verhält, gibt doch das tatsächliche Verhalten der Regierung Anlass zu erbitterten Diskussionen im Land. So verweigert Schweden Finnland im **finnisch-russischen Winterkrieg** 1939/40 direkte Unterstützung, stellt jedoch materielle Hilfe zur Verfügung. Ein von Hitler vorgeschlagener Nichtangriffspakt wird abgelehnt, Transporte von Soldaten und Ausrüstung ins besetzte Norwegen werden jedoch gestattet. Ebenso dürfen deutsche Truppen nach dem Angriff auf die Sowjetunion auf dem Weg nach Finnland schwedisches Territorium durchqueren. Außerdem treibt man weiter Handel mit Deutschland. Die Regierung begründet dieses Verhalten mit der Sorge um einen deutschen Einmarsch und argumentiert, dass norwegischen Partisanen nach einer deutschen Besetzung Schwedens wichtige Aktionsmöglichkeiten entzogen würden. Gleichzeitig engagiert man sich auf humanitärem Gebiet und nimmt zahlreiche Flüchtlinge auf.

1946–69   Nach dem Tod von Per Albin Hansson übernimmt Tage Erlander 1946 die Führung der Sozialdemokraten, die er 1969 an **Olof Palme** abgibt. Wichtige Schritte auf dem Weg zum Wohlfahrtsstaat werden unternommen, die notwendigen Einnahmen bringt die rigorose Besteuerung mittlerer und hoher Einkommen. Gleichzeitig entwickelt sich Schweden durch sein **humanitäres Engagement** z. B. bei der UNO (1953 wird Dag Hammarskjöld Generalsekretär) und durch Stellungnahmen gegen totalitäre Regimes wie auch durch klare Ablehnung des US-Einsatzes in Vietnam, die 1968 zum zeitweiligen Abzug des amerikanischen Botschafters aus Stockholm führt, zu einem bevorzugten **Zielland für Asylsuchende** und einer Art Weltgewissen.

1980er Jahre   Der Wohlfahrtsstaat gerät, weil kaum noch zu finanzieren, in eine Krise. Auch die reine Weste des ›Weltgewissens‹ zeigt mehr und mehr Flecken. Waffengeschäfte mit Indien beschädigen das Ansehen Olof Palmes, der sich massiv für das Zustandekommen eingesetzt hatte. Die Ermordung des Ministerpräsidenten am 28. Februar 1986 und die Pannen bei der Tätersuche stürzen das Land in eine tiefe Identitätskrise. Das Gefühl der Sicherheit und das Vertrauen in einen Staat, der alles zum Besten seiner Bürger regelt, scheinen verloren.

1994   Nach drei Jahren konservativer Regierung bilden die Sozialdemokraten nach der Wahl im September 1994 eine Minderheitsregierung. Ingvar Carlsson vergibt 11 der 22 Ministerposten an Frauen.

1995   Nach einer Volksabstimmung, die mit 52,3% Ja-Stimmen recht knapp ausfiel, **tritt Schweden am 1. Januar der EU bei.** EU-Gegner befürchten u. a. eine Verwässerung der strengen Umwelt- und Tierschutzgesetze und den Verlust des Wohlstandsstaates alter Prägung. Ab Mitte der 90er Jahre durchgeführte harte Einschnitte in der Sozialpolitik halfen, den Staatshaushalt zu konsolidieren.

1996   Im März folgt der frühere Finanzminister Göran Persson Ingvar Carlsson als Parteivorsitzender und Ministerpräsident.

1999   Schweden schaltet den ersten Atomreaktor (Barsebäck) ab. Nach Jahren des Sozialabbaus werden staatliche Leistungen wie Kinder- und Arbeitslosengeld wieder erhöht.

2000   Der Boom in der IT-Branche und auf dem Sektor Kommunikationstechnologie führt mit dazu, die in den 90er Jahren eklatant gestiegenen Arbeitslosenzahlen zu senken. Die Eröffnung der **Brücke über den Öresund** rückt Schweden näher an Europa heran.

2003/2004   Der **Mord an der beliebten schwedischen Außenministerin Anna Lindh** löst Trauer und Wut aus. Einige Tage danach lehnen die Schweden den Euro als Währung ab, wobei ein Nord-Süd-Unterschied erkennbar ist: Südschweden ist Pro-Euroland.

2005   Der Eintritt in zahlreiche staatliche Museen wird kostenlos.

Kultur und Leben

Die Skulptur in Kalmar erinnert an die
1397 geschlossene Kalmarer Union

SCHWEDISCHE LEBENSART

Bevölkerung

Familie Svensson lebt wie 80 % der insgesamt 9 Mio. Schweden in dem Dreieck Stockholm – Göteborg – Malmö. Die Familie hat zwei Kinder, beide Elternteile sind berufstätig. Sohn Lasse geht in die neunjährige Gesamtschule, Tochter Annika besucht im Anschluss daran die dreijährige Gymnasialschule. Für Lasse bekommen die Eltern Kindergeld, für die 17-jährige Annika außer in den zwei Ferienmonaten eine einkommensunabhängige Schülerbeihilfe. Die Eltern zahlen eine kommunale Einkommensteuer (im Schnitt 31%) und, auf den Teil ihres Gehalts, der 300 000 SEK übersteigt, eine staatliche Einkommensteuer (je nach Einkommen 20–28%). Darin ist eine Abgabe zur Rentenversicherung bereits enthalten. Kranken- und Arbeitslosenversicherung werden aus Steuern finanziert. Da die Leistungen der staatlichen Arbeitslosenversicherung sehr niedrig sind, haben die Svenssons über ihre Gewerkschaft eine Zusatzversicherung.

Die Lebenshaltungskosten der Familie sind im europäischen Vergleich relativ hoch, nur in Norwegen, Island, der Schweiz und Dänemark ist das tägliche Leben teurer. Das liegt u. a. an der hohen Mehrwertsteuer von 25%, doch Lebensmittel und touristische Leistungen (12%) sowie Bücher und Zeitungen (6%) werden niedriger besteuert. Günstig ist in Schweden die Benutzung öffentlicher Verkehrsmittel. Monatskarten werden hoch subventioniert. Für ihre Wohnung verbrauchen Svenssons durchschnittlich 31% ihres Nettoeinkommens. Wenn sie umziehen, bleiben die Kücheneinrichtung und die praktischen Einbauschränke da. Die ganze Familie spricht hervorragend Englisch, da sich für den kleinen schwedischen Markt die Synchronisation von Spielfilmen und Serien nicht lohnen würde. Und Svenssons gehören zu den glücklichen 20% der Haushalte, die sich ein eigenes Ferienhaus leisten können.

Feste und Feierlichkeiten

Da der kulturelle Einfluss aus Deutschland lange bestimmend war, werden viele Feste, wie z. B. Ostern und Weihnachten, in Schweden ähnlich begangen wie hier. Allerdings verkleiden sich zu Ostern die Kinder als Hexen und gehen am Gründonnerstag von Tür zu Tür, um Geld und Süßigkeiten einzusammeln. Die kleinen Hexen (*påskkärringar*) tragen Besen, zur Erinnerung daran, dass früher die Hexen zu Ostern mit Besen zum Teufel auf den Berg Blåkulla geritten sind. Auch wenn es seit der Reformation keine Fastenzeit mehr gibt, werden nach dem Dreikönigstag bis Ostern *semlor*, süße, mit Marzipan gefüllte Brötchen gegessen, die früher halfen, die lange Fastenzeit zu überstehen.

In der **Walpurgisnacht** am 30. April (*Valborgsmässoafton*) werden Feuer entzündet, um Hexen und böse Geister zu vertreiben, gleichzeitig begrüßt man

Am Siljansee wird Midsommar sehr traditionsbewusst gefeiert

den Frühling. Traditionell wird dieses Fest besonders lebhaft in den Universitätsstädten begangen.

Eines der wichtigsten Feste im Jahreszyklus ist **Midsommar**. Es wird am Wochenende, das dem 24. Juni am nächsten liegt, gefeiert; dann, wenn die Tage am längsten und die Nächte am kürzesten sind. Man pflückt Blumen, sammelt Birkengrün und schmückt den *majstång*, der wohl auf den deutschen Maibaum zurückgeht. Da es aber im Mai in Schweden noch kein Birkengrün gibt, hat man die Zeremonie unter Beibehaltung des Namens in den Juni verlegt. Begleitet und gefolgt wird die Aktion oft von Volksmusik- und Volkstanzdarbietungen. Familien und Freunde treffen sich, gerne im Grünen oder im Sommerhaus, bei jungen schwedischen Kartoffeln, diversen Heringszubereitungen, frischen Erdbeeren sowie reichlich Bier und Schnaps. Traditionell wird das Fest in der Provinz Dalarna rund um den Siljansee besonders ausgiebig gefeiert. Hier zeigen sich die Schweden einmal überhaupt nicht steif und zurückhaltend, ganz im Gegenteil.

Die Mittsommernacht ist eine magische Nacht, in der man, wenn man die Rituale kennt, vom Neck, einem Wassergeist, das Violinenspiel erlernen kann. Partnerlose Mädchen sollen in dieser Nacht schweigend auf sieben verschiedenen Wiesen sieben verschiedene Blumen pflücken und das Gebinde unters Kopfkissen legen. Dann erscheint ihnen im Traum der Zukünftige.

29

Ein anderes Ereignis, das mit fast rituellem Eifer begangen wird, ist im August die alljährliche **Kräftskiva**, das Krebsessen. Der Hintergrund zu diesem Ereignis sind im 19. Jh. erlassene Fangbeschränkungen für Flusskrebse, die nur während zweier Monate im Herbst gefangen werden durften. Nachdem die schwedischen Flusskrebsbestände fast ausgerottet waren und der Bedarf vorübergehend durch Importe aus der Türkei, Spanien und den USA gedeckt werden musste, hat man amerikanische Krebse ausgesetzt, die sich gut akklimatisiert haben und sich munter vermehren. Bei einer richtigen *kräftskiva* hängt man Papierlampions auf, setzt sich unter Umständen noch kleine Papierhütchen auf, bindet ein Lätzchen vor und vertilgt die leckeren, mit viel Dill gekochten Krebse zusammen mit erheblichen Mengen von Aquavit, das Ganze begleitet von Trinksprüchen und -liedern.

Den dunklen Winter erhellt am 13. Dezember die weißgewandete **Lucia** mit ihrem Lichterkranz, den sie auf dem Kopf trägt. Sie bringt *lussekatter*, ein Gebäck mit viel Safran, traditionell gehört auch Glögg dazu, eine Art Glühwein. Begleitet wird die Lucia auf ihrem Weg durch Schulen und soziale Einrichtungen oft von sogenannten Jungfrauen und Sternbuben.

Weihnachten wird in etwa gefeiert wie bei uns, man verzehrt im Kreise der Familie die einzelnen Bestandteile eines üppigen Smörgåsbord (s. S. 38), zu dem außerdem ein gebackener Schinken gehört, bevor der *jultomte*, die schwedische Version des Weihnachtsmannes, mit den Geschenken kommt.

Musik und Tanz

Traditionelle Volksmusik und -tanz werden in Schweden unverkrampft lebendig gehalten und enthusiastisch gepflegt, etwa bei den Musikwochen am Siljansee. Im Stockholmer Freilichtmuseum Skansen kann man im Sommer Trachten aus allen Regionen des Landes zu *dragspel*-(Akkordeon-) und Fiedelklängen über die Bühne wirbeln sehen. Wie lebendig diese Musik tatsächlich ist, erweist sich nicht zuletzt durch die vielfältige Verarbeitung im Jazz und in der Rockmusik durch Bands wie Hedningarna oder Garmarna, die seit den 1990er Jahren einen sehr kreativen Umgang mit alten Traditionen pflegen.

Eine urschwedische Tradition ist auch das Liedgut moderner Troubadoure, das im Werk des Carl Mikael Bellman (1740–95) wurzelt. An seine zugleich todtraurig wie fröhlichen Trinklieder um Gevatter Movitz und Ulla Winbladh knüpfte der populäre Liedermacher Cornelis Vreeswijk (1937–87) an, dem in Stockholm sogar ein Museum gewidmet ist.

Doch kommt aus dem Norden mitnichten nur Nachdenklich-Schwermütiges, auch auf dem Dancefloor haben Schweden ja bekanntlich mächtig mitgemischt: Der Poplegende ABBA, deren Story inzwischen Museums- und Musicalreife erlangte, wird nachgeeifert: Junge schwedische Popbands gehören nach wie vor zu den erfolgreichsten Exportartikeln des Landes, und beim Hultsfred-Festival gehen allsommerlich internationale Talentsucher auf die Pirsch. Wie das Beispiel der Cardigans bewies, manchmal mit Erfolg.

ASTRID LINDGREN

»Das grenzenloseste aller Abenteuer liegt in der Druckerschwärze.«

Die international bekannteste schwedische Kulturschaffende ist sicherlich die geistige Mutter von Pippi Langstrumpf, Astrid Lindgren. Ihre (inklusive Sammelbände und Bilderbücher) über 100 Bücher sind in mehr als 70 Sprachen übersetzt. Sie wurde am 14. November 1907 auf einem Bauernhof in Småland geboren, zog aber schon früh als junge ledige Mutter nach Stockholm, um dort ihren Lebensunterhalt zu verdienen. Zwischen 1946 und 1970 arbeitete sie bei Rabén & Sjögren, dem größten schwedischen Kinderbuchverlag, der auch ihre Werke publizierte.

Nach zwei anderen Büchern erschien 1945 der erste Band der Pippi-Langstrumpf-Reihe, die Geschichte eines eigensinnigen, anarchistischen, autonomen und starken Mädchens, und löste Proteststürme z. B. von seiten der Lehrergewerkschaft aus. Es folgten die Geschichten aus Bullerby, einem idyllischen Dorf in Småland, die Kalle-Blomquist-Krimis, ›Mio, mein Mio‹, die Karlsson-Geschichten, Geschichten über ›Michel aus Lönneberga‹, ›Die Brüder Löwenherz‹ und nicht zuletzt 1981 ›Ronja Räubertochter‹.

Hervorragendste Eigenschaft aller Lindgrenschen Kinder- und Jugendbücher ist ihr emanzipatorischer Charakter, ihr Respekt vor der kindlichen Autonomie. Astrid Lindgren beschreibt starke und selbständige Kinder, in einer Welt, die sowohl reale als auch fantastische Züge hat. Dabei spart sie, wie in ›Die Brüder Löwenherz‹ und ›Ronja Räubertochter‹, existentielle Erfahrungen wie den Tod oder Trennung von den Eltern und das Böse bewusst nicht aus. Astrid Lindgren war immer der Meinung, und zwar lange, bevor es in den 80ern wieder populär wurde, dass Kinder diesen Erfahrungen durchaus gewachsen seien und dass z. B. Märchen eine Möglichkeit bieten, sich damit auseinanderzusetzen.

Auch durch politische Äußerungen tat sich Astrid Lindgren hervor. 1976 erschien in einer Boulevardzeitung ›Pomperipossa in Monismanien‹, eine Satire über eine Schriftstellerin, die 102% Steuern zahlen sollte, was nicht unwesentlich zum Sturz der sozialdemokratischen Regierung beitrug. In den 80er Jahren beeinflusste Astrid Lindgren mit zahlreichen Artikeln in schwedischen Tageszeitungen die öffentliche Meinung zum Thema Tierschutz maßgeblich. Als 1988 ein neues Tierschutzgesetz verabschiedet wurde, sprach man allenthalben von einer Lex Lindgren.

1994 verlieh Jakob von Uexküll, der Stifter des Right Livelihood Award, Astrid Lindgren den Alternativen Nobelpreis, weil sie sich für das Recht der Kinder auf Liebe und Respektierung ihrer individuellen Persönlichkeit eingesetzt und gegen Tiermisshandlungen gekämpft hat. Gewürdigt wurde ihr »Engagement für Gerechtigkeit, Gewaltlosigkeit und das Verständnis von Minderheiten« sowie ihre »Liebe und Zugewandtheit zur Natur«. Der Literatur-Nobelpreis blieb Astrid Lindgren bis zu ihrem Tod im Januar 2002 verwehrt, obwohl sie des öfteren nominiert worden war.

KUNST UND KULTUR

Frühe kulturelle Zeugnisse

Zu den Zeugnissen der frühen schwedischen Kulturgeschichte, die man noch heute an ihrem ursprünglichen Standort besichtigen kann, zählen Schiffssetzungen wie z. B. Ales stenar in Kåseberga (s. S. 137), die Kult- oder Begräbnisstätten waren, sowie Dolmen *(dös)*, Ganggräber *(gånggrift)* und Steinkistengräber *(hällkista)*. Ein impo-

santes Beispiel für diese Begräbniskultur findet sich in Kivik nördlich von Simrishamn (s. S. 140). Ausgeschmückt ist das riesige Megalithgrab mit neun Steinplatten, Felsritzungen stellen den Weg des Verstorbenen in das Totenreich dar. Felsritzungen *(hällristningar)* aus der Bronzezeit (1500–500 v. Chr.) sind naturgemäß nur dort zu finden, wo der nackte Fels an die Oberfläche tritt, z. B. an der Westküste bei Tanum (s. S. 129ff.). Sie zeigen Menschen, Tiere,

Schiffe, vermutlich auch religiöse Motive.

Aus der Wikingerzeit (8.–11. Jh.) stammen neben den Schiffssetzungen die Runensteine, die in Runenschrift z. B. von den Fahrten der Wikinger berichten und damit auch wichtige historische Zeugnisse sind. Der Text ist oft integriert in eine bandförmige Tierdarstellung. Ebenfalls in dieser Zeit entstand Silberschmuck mit einem überaus kunstvollen Design. In Schweden gibt es nur noch eine Stabkirche, in Hedared bei Borås, die allerdings weniger imposant ist als ihre norwegischen Verwandten.

Architektur

Hatte es sich bei Felsritzungen und Wikingerschmuck noch um eigenständige Kulturleistungen gehandelt, so wurden ab der Christianisierung nur noch zentral- und südeuropäische Stilformen kopiert und allenfalls geringfügig modifiziert. Im Mittelalter entstanden romanische Landkirchen und Klöster, die heute noch in großer Zahl samt ihrer Innenausstattung fast unverändert erhalten sind, nicht zuletzt deshalb, weil die Reformatoren hier nicht so gründlich zerstörten wie in anderen Regionen Europas. Die Kirchen wurden von ausländischen Baumeistern errichtet, nur die Innenausstattungen schufen gelegentlich einheimische Künstler. Die bedeutendsten Bauwerke des Mittelalters sind sicherlich der Dom zu Lund, dessen Errichtung in der zweiten Hälfte des 11. Jh. vermutlich von einem italienischen Baumeister geleitet wurde, und der Dom zu Uppsala, ab Ende des 13. Jh. zunächst von einem französischen Architekten gebaut.

Außer den in Stein gebauten Kirchen sind aus dieser Zeit kaum architektonische Zeugnisse erhalten – sie fielen regelmäßig Stadtbränden zum Opfer. Häuser und Schlösser wurden aus Holz errichtet – im dänisch geprägten Süden oft aus Fachwerk, weiter nördlich dominierte schon die Bauweise, die uns heute so typisch schwedisch erscheint: kleine rote Holzhäuschen in Ständerbauweise, die ab dem späten 18. Jh. aus industriell gefertigten Paneelen zu-

Imposantes Zeugnis der Wikingerzeit:
Ales stenar bei Kåseberga

sammengesetzt waren. Ursprünglich wurden sie mit Ochsenblut, später mit Farbe aus den Kupfergruben von Falun gestrichen. Nur in den holzarmen Regionen Bohusläns sowie auf Öland und Gotland wurde in Stein gebaut.

Nach der Enteignung des Kirchenbesitzes durch Gustav Wasa auf dem Reichstag zu Västerås im Jahr 1527 kam die kirchliche Bautätigkeit fast völlig zum Erliegen. Jetzt ließen sich Könige und der Adel prächtige Schlösser im Renaissancestil (Kalmar, Gripsholm, Vadstena, Uppsala) und Herrensitze errichten.

Auch nach dem Dreißigjährigen Krieg wirkten in Schweden noch zahlreiche ausländische Architekten, die zum Teil später ›schwedisiert‹ und im Land sesshaft wurden. So **Nicodemus Tessin d. Ä.** (1615–81), der aus dem damals schwedischen Stralsund kam und die Bauarbeiten des Schlosses Drottningholm bei Stockholm leitete. Von ihm stammen auch die Entwürfe zum Rathaus in Göteborg und zum Kalmarer Dom. Sein Sohn **Nicodemus Tessin d. J.** (1654–1728), errichtete das Stockholmer Stadtschloss sowie das Zeughaus, das heute das Ostasiatische Museum beherbergt, und führte einige von seinem Vater begonnene Bauvorhaben weiter.

Namhafte einheimische Künstler gab es in Schweden erst sehr spät, sie orientierten sich aber eher an kontinentalen Vorbildern und wurden oft damit betraut, bereits bestehende Bauwerke zu vollenden respektive zu restaurieren. Nennenswerte Großbauten entstanden im 18. Jh. nicht mehr, sieht man einmal von Herrenhäusern ab. Zu diesem Zeitpunkt waren bereits alle Kirchen und Schlösser errichtet worden. **Carl Hårleman** (1700–53) z. B. erhielt nach dem Tod von Tessin d. J. die Bauleitung von Drottningholm, die dieser zuvor von seinem Vater übernommen hatte, und restaurierte das Gustavianum in Uppsala sowie das Schloss in Örebro. Ihm ist auch die Anlage des Parks von Schloss Gripsholm zu verdanken.

Erst im ausgehenden 19. und im 20. Jh. entstanden wichtige Neubauten. **Helgo Zettervall** (1831–1907) entwarf das Universitätsgebäude in Lund sowie im Stil der Wasa-Renaissance das Nordische Museum in Stockholm. Außerdem leitete er umfangreiche Renovierungen der Domkirchen in Uppsala und Lund sowie des Schlosses in Kalmar. **Ragnar Östberg** (1866–1945) baute das Stockholmer Stadshuset (1911–23), entwarf die Gebäude des Sjöhistoriska und Tekniska museet sowie das Anders Zorn museum in Mora. In den 20er Jahren errichtete **Ivar Tengbom** (1878–1968) das neoklassizistische Konzerthaus in Stockholm, **Gunnar Asplund** (1885–1940) entwarf die funktionalistische Stadtbibliothek. Diese Bauten erregten ebenso internationales Aufsehen wie in den 1950er Jahren der Entwurf der Stockholmer Vorstadt Vällingby.

Vielbeachtete Neubauten der letzten Jahrzehnte waren die Mehrzweckhalle Globen in Stockholm (1989), das größte kugelförmige Gebäude der Welt, ein Museum für das auf der Jungfernfahrt gesunkene Regalschiff ›Vasa‹ (1990), 1994 die Oper in Göteborg sowie 1998 das Gebäude für Moderna Museet und Architekturmuseum in Stockholm.

Malerei

Bis in die Neuzeit haben fast alle bedeutenden schwedischen Maler zeitweise im Ausland gelebt und dort Anregung und Inspiration gesammelt, die ihnen anscheinend im bäuerlichen und armen Schweden mit seinem relativ schwach ausgeprägten Geistesleben fehlte. Vermutlich wurde schöpferische Energie in der Auseinandersetzung mit der Natur verbraucht, es galt zu allererst, das Überleben zu sichern.

So gingen Ende des 19. Jh. einige Maler nach Düsseldorf an die Kunstakademie, um sich dort auszubilden. Auch in Frankreich, in Grèz bei Fontainebleau, bildete sich zeitweise eine große schwedische Künstlerkolonie. Aus diesen kollektiven Ausflügen auf den Kontinent ging eine einzigartige Maltradition hervor. Gemeinsam war diesen Künstlern eine starke Verbundenheit mit der Natur und der schwedischen Landschaft. Maler wie z. B. Karl Nordström, Nils Kreuger und Richard Bergh, die später die Varberger Schule begründeten, taten sich in der Folge durch eine genaue Wiedergabe des nordischen Lichtes, das der Natur und den Gegenständen eine eigenartige Leuchtkraft verleiht, hervor.

Künstler wie Carl Larsson und Anders Zorn nehmen noch heute im Bewusstsein der Schweden eine Sonderstellung ein. **Carl Larsson** (1853–1919), der zusammen mit seiner Frau Karin zeitweise zur schwedischen Kolonie in Frankreich gehört hatte, schuf Porträts und Landschaften, am bekanntesten dürfte aber seine 1899 veröffentlichte Aquarellserie ›Ett Hem‹ (dt. Das Haus

in der Sonne) sein. Die Bilder zeigen auch Räume aus seinem Haus Sundborn in Dalarna (s. S. 200), das von Karin Larsson mit selbst entworfenen Tapeten, Teppichen und Möbeln eingerichtet worden war, und stehen noch heute stellvertretend für das, was wir unter schwedischer Wohnkultur verstehen.

Nachdem er sich lange in anderen europäischen Ländern und den USA aufgehalten hatte, wählte auch **Anders Zorn** (1860–1920; s. S. 205) seinen Wohnsitz in Dalarna. Er malte vorwiegend Porträts, Akte und Genreszenen, die sich durch ein spannungsreiches Spiel von Licht und Schatten auszeichnen, und arbeitete als Bildhauer.

Larsson und Zorn sowie viele andere schwedische Künstler, etwa der Tiermaler Bruno Liljefors, der blaublütige Landschaftsmaler Prinz Eugen, Ernst Josephson, Carl Fredrik Hill sowie Isaac Grünewald, Sigrid Hjertén und Nils Dardel, die nach dem Ersten Weltkrieg in Paris bei Matisse studierten, die Expressionistinnen Vera Nilsson und Siri Derkert, die die Stockholmer U-Bahn-Station Östermalmstorg mit feministischen Botschaften ausschmückte, um nur einige zu nennen, sind mit ihren Werken in zahlreichen Museen (z. B. Stockholm: Nationalmuseum, Moderna Museet, Prins Eugens Waldemarsudde, Thielska galleriet, Liljevalchs konsthall; Göteborg: Kunstmuseum; Malmö: Kunstmuseum, Kunsthalle, Rooseum; Norrköping: Kunstmuseum) im gesamten Land gut vertreten. Anderen wie der Halmstadgruppe und Bror Hjorth sind eigene Museen gewidmet (s. S. 112 und 88).

Theater und Film

Bis heute überragt die schwedische Theaterlandschaft ein Dramatiker: **August Strindberg**, dessen Werken Max Reinhardt 1921 mit einer Gastinszenierung von ›Ein Traumspiel‹ am Stockholmer Dramaten zum Durchbruch in seiner Heimat verhalf. Selbst über seinen modernen Kollegen scheint Strindbergs Geist zu schweben, denn wenn es darum geht, ihre Werke zu bewerten, wird immer der große Meister bemüht.

Mitte der 80er Jahre wurde nicht nur in Schweden **Lars Norén** als neuer Strindberg gefeiert, auch deutschsprachige Inszenierungen erregten viel Aufsehen. Wie in Strindbergs realistischen Dramen geht es auch in den Norénschen Stücken um die Kämpfe zwischen Menschen, die scheinbar untrennbar miteinander verbunden sind.

Im Bereich Film sieht es nicht anders aus. Hier ist **Ingmar Bergman** übermächtig. So sind die Pioniere des schwedischen Films, **Mauritz Stiller** und **Victor Sjöström,** den Bergman später für die Rolle des Professors in ›Wilde Erdbeeren‹ engagierte, heute so gut wie vergessen. Beiden gelang es nicht, vom Stumm- zum Tonfilm überzuwechseln. Ingmar Bergman schuf in fast vier Jahrzehnten unzählige Filme, die ihm weltweiten Ruhm einbrachten, z. B. ›Das Schweigen‹ (1963), die Fernsehserie ›Szenen einer Ehe‹ (1973), ›Herbstsonate‹ (1978) und der wohl schönste und reifste Film ›Fanny und Alexander‹ (1982).

Am Dramaten in Stockholm erlebte August Strindberg seinen Durchbruch

Ein jüngerer Kollege Bergmans behandelt völlig andere Themen. Nicht die psychische Tiefenstruktur seiner Figuren und die Möglichkeit oder Unmöglichkeit eines Zusammenlebens interessiert ihn, sondern eher soziale Themen. **Jan Troell** verfilmte 1971 den Moberg-Roman ›Utvandrarna‹ (Die Auswanderer) und nahm 1988 in ›Sagolandet‹ den Zustand der schwedischen Gesellschaft kritisch unter die Lupe. Für ›Il Capitano‹, die Geschichte eines Verbrechens, das Schweden monatelang in Atem hielt, bekam er 1992 in Berlin den Silbernen Bären.

Zu den bekanntesten Regisseurinnen zählt wohl **Suzanne Osten.** Ihr Werdegang ist typisch für schwedische Filmschaffende. Bekannt wurde sie durch ihre Arbeit am Stockholmer Klarateatern, wo sie sich als Autorin und Regisseurin um das Kindertheater verdient gemacht hat. Wie die meisten Kulturschaffenden arbeitet sie mehrgleisig für Bühne und Leinwand, sie schreibt und inszeniert.

Neben den mittlerweile legendären Verfilmungen von Astrid-Lindgren-Stoffen durch **Olle Hellblom** und **Tage Danielsson** gab es immer wieder Kinderfilme, die auch im Ausland große Erfolge verzeichnen, ähnlich wie ja auch die Literatur für Kinder und Jugendliche international einen sehr guten Ruf hat. Beispiele sind ›Åke und seine Welt‹, 1984 von **Allan Edwall** gedreht, der in den Geschichten um Michel aus Lönneberga Michels Vater spielte, und **Lasse Hallströms** ›Mein Leben als Hund‹ (1985). Die Perspektive von Kindern und Jugendlichen nimmt auch **Lukas Moodysson** in den Filmen ›Raus aus Åmål‹ (1999) und ›Zusammen‹ (2001) ein, die in Deutschland mit großem Erfolg liefen.

ESSEN UND TRINKEN

Smörgåsbord

Kulinarischer Höhepunkt der schwedischen Küche ist sicherlich das Smörgåsbord, ein reichhaltig mit den unterschiedlichen Köstlichkeiten bestücktes Buffet. Ein ›Butterbrotstisch‹, so eine mögliche Übersetzung, besteht aus verschiedenen Heringszubereitungen, gebeiztem und geräuchertem Lachs, Krabben *(räkor),* rotem Maränenkaviar *(löjrom),* Salaten, diversen warmen Fleisch- und Fischgerichten wie z. B. Elch- oder Renbraten sowie einer Auswahl Desserts.

Man beginnt mit den Heringszubereitungen, geht danach, mit neuem Teller und Besteck, über zu den edleren Genüssen wie Lachs oder Krabben, um sich anschließend am warmen Hauptgericht und zu allerletzt an den Desserts zu laben. Besonders gut, wenn auch nicht ganz billig, sind die ›Butterbrotstische‹ erfahrungsgemäß in den ländlichen Gasthöfen *(Gästgivaregård),* die diese Tradition pflegen.

Hausmannskost

Traditionelle schwedische Hausmannskost ist meistens einfach, deftig und nahrhaft. Zu den Rennern gehören Gerichte wie *Janssons frestelse,* ein Auflauf aus Kartoffeln, Zwiebeln, Anchovis und Sahne, *Pytt i panna,* ein Resteessen, bei dem Kartoffeln und Fleischreste in Würfel geschnitten und gekrönt von einem Ei in der Pfanne gebraten werden (dazu isst man Rote Bete), ebenfalls *Biff à la Lindström,* Rindergehacktes mit Rote Bete und Kapern, und natürlich die berühmten *Köttbullar,* Fleischbällchen, die gern mit Preiselbeeren *(lingon)* gegessen werden.

Essen ist in Schweden auch eng mit den jahreszeitlich wiederkehrenden Festen verknüpft. Nahrungsmittel wie Krebse und Heringe werden mit eigenen Festtagen *(kräftskiva* bzw. *surströmmingspremiär)* geehrt. Auch die Ernte der ersten schwedischen Kartoffeln wird enthusiastisch begrüßt.

Von hervorragender Qualität sind die schwedischen **Milchprodukte:** Neben Milch *(mjölk),* die auch zum Essen oft getrunken wird, ist *fil,* ein Sauermilchprodukt, das geschmacklich etwa zwischen Dickmilch und Kefir anzusiedeln ist, uneingeschränkt zu empfehlen. Eine Morgenmahlzeit aus *fil* mit Müsli oder zerbröseltem Knäckebrot hält lange vor und ist überaus köstlich. *Gräddfil* (saure Sahne), die festere und fettigere Variante, passt hervorragend zu Hering *(sill).*

Getränke

Kaffee wird in Schweden zu jeder Tages- und Nachtzeit reichlich getrunken. Das Angebot ist wesentlich vielfältiger als bei uns, da Kaffee auch im Supermarkt in unterschiedlichen Röstungsgraden und Ausmahlungen angeboten wird. In den meisten Cafés und Restaurants kann man sich die zweite Tasse Kaffee gratis holen *(påtår)*. Eine schöne Sitte!

Über die Qualität des alkoholreduzierten Bieres *(lättöl)* sind die Ansichten durchaus geteilt. Angesichts der für Autofahrer geltenden 0,2-Promille-Grenze stellt es aber eine ernstzunehmende und geschmacklich akzeptable Alternative zu den stark gesüßten Softdrinks dar. Getränke mit einem Alkoholgehalt von mehr als 3,5 %, z. B. auch Starkbier, sind nicht im Supermarkt, sondern nur in den staatlichen Alkoholläden erhältlich. Dort gibt es auch hervorragende Importweine, allerdings erscheint das Angebot zumal dem ausländischen Touristen doch arg teuer.

Essen gehen

In den letzten Jahren konnten schwedische Köche und Köchinnen auch bei internationalen Kochwettbewerben Ruhm und Ehre erwerben. Im mittelschwedischen Grythyttan gründete Carl-Jan Granqvist, der damalige Besitzer eines renommierten Restaurants am Ort, eine Restaurantakademie mit einem kleinen Museum, die sich beide regen Zuspruches erfreuen. Schweden ist also längst nicht mehr die kulinarische Diaspora früherer Zeiten. Die Zahl der ambitionierten Restaurants, in denen nicht nur ›Spesenritter‹ tafeln können, steigt von Jahr zu Jahr.

Heute zeichnet die gute schwedische Küche aus, dass sie vor allem auf regionale und jeweils jahreszeitlich verfügbare Produkte wie Fisch und Meeresfrüchte, Pilze, Beeren, Wild sowie Elch- und Rentierfleisch zurückgreift

und sie schonend verarbeitet. Natürlich finden sich nach wie vor auf den Speisekarten deftige, rustikale Gerichte mit einer langen Kochzeit, aber diese sind dem Klima, zumal im Herbst und Winter auch angemessen.

Wer in Schweden preiswert essen will, sollte mittags auf *Dagens rätt* (Tagesgericht) zurückgreifen, das zumeist selbst von absolut hochklassigen und ansonsten sehr teuren Lokalen angeboten wird: Es umfasst ein Hauptgericht (z. B. Hausmannskost, Pizza oder Nudeln), Salat, Milch, *lättöl* (alkoholreduziertes Bier) oder ein Softdrink und Kaffee. Übrigens, wenn die Schweden *middag* essen, dann tun sie das abends. Die Mittagsmahlzeit heißt *lunch*.

Die **Preiskategorien** der in diesem Reiseführer empfohlenen Restaurants entschlüsseln sich wie folgt: teuer über 300 SEK (ca. 33 €, 51 CHF), moderat 150–300 SEK, günstig bis 150 SEK (ca. 16,50 €, 25,50 CHF).

Selbstversorger finden in den Markthallen der Großstädte ein vielfältiges Angebot vor. Die Zeiten, als Tomaten und Zwiebeln einzeln eingeschweißt zu astronomisch hohen Preisen verkauft wurden, sind glücklicherweise vorbei. Seit Anfang der 1990er Jahre sind die schwedischen Lebensmittelpreise, nicht zuletzt auch durch den EU-Beitritt 1995 um mehr als 10% gesunken. Auf dem Lande bieten Erzeuger ihre Ware oft auch an Straßenständen an, wo sie Kartoffeln *(potatis)* und Früchte wie Erdbeeren *(jordgubbar)* verkaufen. An der Küste bieten Räuchereien *(rökerier)* ein überbordendes Angebot der diversen Früchte des Meeres.

KNÄCKEBROT, HERING & LACHS – SCHWEDISCHE KÖSTLICHKEITEN

Manche Köstlichkeiten der schwedischen Küche haben ihren Ursprung in der Notwendigkeit, die Ausbeute der kurzen Erntezeit und des Fischfangs möglichst lange konservieren zu müssen. So entstand auch die berühmteste Spezialität, *gravad lax*, gebeizter Lachs. Die Fische wurden im Frühsommer gefangen, ursprünglich nur mit einer dünnen Salzschicht umhüllt und in der Erde vergraben. In späteren Zeiten setzte man weitere Gewürze ein. *Gravad lax* kann man auch ganz einfach selbst herstellen: Eine Lachsseite mit Haut mit je einem Esslöffel Pfeffer, Salz und Zucker sowie einem Bund fein gehacktem Dill bestreuen, fest in Folie wickeln, mindestens zwei, besser drei Tage im Kühlschrank aufbewahren und alle 12 Stunden wenden, damit der Fisch mit der austretenden Flüssigkeit mariniert wird. Wahlweise schräg in hauchdünne Scheiben oder in dickere Stücke schneiden und mit *hovmästarsås*, einer mit Honig gesüßten Senfsauce, servieren. Für die Sauce zwei Esslöffel mittelscharfen Senf mit je einem Esslöffel Zucker, Weißweinessig und Öl sowie einem Bund gehacktem Dill verrühren, pfeffern.

Eine weitere typisch schwedische Köstlichkeit ist Hering – der Ostseehering (*strömming*) ist kleiner als der Nordseehering und eignet sich auch deshalb gut als kleine Zwischenmahlzeit in Form von Brathering (*stekt strömming*), zusammen mit Kartoffelbrei und Rote Bete beispielsweise. Doch erstaunlich, was man aus dem schnöden Salzhering so alles zaubern kann – eine Kunst, die vor gut 100 Jahren die Konservenindustrie an der schwedischen Westküste perfektionierte und die bis heute vielen Menschen in dieser rauen Landschaft ein Auskommen sichert. Ausgiebiges Wässern ist die Voraussetzung für das Gelingen. Es treibt dem in Salzlake konservierten Fisch den scharfen Salzgeschmack aus. In Stücke geschnitten, kommt er dann in eine gut gewürzte Essiglake mit reichlich Zucker – und entwickelt erst im Glas endgültig seinen runden Geschmack. Die Milde und die süße Würze haben ihm sogar auf dem Frühstücksbüffet einen festen Platz und viele Liebhaber beschert, die ihm nicht nur nach durchzechten Nächten zusprechen. Bevor man sich daran macht, *inlagd sill* selber zu produzieren, kann man zunächst die vielfältigen Geschmacksrichtungen durchprobieren, die im Handel erhältlich sind – bei einer Reise an die Westküste lohnt der Blick in die Kühltheken der Supermärkte, wo lokale Varianten vertreten sind.

Knäckebrot, für uns das schwedische Brot schlechthin, wird seit mehr als 500 Jahren im Norden verzehrt. Die Bauern buken ein- bis zweimal im Jahr aus Roggenmehl, Salz und Wasser dünne Fladen mit einem Loch in der Mitte. Diese wurden auf eine Holzstange ›gefädelt‹ und zum Trocknen aufgehängt. So hielten sie sich bis zu einem Jahr frisch. Der Name *knäckebröd* entstand, weil der tägliche Bedarf einfach abgebrochen wurde (brechen, knicken = schwedisch *knäcka*). Für

Knäckebrot verwendet man noch heute dieselben Zutaten wie vor 500 Jahren: (Vollkorn-) Mehl, Salz, Hefe oder Sauerteig, Wasser. Diese werden zu einem Teig verrührt und rund sieben Minuten gebacken, anschließend noch einmal getrocknet, um den Wassergehalt weiter zu reduzieren und das Brot ohne Zusatz von Konservierungsstoffen haltbarer zu machen. Durch die extrem kurze Backzeit bleiben wichtige Nährstoffe und Spurenelemente weitgehend erhalten. Die Löcher, in denen immer die Butter verschwindet, haben übrigens den Sinn, die Oberfläche der Teigplatten zu vergrößern und die Backzeit zu reduzieren. In das Knäckebrot kommen die Löcher, indem der Teig mit einem genoppten Rundholz *(kruskavel)* ausgewalzt wird. Außerhalb Schwedens stand Knäckebrot lange zu Unrecht in dem Ruf, staubtrocken und langweilig zu sein. Es ist im Gegenteil überaus lecker, z. B. mit ganz dünn gehobeltem Käse belegt, in zahlreichen Variationen erhältlich und unverzichtbarer Bestandteil des Smörgåsbord.

Tipps für Ihren Urlaub

Entspannung am Strand ist in
Südschweden vielerorts möglich

SÜDSCHWEDEN ALS REISEZIEL

Besondere Highlights

Stockholm mit Vasa-Museum, Skansen und Historischem Museum sowie die Stadt an sich, eine Bootstour in die Schären oder mit dem alten Dampfer nach Mariefred zum Schloss Gripsholm, **Göteborg** – weltoffen und von der langen Tradition als Hafenstadt geprägt, eine Reise auf dem **Götakanal** oder – für den kleineren Geldbeutel – eine Fahrradtour entlang dem Ufer, die raue **Westküstenlandschaft** mit den Felsritzungen bei Tanum, ein Besuch der **Schauplätze der Lindgrenschen Bücher**, **Öland** mit der einzigartigen Landschaft Stora Alvaret, die Schiffssetzung **Ales stenar** bei Kåseberga, der Ausblick vom Gesundaberget über den **Siljansee, Lund** mit dem Dom und der astronomischen Uhr, **Kleinstadtidyllen** wie Vadstena am Vätter-See.

Pauschal oder individuell?

Urlaub im Ferienhaus an einem See in den Wäldern Smålands, mit dem Auto oder öffentlichen Verkehrsmitteln entlang der Westküste, eine organisierte Kanutour durch Dalsland, Schweden bietet sowohl Individual- als auch Pauschalreisenden unzählige Möglichkeiten. Diverse auf Skandinavien spezialisierte Reiseveranstalter halten umfangreiche Programme bereit. Preislich überaus interessant sind kombinierte Fähr- und Unterkunftspakete, die man auch über die Fährgesellschaften buchen kann, sowie der Kauf von Hotelschecks, die zu erklecklichen Rabatten verhelfen. Über die Informationsstelle Visit Sweden erhält man die Adressen (s. S. 215).

Urlaub mit Kindern

Schweden ist perfekt für den Urlaub mit Kindern. Großzügige Kinderermäßigungen, die nicht nur für die ganz Kleinen, sondern bis 15, manchmal bis 18 Jahre gelten, und kindgerechte Ausstattungen von Ferienhäusern schaffen die Vorausetzungen. Die zahllosen Attraktionen, seien sie natürlicher oder kultureller Art, sorgen für Abwechslung: Museen mit Kinderprogramm, ein Besuch bei Astrid Lindgrens Helden, Vergnügungsparks u. a. lassen Langeweile auch bei schlechtem Wetter gar nicht erst aufkommen.

Urlaubsaktivitäten

Mit seiner wunderschönen Natur ist Schweden das ideale Land für aktive Urlauber. Wandern und Tennis spielen kann man eigentlich überall, ungewöhnlichere Betätigungen wie Riverrafting, Floß- und Ballonfahrten sind vielerorts möglich. Die örtlichen Touristeninformationen sowie die Informationsstelle Visit Sweden geben detaillierte Auskünfte zu den unterschiedlichsten Aktivitäten und Sportarten.

Angeln

Angeln ohne Angelkarte *(fiskekort)* ist gestattet an der Küste sowie in den großen Seen Mälaren, Vänern, Vättern, Hjälmaren und Storsjön, auch in einigen Städten wie Stockholm. Eine *fiskekort* erhält man in Touristenbüros für ca. 45 bis 200 SEK pro Tag.

Golf

Speziell das südlichste Schweden ist mit seinen landschaftlich schön gelegenen und häufig anspruchsvollen Plätzen ein Paradies für passionierte Golfspieler. Da sich Golf mittlerweile fast zu einem Volkssport entwickelt hat, fehlt die elitäre Aura mancher zentraleuropäischer Golfclubs. Vielerorts darf man auch ohne Mitgliedschaft in einem schwedischen Club einlochen.

Kanu fahren

Auf ausgeschilderte Kanurouten mit speziell eingerichteten Rastplätzen lassen sich auf geruhsame Art die südschwedischen Kanugewässer entdecken. Bedenken sollte man dabei die Regeln des Allemansrätt (s. S. 19), außerdem Abstand halten zu Wasservögeln und Nestern. Viele Inseln sind während der Brutzeit gesperrt, Schilder weisen darauf hin. Wer noch ungeübt im Umgang mit dem Paddel ist, findet in den großen Seensystemen von Småland auch für Anfänger geeignete Kanureviere. Mit dem Meereskajak können Paddler mit etwas mehr Erfahrung die Schärengebiete der Westküste und der südlichen Ostsee erkunden.

Auskünfte zum Thema Kanufahren und über 350 Tourenvorschläge mit informativen Kurzbeschreibungen der Kanureviere (auch auf Deutsch): www.kanotguiden.com oder Svenska Kanotförbundet, Rosvalla, S-61162 Nyköping, Tel. 00 46-1 55-20 90 80, www.kanot.com (auch auf Englisch).

Radfahren

Südschweden bietet ideale Möglichkeiten zum Radfahren. Ausgezeichnet markierte Radwanderwege und wenig befahrene Nebenstraßen lassen längere und kürzere Touren zum reinen Vergnügen werden. Durch ganz Schweden führt von Helsingborg nach Karesuando der 2570 km lange Sverigeleden. Auch in den einzelnen Provinzen gibt es markierte Radwanderwege.

Strände

Erquicklich baden und sonnen kann man im wasserreichen Schweden an vielen Stellen. Zu den schönsten zählen die Sandstrände in Halland, felsige Küstenabschnitte in Bohuslän, Sandstrände entlang der schonischen Ostseeküste, auf der Insel Öland und natürlich die Ufer der unzähligen Seen. Ausgewiesene Badestellen *(badplats),* die von den Kommunen unterhalten werden, sind häufig sehr praktisch ausgestattet: Stege zum bequemen Einstieg ins Wasser, kinderfreundliche Sandstrände, (Trocken-)Toiletten und Umkleidekabinen. Oft können auch die Einrichtungen von benachbarten Campingplätzen mitbenutzt werden. Für Hunde sind Strände tabu!

Wandern

Zum Wandern in Schweden ist zweckmäßige Ausrüstung Voraussetzung: Trekking- oder Wanderschuhe mit solidem Profil für Trittfestigkeit, ein warmer Pullover, Regen- oder Windjacke gegen die Widrigkeiten des Wetters. In fast allen Regionen kann man auf ausgeschilderten Wanderpfaden (z. B. Kinnekulleleden) der Natur näher kommen, häufig liegen sogar Übernachtungshütten am Weg.

Tipps und Kartenmaterial holt man sich am besten vor Ort im Touristenbüro. Auch Naturreservate oder Nationalparks wie Stenshuvud oder Tiveden werden von deutlich markierten Pfaden erschlossen. Nicht nur hier gilt allerdings: Schweden ist im Vergleich zu Mitteleuropa dünn besiedelt, und man kann nicht damit rechnen, auf ein bewohntes Haus zu stoßen, wenn man sich verlaufen hat. Unpassierbare Moore, riesige Steinblöcke und tiefe Schluchten prägen große Teile des Landes. Deshalb ist es besser, Karte, Kompass und Fernglas mitzunehmen und nicht von markierten Pfaden abzuweichen. Eine gute Orientierung ermöglichen außerdem die topografischen Wanderkarten im Maßstab 1 : 25 000.

Wassersport

Segeln, Tauchen, Wasserski, Surfen, Kanufahren: Mit seinen zahlreichen Seen und Flüssen und durch die Lage zwischen zwei Meeren bietet Schweden fantastische Bedingungen für Wassersportler. Segler haben die Wahl unter mehr als 450 Gästehäfen, ein Verzeichnis gibt es gratis im Hafen oder gegen Gebühr per Post unter: www.gasthamnsguiden.se.

Das reinste Vergnügen: Fahrradurlaub in Südschweden

Wintersport

Wintersport ist außer im südlichsten Schweden im allgemeinen von Januar bis März, in den Hochlagen auch bis Mai möglich. Die Infrastruktur reicht von gespurten und beleuchteten Langlaufloipen bis zum Einsatz von Schneekanonen. Größtes Ereignis für Langläufer ist der Wasalauf am ersten Märzsamstag über 80 km von Sälen nach Mora. Information und Anmeldung: Vasaloppet, Vasagatan 19, S-79232 Mora, Tel. 0046-250-392 00, Fax 392 50, www.vasaloppet.se.

In den Skigebieten von Dalarna (z. B. Sälen, Idre, Särna) und Värmland (Sunne) gibt es – außer in den Sportferien im Februar – kaum Gedränge an den Liften. Neben klassischen Abfahrten in allen Schwierigkeitsgraden warten Snowboard- und Carving-Pisten auf Schneeakrobaten, während Fun Park und Off-Piste junge Skihasen begeistern. Wer die verschneite Winteridylle eher auf beschauliche Weise genießen will: An klaren sonnigen Wintertagen empfiehlt sich ein Angelausflug aufs Eis. Alles, was man zum Eisangeln benötigt: eine einfache Angelrute, einen Eisbohrer, um ein Angelloch zu bohren, ein paar Rentierfelle zum Draufsetzen, eine gut gefüllte Thermoskanne und eine große Portion Geduld.

Schiffstouren

Unter den unzähligen Wasserstraßen Schwedens nimmt der Götakanal, der zusammen mit dem Trollhätte kanal eine durchgehende Schiffsreise von Göteborg nach Stockholm ermöglicht, eine Sonderstellung ein. Die Fahrt durch den Kanal sowie die Seen Vänern, Viken, Vättern, Boren und Roxen kann mit dem Linienschiff oder dem eigenen Boot zurückgelegt werden und dauert vier bis sechs Tage. Die stilvollste Variante stellt die Reise mit einem der Dampfschiffe ›Juno‹, ›Wilhelm Tham‹ oder ›Diana‹ dar (ab ca. 850 € pro Person). Information: AB Göta Kanalbolag, Box 3, 59121 Motala, Tel. 0046-141-20 20 50, Fax 21 55 50, www.gotakanal.se.

Nachtleben

In größeren Städten und touristisch gut erschlossenen Regionen hat sich in den letzten Jahren eine lebhafte Kneipen- und Restaurantszene entwickelt, die Vergleichen mit Mitteleuropa durchaus standhält.

Vor allem an der Westküste und in allen Badeorten ist in der sommerlichen Hochsaison mit einem turbulenten Nachtleben zu rechnen – hier steigen an Freitag- und Samstagabenden allerorts die Partys, mit DJ oder Live-Musik.

Reisezeit und Klima

Hochsaison herrscht von Midsommar (Wochenende, das dem 24. Juni am nächsten liegt) bis zum 15. August. Außerhalb dieser Zeit muss man selbst in touristischen Hochburgen mit eingeschränkten Öffnungszeiten rechnen. Da in der Hochsaison und an Wochenenden die Geschäftsleute ausbleiben, gewähren Hotels zu dieser Zeit sehr hohe Rabatte auf ihre ansonsten ziemlich gesalzenen Preise. Für Winterurlaub, z. B. in Dalarna, empfehlen sich die Monate Februar und März, da dann die Tage schon wieder länger sind.

Dem Golfstrom verdankt Schweden ein trotz seiner nördlichen Lage – Stockholm liegt auf demselben Breitengrad wie die Südspitze Grönlands – gemäßigtes Klima. Im Südwesten ist das Klima maritim mit angenehmen Sommern und milden Wintern. In den nördlichen und östlichen Landesteilen herrscht ein eher kontinentales Klima mit entsprechend größeren Unterschieden zwischen Sommer und Winter. Die Niederschlagsmengen nehmen von West nach Ost ab. In ihrer extremen Form äußert sich diese Tatsache auf den Inseln Öland und Gotland, die deshalb im Sommer oft unter großem Wassermangel leiden.

Hartnäckig hält sich in Zentraleuropa das Gerücht, dass es in Schweden immer kalt und regnerisch sei. Natürlich kann man das Pech haben, ausgerechnet dann, wenn ein atlantischer Tiefausläufer das Wetter bestimmt, im Zelt frieren zu müssen und sich nur mit regendichter Bekleidung nach draußen trauen zu können. Wer aber einmal das Glück hatte, im Sommer zur Zeit eines stabilen östlichen Hochs das Land zu bereisen, wird auf immer von den hellen und lauen Nächten schwärmen.

Begünstigt werden hochsommerliche Temperaturen nicht zuletzt durch die extreme Tageslänge, dem Phänomen der Mitternachtssonne, das sich bereits in Südschweden bemerkbar macht, auch wenn es in seiner vollen Ausprägung nur nördlich des Polarkreises zu beobachten ist. In der Stockholmer Region sind die Juni- und Juli-Nächte extrem kurz: Es beginnt gegen 23 Uhr zu dämmern und ist um 3 Uhr morgens bereits wieder hell. Nicht nur für die Schweden bedeutet dieser Überfluss an Tageslicht im Sommer eine beträchtliche Steigerung der Lebensqualität: Man kann auch mitten in der Nacht draußen noch ohne Lampe Zeitung lesen, und das gesamte gesellschaftliche Leben auf dem Land und in der Stadt spielt sich im Freien ab. Die Kehrseite der Medaille ist allerdings das winterliche Pendant, dann sind die Tage sehr kurz.

Die Unterschiede zwischen den Jahreszeiten sind in Schweden ausgeprägter als auf dem Kontinent. Richtiger Sommer mit Temperaturen, bei denen auch ein Mitteleuropäer es wagen würde, ein Bad im Freien zu nehmen, herrscht idealerweise von Mitte Juni bis Mitte August. Reizvoll, besonders für Wanderer, ist der Herbst, wenn sich die Bäume in einer unglaublichen Farbenpracht präsentieren. Der Winter stellt sich (je nach Region) zwischen Mitte Oktober und Anfang November ein und reicht nicht selten bis in den April. Die Monate Februar bis März sind bei Wintersportlern äußerst beliebt, dann liegt meistens ausreichend Schnee, und die Tage werden auch schon wieder länger. Ein besonderes Erlebnis ist der Ausbruch des Frühlings Anfang bis Mitte Mai. Man hat das Gefühl, dass die Natur von einem Tag auf den anderen gleichsam explodiert und eine unvergleichliche Farbigkeit hervorbringt. Die Frühlingsblumen blühen, die Birken zeigen ein erstes zartes Grün, die Luft

Wassersportler finden überall eine gute Infrastruktur

wird weich und erwärmt sich langsam, die Menschen erwachen aus ihrem Winterschlaf und bereiten sich auf ihr erstes Picknick in freier Natur vor.

Ausrüstung

Natürlich ist Schweden ein hochzivilisiertes Land mit einer guten touristischen Infrastruktur. Trotzdem sollte man einige Dinge einpacken, die den Urlaub in diesem wunderschönen Land noch erquicklicher machen können. Um für alle Eventualitäten gerüstet zu sein, empfiehlt es sich, **Bettwäsche** dabeizuhaben, die man in privat vermieteten Zimmern, Jugendherbergen und manchen Billighotels braucht. Auch ein kleines **Zelt** kann nicht schaden. Vielleicht finden Sie unterwegs Ihre persönliche Lieblingsstelle, an der es aber keine Übernachtungsmöglichkeit gibt. Das schwedische Jedermannsrecht erlaubt es, sofern man die Privatsphäre anderer nicht stört und nichts beschädigt, sein Zelt da aufzuschlagen, wo es einem gefällt.

Picknickutensilien sollten im Gepäck ebenfalls nicht fehlen, denn es gibt etwa in den Küstenregionen nichts Schöneres, als sich in einer Räucherei mit maritimen Köstlichkeiten einzudecken und diese am Strand oder auf einem Felsen sitzend im Angesicht des Meeres zu verzehren.

Neben einem guten **Mücken-** und **Sonnenschutz** braucht man auch **Regenzeug**, eventuell Gummistiefel sowie **warme Jacken** und **Pullover**. Ansonsten ist man mit sportlicher Kleidung gut bedient, wer allerdings auch einmal fein essengehen oder längere Zeit in Stockholm verbringen möchte, sollte das eine oder andere lässig-elegante Stück im Koffer haben. Wenn man dann noch Tucholskys ›Schloss Gripsholm‹ dabei hat, steht einem unvergesslichen Urlaub nichts im Wege.

49

UNTERWEGS
IN SÜDSCHWEDEN

Ein Leitfaden für die Reise und viele Tipps für unterwegs.

Genaue Beschreibungen von Städten und Dörfern, Sehenswürdigkeiten und Stränden, Ausflugszielen und Reiserouten.

Südschweden erleben: Ausgesuchte Hotels und Jugendherbergen, Restaurants und Cafés, Wanderungen und Bootstouren.

Schiffsparade auf dem Göta älv bei Göteborg

Stockholm
und
Umgebung

Blick auf Riddarholmen

Südschweden-Atlas S. 232–233, 236

STOCKHOLM

Grüne Kupferdächer und imposante Häuser, die von Wohlstand zeugen, leuchten in der Sommersonne, vom Meer weht eine leichte Brise durch die Straßen, auf der Brücke zum Schloss stehen Angler, und vor der Insel Långholmen tummeln sich Badende im Wasser. Den besonderen Zauber der Metropole in Worte fassen zu wollen ist müßig. Man muss sie sehen und sich von ihr gefangen nehmen lassen, dann lässt sie einen nicht mehr los, die schwimmende Stadt.

Südschweden-Atlas: S. 233, D 4
»Stockholm ist eine europäische Metropole, die alles hat: Sie ist hart und fordernd, gefährlich, voller Verbrechen, aber sie ist auch eine kulturelle Experimentierwerkstatt voller Möglichkeiten für Action und Vergnügen«. So gefährlich, wie es das Zitat des Schriftstellers P. O. Enquist suggeriert, ist sie nicht, die schwedische Hauptstadt, aber die Möglichkeiten für Action und Vergnügen sind in der Tat schier unerschöpflich. Die nüchternen Fakten vermitteln eine Ahnung davon, was den besonderen Reiz Stockholms ausmacht: Auf 14 Inseln am Übergang zwischen Mälarsee und Ostsee erbaut, mit einer außergewöhnlich gut erhaltenen Bausubstanz vor allem aus dem 18. und 19. Jh. und vielen Parks, präsentiert sich die Stadt weniger menschenfeindlich als andere vergleichbarer Größe. Im Gebiet des Großraumes Stockholm mit allen Vorstädten leben ca. 1,87 Mio. Menschen, in der Innen-

stadt ca. 765 000. 30 % der Fläche von insgesamt 4900 km^2 bestehen aus Wasser, weitere 30 % sind Parks und Grünflächen. Seit 1995 kann sich Stockholm zudem rühmen, den ersten städtischen Nationalpark der Welt zu haben: 27 km^2 Fläche im Nordosten der Innenstadt (Fjäderholmarna, Djurgården, Haga, Brunnsviken und Ulriksdal) stehen unter Naturschutz.

Ein ausgezeichnetes Verkehrsnetz mit Bussen, U-Bahnen (*tunnelbana*), deren Stationen zum größten Teil von Künstlern gestaltet wurden, und innerstädtischen Fähren ermöglicht eine reibungslose Fortbewegung in der mit 188 km^2 zwar nicht riesigen, aber durch die Lage auf vielen Inseln doch sehr weitläufigen Innenstadt. Autofahrer sind allerdings sehr stark benachteiligt, was wiederum die Fußgänger freut. Beste Fortbewegungsmittel sind neben den eigenen Füßen das Fahrrad, Fähren und Busse. Sich in dieser wunderschönen Stadt in den Untergrund zu begeben, außer vielleicht, um die gestalteten U-Bahn-Stationen zu bewundern, grenzt schon an ein Sakrileg, denn nur oberirdisch eröffnen sich immer wieder atemberaubende Ausblicke auf die schwedische Hauptstadt, die 2002 ihren 750. Geburtstag feierte.

Stadtgeschichte

Die kleine Insel Helgeandsholmen, auf der sich heute der Reichstag befindet, ist das älteste besiedelte Areal der Stadt, die 1252 von Birger Jarl gegründet und befestigt wurde. Ihren Aufschwung als wichtiger Handelsplatz verdankt die ›Pfahlinsel‹, so die Übersetzung von Stockholm, nicht zuletzt dem Prozess der Landhebung, der hier in früheren Zeiten 40–50 cm pro Jahrhundert ausgemacht hat. Zu Beginn

des Mittelalters hatte sich das Festland so weit gehoben, dass der Wasserspiegel des Mälaren über dem der Ostsee lag und sich am Übergang zwischen beiden Gewässern bei der Insel Helgeandsholmen eine Stromschnelle bildete. Waren mussten abgeladen und um das Hindernis herum transportiert werden; der Zugang zu den Zentren Sigtuna und Uppsala war abgeschnitten oder zumindest erschwert.

Im 14. und 15. Jh. bestimmten die Händler der mächtigen Hanse das Schicksal der Stadt. Die Dominanz der Deutschen war so stark, dass per Gesetz festgelegt wurde, dass mindestens die Hälfte aller Ratsmitglieder Schweden sein musste. Und noch im 17. Jh. war fast jeder dritte Stockholmer deutscher Abstammung.

Gegen Ende der von ständigen Streitigkeiten geprägten Kalmarer Uni-

Kunst an der U-Bahn: Station T-Centralen

on versuchte der dänische König Kristian II. mehrfach, Stockholm zu erobern. 1520 gewann er die entscheidende Schlacht und ließ anlässlich seiner Krönung zum schwedischen König am 4. November mehr als 80 seiner Gegner enthaupten. Die Empörung im Lande nach dem als Stockholmer Blutbad in die Geschichte eingegangenen Ereignis war so stark, dass es Gustav Wasa gelang, von Dalarna aus einen Aufstand gegen die dänischen Machthaber zu organisieren. Er wurde am 6. Juni 1523 in Strängnäs zum König gewählt und zog zu Midsommar im Triumphzug in Stockholm ein.

1634 wurde Stockholm Hauptstadt und erlebte einen enormen Aufschwung, der mit einer regen Bautätigkeit einherging. Im Jahr 1697 zerstörte ein Feuer die alte Burg Tre Kronor. Man begann umgehend mit dem Bau eines neuen Schlosses und verbot wegen der ständigen Brandgefahr die Errichtung von Holzhäusern.

Der starke Bevölkerungszuwachs ab dem Beginn des 18. Jh. führte zu den katastrophalen Lebensbedingungen, die Carl Michael Bellman in seinen Liedern so drastisch beschrieben hat. 1710 starb ein Drittel der Stadtbevölkerung an der Pest.

Nachdem sich Stockholm unter Gustav III. zum unbestrittenen geistigen und kulturellen Zentrum des Landes entwickelt hatte, wurde es im 19. Jh. auch die wichtigste Industriestadt. Die Bevölkerungszahl verdoppelte sich in kürzester Zeit, mehrstöckige Mietshäuser entstanden, die Stadt wurde planmäßig erweitert und das rechtwinklige Straßennetz der Altstadt auf die übrigen Inseln übertragen. Die Bewohner profitierten von den Errungenschaften der modernen Technik, und ihre Lebensbedingungen verbesserten sich in der zweiten Hälfte des 19. Jh. zusehends: Ab 1853 gab es Gaslaternen in den Straßen, ab 1860 verkehrte die Eisenbahn, ab 1877 auch die Straßenbahn, und mit der Anlage von Abwasserkanälen änderten sich auch die katastrophalen hygienischen Zustände.

Die Ausdehnung der Stadt dauerte bis in die 70er Jahre des 20. Jh. In den 50er Jahren entstanden Vororte mit einer perfekten Infrastruktur, die Vorbildcharakter hatten, heute aber, wie in fast jeder Großstadt, soziale Brennpunkte sind. Gewachsene Stadtviertel wie Norrmalm wurden entkernt und, wie viele meinen, zu gesichtslosen Zentren von Verwaltung und Kommerz kaputtsaniert.

Mitte der 50er Jahre beschloss man, die neuen U-Bahn-Stationen von Malern, Bildhauern, Keramikern und anderen Kunsthandwerkern ausschmücken zu lassen. Heute zeigen 90 der 100 Stationen ihr ureigenes, oft eigenwillig gestaltetes Gesicht, wobei die in die westlichen Vororte führenden Linien etwas weniger Kunst am Bau mitbekommen haben. Eine Fahrt z. B. mit der Blauen Linie vom Kungsträdgården nach Akalla und Hjulsta gleicht einer Reise durch eine Kunstgalerie.

In den 70er Jahren rettete ein kompromisslos durchgeführter Gewässerschutz den Mälaren, der heute wieder so sauber ist, dass sich Menschen und Fische gleichermaßen im Wasser wohlfühlen.

Stadtrundgang

Kungsholmen

Einen wunderbaren Einstieg in die Stadtbesichtigung bietet ein Besuch auf Kungsholmen, denn vom 105 m hohen Turm des **Stadshuset** [1] (Stadthaus) kann man sich einen guten Überblick über Stockholm verschaffen.

Nur aus der Höhe sieht man so richtig, dass die Stadt tatsächlich auf dem Wasser schwimmt (Juni–Sept. tgl. 10–16.30 Uhr, Aufzug und Treppen).

Erbaut wurde das Stadthaus 1911–23 von Ragnar Östberg. Den Turm des Gebäudes, das so etwas wie das Wahrzeichen der Stadt geworden ist, schmücken drei Kronen, die die Königreiche symbolisieren, aus denen

Stockholm-Plan S. 58/59

Sehenswürdigkeiten

1 Stadshuset
2 Königliches Schloss
3 Tessinska palatset
4 Storkyrkan
5 ehemalige Börse (Nobelmuseet)
6 Tyska kyrkan
7 Den Gyllene Freden
8 Riddarhuset
9 Riddarholmskyrkan
10 Medeltidsmuseet
11 Kulturhuset
12 Blå Tornet
13 Stadsbibliotek
14 Nordiska Kompaniet
15 Café Opera/Operakällaren
16 Grand Hôtel
17 Nationalmuseum
18 Moderna museet
19 Östasiatiska museum
20 ›af Chapman‹
21 Dramaten
22 Hallwylska museet
23 Bern's Salonger
24 Kungliga Biblioteket
25 Historiska museet
26 Vasa-Museum
27 Junibacken
28 Vattenmuseum Aquaria
29 Nordiska museet
30 Skansen
31 Gröna Lund
32 Waldemarsuddde
33 Rosendals slott

Übernachten

34 Radisson SAS Strand Hotel
35 Hilton Hotel Slussen
36 Lady Hamilton Hotel
37 Hotel Birger Jarl
38 Hotel Gamla Stan
39 Mälardrottningen
40 Columbus Hotel
41 Långholmen Hotell & Vandrarhem

Essen und Trinken

42 Wedholms Fisk
43 Fem Små Hus
44 KB
45 Sturehof
46 Ciao Ciao Grande
47 Rosendals Värdshus
48 Kungshallen
49 Örtagården

Fågel-
berget

STADION T Valhallavägen
Östhammarsg.
Strindbergs-
gatan
Hedinsgatan
Dediersgatan
Värtavägen
Sandhamnsgatan
Tegeluddsvägen
Jungfrugatan
Erik Dahlbergs
allen

lliga
legården
Östermalmsgatan
Karlavägen
Artillerigatan
Skeppargatan
Värtavägen
Valhallavägen
Lindarängsvägen

Kommen-
dörsg.
Linnégatan
Grev Turegatan
Jungfrugatan
Nybergsg.
KARLAPLAN T
Karlaplan
Wittstocksg.
Valhallavägen
Valhallavägen

ÖSTERMALM
Karlavägen
Gyllenstiernsgatan
Ladugårdsgärdet

49
Grevgatan
Banérgatan
Oxenstiernsgatan
Gärdesgatan
Skarpög
Kaknästornet

rmalmstorg T 46
Artillerigatan
Storgatan
Styrmansgatan
Narvavägen
25
Djurgårdsbrunnsvägen

ÖSTERMALMSTORG
21
Sibyllegatan
Skeppargatan
Grevgatan
Grev
Magnigatan
Torstens-
sonsgatan
Linnégatan
Ulrikag.
Fredrikshovsg.
Storgatan
Dag Hammarskjölds väg
Nobelgatan
Folke Bernadottes
Väg

broplan
42
Riddarg.
Strandvägen
Djurgårds-
bron

34 Nybrokajen
Nybroviken
Djurgårdsbrunnsviken

sieholmsgatan
Södra
olmdier
17
Nybroviken
Djurgårdsvägen
Rosendalsvägen
33

27
29
47

3
19
Gnävarvsvägen
26
30
Djurgården

18
SKEPPS-
HOLMEN
Liljevalchs
Konsthall
28

20
Södra
Brobänken
Allmänna
Djurgårdsvägen
31
GAMLA
STAN
Boote in die Schären
Strömmen
Kastell-
holmen
32

Djurgården-Fähre
Boote in die Schären

ahnhof Saltsjöbanan
STOCKHOLM

ina
Stadsgårdsleden
Saltsjön
0   500 m

Högbergsgatan
Nytorgs-
gatan
Fjällgatan
40

Schweden entstanden ist. Auch das Innere des Verwaltungs- und Repräsentationsgebäudes lohnt einen Besuch. Im Blauen Saal, der übrigens nicht blau ist, findet alljährlich am 10. Dezember das Nobelpreis-Bankett statt. Der Goldene Saal wurde von Einar Forseth mit 18 600 000 goldfarbenen Mosaiksteinchen ausgeschmückt. Die Prinzengalerie zeigt Stadtansichten von Prinz Eugen (nur Führungen Juni–Aug. tägl. 10, 11, 12, 14, 15, Mai und Sept. 10, 12, 14, Okt.–April 10 und 12 Uhr). Im Restaurant im Kellergewölbe kann man eines der seit 1901 servierten Nobelpreis-Menüs zu sich nehmen (nach Voranmeldung unter Tel. 50 63 22 00).

Lohnend ist außer einer Rast auf den Stufen des Stadshuset, sommers mit den Beinen im Mälaren, und dem Blick

Blick auf Riddarholmen und die Altstadt Gamla Stan

Franziskanerklosters, 1644 schenkte es Königin Kristina der Stadt. Die siedelte zwischen der heutigen Hantverkargatan und Norr Mälarstrand die besonders dreckigen und stinkenden Handwerksbetriebe wie Gerbereien an, später gab es dort Industrieanlagen. Heute ist von all dem nichts mehr zu sehen, es dominieren Rat- und Polizeihaus, Krankenhäuser und das Gebäude des Zeitungsverlags von Dagens Nyheter/Expressen.

Gamla Stan

Die Altstadt, auch ›Staden mellan broarna‹, Stadt zwischen den Brücken, genannt, besteht aus drei Inseln: Stadsholmen mit dem Schloss, Helgeandsholmen mit Reichstag und Mittelaltermuseum sowie Riddarholmen mit zahlreichen ehemaligen Adelspalästen. Die Atmosphäre ist vor allem auf der größten Insel **Stadsholmen** einzigartig: In die schmalen, vorwiegend von hohen Häusern aus der Großmachtzeit des 17. Jh. gesäumten Gässchen fällt nur wenig Licht, und da die Nebenstraßen zum Wasser hin alle im rechten Winkel zu den Hauptstraßen verlaufen, eröffnen sich immer wieder unerwartete Ausblicke. Häufig gibt es Straßenmusik und Performances; Galerien und Läden mit allerdings gesalzenen Preisen verführen zum Geldausgeben, und Restaurants sorgen dafür, dass man nicht verhungern und verdursten muss. Nicht auszudenken, wenn, wie es in den 50er Jahren zur Disposition stand,

auf die Stadt ein Spaziergang entlang **Norr Mälarstrand,** vorbei an den Hausbooten, die hier vor Anker liegen, bis zum Rålambshovsparken und Mariebergsparken mit schönen Badestellen.

Ansonsten gibt es auf Kungsholmen, der zweitgrößten Stockholmer Insel, keine ausgesprochenen Sehenswürdigkeiten. Bis zur Reformation befand sich das Areal im Besitz eines das gesamte Ensemble wie das alte Norrmalm den modernitätsversessenen Stadtplanern zum Opfer gefallen wäre.

Dominierendes Bauwerk von Stadsholmen ist das **Königliche Schloss** ☐2 (Kungliga slottet), mit mehr als 600 Zimmern das größte der Welt. ›Königs‹ sind aber schon vor Jahren wegen der besseren Luft nach Drottningholm umgezogen, das Schloss dient heute nur noch als Arbeits- und Empfangsgebäude. Begonnen wurde es, nachdem 1697 ein Feuer die alte Burg Tre Kronor zerstört hatte, doch teure Kriege verzögerten die Fertigstellung erheblich. 1754 konnte der spätere König Gustav III. mit seinen Eltern und Geschwistern endlich einziehen. Nicodemus Tessin d. J. entwarf den gewaltigen würfelförmigen Bau, Carl Hårleman schuf die Inneneinrichtung. Bau- und Einrichtungsstil zeigen den Übergang von der Spätrenaissance zum Gustavianischen Stil.

Besonders beliebt ist bei den Touristen die Wachablösung mit musikalischer Begleitung, die aber, da die Soldaten recht unspektakulär gekleidet sind, wesentlich weniger fotogen abläuft als vor anderen Königsschlössern (Juni–Aug. Mo–Sa 12.10 Uhr, So 13.10 Uhr, Sept.–Mai Mi, Sa).

Zu besichtigen sind der Reichssaal mit Königin Kristinas Silberthron von 1650, die prächtigen Repräsentationsräume sowie einige Museen: Livrustkammaren (Leibrüstkammer) mit Kutschen, Waffen und Krönungsgewändern, Skattkammaren (Schatzkammer) mit den königlichen Regalien und dem Tafelsilber sowie das Antikenmuseum Gustavs III. Ein weiteres Museum zeigt

u. a. Überreste der zerstörten Burg Tre Kronor (Mitte Mai–Aug. tgl. 10–16, Sept.–April Di–So 12–15 Uhr, aktuelle Informationen unter: www.royalcourt. se, dort auch Infos zur Königsfamilie).

Mit Blick auf sein gegenüberliegendes Meisterwerk, das Schloss, ließ sich der Baumeister Nicodemus Tessin d. J. um 1700 einen eigenen Palast errichten: **Tessinska palatset** ☐3, heute Residenz des Regierungspräsidenten *(landshövding)*. Am Fuß des Schlosshügels steht die von Johan Tobias Sergel 1808 entworfene **Statue Gustavs III.**, der so viel für die kulturelle Entwicklung des Landes getan hat. Skeppsbron, die verkehrsreiche Straße, die am östlichen Rand von Gamla Stan entlangführt, säumen die prächtigen Häuser der Kaufleute.

Geht man den Schlosshügel wieder hinauf, gelangt man zur **Storkyrkan** ☐4, Stockholms Dom und Krönungskirche. Sie zählt zu den ältesten Gebäuden der Stadt und wurde 1306 eingeweiht, erfuhr jedoch weitere Umbauten, zuletzt um 1740. Prunkstück der überwiegend barocken Ausstattung ist die von dem Lübecker Meister Bernt Notke geschaffene spätmittelalterliche Skulptur St. Göran und der Drache. Sie wurde von Sten Sture d. Ä. zur Erinnerung an den Sieg über die Dänen im Jahr 1471 am Brunkeberg in Auftrag gegeben. St. Göran symbolisiert die siegreichen Schweden, der feuerspeiende Drache die unterlegenen Dänen. Eine Kopie der Figurengruppe steht am Köpmantorget. Außerdem findet sich in der Storkyrkan die älteste bildliche Darstellung Stockholms von 1535 (Mai–Sept. tägl. 9–18, Okt.–April 9–16 Uhr).

EIN MASKENBALL
LEBEN UND STERBEN GUSTAVS III.

Der Mann, dessen Konterfei früher den 50-Kronen-Schein zierte, ist eine der schillerndsten Persönlichkeiten der schwedischen Geschichte: zwar ein machtbewusster Herrscher mit dem festen Willen zur Alleinherrschaft, und dennoch mit den Ideen der französischen Aufklärung sympathisierend. Die schönen Künste faszinierten ihn, und er förderte das Geistesleben im armen Agrarland Schweden wie vor ihm kein anderer. Folgerichtig wird nach dem Neffen Friedrichs des Großen eine ganze Epoche ›Gustaviansk‹ genannt.

Am 19. August 1772 beendet Gustav III. (1746–92) durch die Verhaftung des Reichsrates die fast 50 Jahre währende Freiheitszeit, in der sich die Anfänge des Parteienwesens herausgebildet hatten und der Monarch zum bloßen Repräsentanten degradiert worden war. Gustav III. erhebt sich zum absoluten Herrscher, führt aber auch Reformen wie die Bestätigung der Pressefreiheit, die Humanisierung des Strafvollzugs und die Religionsfreiheit für Ausländer durch. In einem zweiten ›Staatsstreich von oben‹ beschneidet er 1786 wichtige Adelsprivilegien und macht sich endgültig zum absoluten Alleinherrscher.

Gustav III. fördert in seiner Regentschaft kulturelle Einrichtungen, das Land erlebt eine bis dahin ungekannte kulturelle Blütezeit. Er befiehlt 1772 den Bau eines Opernhauses, für das er, selbst ein recht begabter Dramatiker, zusammen mit J. H. Kellgren z. B. das Stück ›Gustav Vasa‹ verfasst. 1771 gründet er die Musikakademie, 1773 die Akademie der Schönen Künste, 1787 das Nationaltheater, 1786 die Schwedische Akademie und schafft so endgültig die Voraussetzungen für eine geregelte Ausbildung einheimischer Künstler. In den Schlössern Drottningholm und Gripsholm vor den Toren Stockholms lässt er Theater einrichten, die noch größtenteils originalgetreu erhalten sind. In einem Nachbau des Schlosstheaters Drottningholm entstand 1975 Ingmar Bergmans Verfilmung von Mozarts ›Zauberflöte‹.

Die gustavianische Zeit brachte bedeutende Künstler wie die Maler Carl Gustaf Pilo und Alexander Roslin hervor, außerdem den Bildhauer Johan Tobias Sergel, nach dem Sergels torg in Stockholm benannt ist und der die Statue Gustavs III. vor dem Stockholmer Schloss schuf. Es entstanden zahlreiche Herrensitze, die von schwedischen Innenarchitekten und Kunsthandwerkern ausgestattet wurden.

Am 16. März 1792, ein halbes Jahr, nachdem er sich an einem Rettungsversuch für den französischen König Ludwig XVI. und seine Gattin Marie-Antoinette beteiligt hatte, wird der beim Adel nicht eben beliebte Monarch Gustav III. während eines Maskenballs in der Stockholmer Oper angeschossen, 13 Tage später stirbt er im Alter von nur 46 Jahren. Das Attentat lieferte die historische Vorlage für Verdis ›Maskenball‹. Ein wahrhaft würdiges Denkmal für einen Liebhaber der schönen Künste.

Der Stortorget mit imposanten Häusern aus dem 17. Jh. wird dominiert von der ehemaligen **Börse** ⑤, die Erik Palmstedt 1778 im Auftrag Gustavs III. baute. Im Obergeschoss tagen einmal wöchentlich die Mitglieder der Schwedischen Akademie. Sie sind es, die jedes Jahr für die Auswahl der Nobelpreisträger verantwortlich zeichnen. Der mittlerweile über 100-jährigen Geschichte der weltweit wohl renommiertesten Auszeichnung ist eine Ausstellung gewidmet (Nobelmuseet, Mitte Mai–Mitte Sept. tägl. 10–18 Uhr, sonst Di 11–20, Mi–So 11–18 Uhr).

St. Gertrud, von Stortorget über Svartmangatan oder Skomakargatan zu erreichen, ist noch immer die Kirche der deutschen Gemeinde und wird deshalb auch **Tyska kyrkan** ⑥ genannt. Das Versammlungshaus der deutschen St.-Gertruds-Gilde, deren Einfluss unter Gustav Wasa stark beschnitten worden war, wurde Mitte des 17. Jh. vom Nürnberger Hans Jacob Kristler zur Kirche umgebaut (Sa, So 12–16 Uhr).

Die beiden Hauptstraßen **Västerlånggatan** und **Österlånggatan** verliefen im Mittelalter am äußersten westlichen bzw. östlichen Rand der Insel Stadsholmen, die erst durch den Prozess der Landhebung ihre heutige Größe erreichte. Heute sind sie die Hauptflaniermeilen von Gamla Stan. Doch sollte man nicht versäumen, die winzigen Gässchen zu durchstreifen, die ihren ganz eigenen Charme haben. Vom Järntorget gelangt man beispielsweise durch die schmalste Straße der Stadt, die stellenweise nur 90 cm breite **Mårten Trotzigs gränd**, zur Prästgatan, wo 1853 im Haus Nr. 78 der Maler Carl Larsson geboren wurde.

Das Restaurant **Den Gyllene Freden** ⑦ an der Österlånggatan wurde 1919 von Anders Zorn gekauft und testamentarisch der Schwedischen Akademie vermacht. Ihre Mitglieder treffen sich hier traditionell jeden Donnerstag zum Abendessen. Im 18. Jh. war das Restaurant einer der bevorzugten Aufenthaltsorte von Carl Michael Bellman (1740–95), der hier die Gäste anpumpte und seine sinnenfrohen, manchmal derben Lieder vortrug. Bellmans Alter Ego Fredman liebt Ulla Winbladh, eine unabhängige und selbstbewusste Frau, und singt von den harten Zeiten, aber auch vom Alkohol und der Liebe, die das Leben erst erträglich machen. Auch Evert Taube, dessen Statue nur wenige Schritte entfernt am Järntorget steht, war wie Bellman ein Troubadour und frequentierte den Goldenen Frieden regelmäßig.

Das **Riddarhuset** ⑧ an der nordwestlichen Ecke von Stadsholmen wurde von Justus Vingboons und Jean de la Vallée 1641–74 erbaut und diente für die Zusammenkünfte des Adels. Die Wände des Rittersaales im Inneren des außergewöhnlich schönen, sparsam verzierten Barockgebäudes bedecken die Wappen sämtlicher schwedischen Adelsgeschlechter (Mo–Fr 11.30–12.30 Uhr).

Auf der Insel **Riddarholmen**, wo sich im Mittelalter ein Franziskanerkloster befand und während der Großmachtzeit prächtige Adelspaläste erbaut wurden, finden sich heute das alte Reichstagsgebäude, einige Gerichtshöfe und Norstedts, ein traditionsreiches Verlagshaus. Die Insel wird von der Centralbron und einer Eisenbahnbrücke regelrecht abgeschnürt. Für Fußgänger gibt es eine kleine Brücke. Sehenswert ist auf Riddarholmen die **Riddarholmskyrkan** 9, deren älteste Bauteile um 1280 entstanden und in der u. a. Gustav II. Adolf begraben ist (Mitte Mai–Ende Aug. tägl. 10–16, Sept. Sa, So 12–15 Uhr).

Vorbei an Bondeska palatset, dem Sitz des Obersten Gerichtshofes und dem Bürohaus der 349 Reichstagsabgeordneten, gelangt man über die Stallbron auf die Insel **Helgeandsholmen**. Der westliche Teil des Reichstagsgebäudes mit dem Plenarsaal beherbergte bis 1976 die Reichsbank, der östliche Teil die Fraktionsräume. Unterhalb des Reichstags liegt das sehenswerte **Medeltidsmuseet** 10 (Mittelaltermuseum) mit einem Stück Original-Stadtmauer und Modellen des mittelalterlichen Stockholm (Juli, Aug. Fr–Mo 11–16, Di–Do 11–18, Sept.–Juni Di–So 11–16, Mi bis 18 Uhr).

Norrmalm

Vom Reichstag gelangt man über die Drottninggatan durch das Regierungsviertel in einen völlig anders gearteten Stadtteil. Moderne, uninspirierte Bauten und Einkaufszentren prägen das Gesicht von Norrmalm. Der nach dem Bildhauer Johan Tobias Sergel benannte Platz **Sergels torg** entstand im Rahmen der vollständigen Umgestaltung des Stadtviertels in den 40er bis

Solche Gassen machen den Charme von Gamla Stan aus

Shopping

Ein Vorurteil hält sich besonders hartnäckig: Schweden sei teuer. Doch verglichen mit Paris, London oder Berlin ist die schwedische Hauptstadt ein ›billiges Pflaster‹, zumal während des Sommerschlussverkaufs *(Rea)*. Besonders angenehm: Die Stockholmer verlieren auch beim Shopping nicht die ihnen eigene Gelassenheit. Die großen Kaufhäuser wie NK oder Åhlens und Einkaufspassagen wie Sturegalleria bieten ein breites Spektrum: von Designerklamotten bis zu Kunsthandwerk. Zwischendurch kann man sich in den Markthallen am Östermalmstorg und Hötorget mit kleinen Leckerbissen stärken. Wer es auf Antiquitäten abgesehen hat, bummelt am besten durch Vasastan über die Odengatan und Roslagsgatan.

70er Jahren. Der Großstadtplatz mit dem schwarz-weißen Pflaster ist Treffpunkt von allerlei Volk: Touristen sitzen auf den Treppenstufen, ebenso wie Stockholmer, die hier ein Päuschen einlegen, politische Gruppen treffen sich zu Kundgebungen, Nachwuchsbands verschaffen sich mit live Musik Gehör, Straßenhändler haben Verkaufsstände mit Krimskrams aufgebaut. Da sich am Sergels torg auch einer der Eingänge zum U-Bahn-Knotenpunkt T-Centralen (›T‹ steht für *tunnelbana*, U-Bahn) befindet, ist hier alles ständig in Bewegung.

Flankiert wird der Platz vom **Kulturhuset** 11, mit Stadttheater, städtischen Ausstellungs- und Veranstaltungsräumen, Kino und großem Lesesaal, in dem auch ausländische Zeitungen ausliegen. Vom Café im obersten Stock überblickt man Norrmalm, zudem gibt es guten Kuchen und leckere kleine Speisen (Di–Fr 11–18, Sa, So 11–16 Uhr, im Winter länger). Im Untergeschoss befindet sich ein vorzüglich sortierter Designladen.

Auch wenn fast alle Fußgängerzonen der Welt gleich aussehen, sollte man einen Spaziergang nach Norden über die **Drottninggatan** machen. In der Nummer 85, dem sogenannten **Blå Tornet** 12 (Blauer Turm), verbrachte August Strindberg 1908–12 seine letzten Lebensjahre. Die Wohnung ist heute Museum, abends finden auch Theateraufführungen statt (Juni–Aug. Di–So 12–16, Sept.–Mai Di 12–19, Mi–So 12–16 Uhr).

Im **Observatorielunden**, einem wunderbaren stillen Park, liegt das von Carl Hårleman erbaute Observatorium sowie die 1925 von Gunnar Asplund errichtete **Stadsbibliotek** 13, ein Meisterwerk des Funktionalismus. Für den Rückweg ins Zentrum sollte man nicht den stark befahrenen Sveavägen nehmen, sondern eine der parallel verlaufenden Straßen, also die Saltmätargatan oder die Holländargatan.

Vorbei an der Adolf Fredriks kyrka, wo der am 28. Februar 1986 ermordete Olof Palme beigesetzt wurde, gelangt man zum **Hötorget**. Auf dem Heumarkt kann man sich ebenso wie in der Markthalle zu erschwinglichen Preisen mit gutem Essen eindecken.

Im Konzerthaus am Hötorget werden im Dezember die Nobelpreise verliehen

Im 1926 von Ivar Tengbom erbauten Konzerthaus findet alljährlich am 10. Dezember die Verleihung der Nobelpreise für Literatur, Physik, Chemie, Medizin und Wirtschaft statt. Den Orpheusbrunnen schuf Carl Milles.

An der Hamngatan liegt Schwedens Konsumtempel Nummer 1, vergleichbar dem Berliner Kadewe oder dem Londoner Harrods. **Nordiska Kompaniet** 14 (NK) bietet ein überbordendes Angebot an Waren in einer gediegenen Atmosphäre. Für einen Besuch der Haushaltswarenabteilung sollte man entweder sehr charakterstark sein oder über ein dickes Portemonnaie verfügen, schließlich hat sich die Elite der schwedischen Designer gerade auch um die Gestaltung dieser Dinge des täglichen Lebens verdient gemacht.

Gegenüber dem NK befindet sich Sverigehuset (Schwedenhaus), das Stockholmer Touristenbüro mit angeschlossenem Buchungsservice. Es liegt an der nordwestlichen Ecke einer beliebten Großstadtoase, des **Kungsträdgården**. Der einstige königliche Küchengarten wurde zunächst zum Lustgarten umgestaltet, im 18. Jh. dann für das gemeine Volk freigege-

67

ben. Dieses nutzt den ›Kungsan‹ heute ausgiebig: Man spielt Schach oder Streetball, es gibt organisierte Konzerte auf der Bühne und spontane von Straßenmusikern, man sieht Eis essende, Zeitung lesende oder plaudernde Menschen. Im Winter, wenn einige Flächen geflutet werden, ist der Park ein beliebter Treffpunkt für Schlittschuhläufer.

Das südliche Ende des Kungsträdgården markiert **Karl XII:s torg**, mit einer Statue des Königs, von dem Strindberg sagte:»Sein ganzes Leben war eine Kette von Missgriffen, von Böcken, von Dummheiten. ... Aber auf dem Schlachtfeld war er ein Held antiken Ausmaßes.« Karl XII. schlug als 18-jähriger im Jahr 1700 Peter den Großen in der Schlacht bei Narwa, dieser revanchierte sich 1709 bei Poltawa und leitete Schwedens endgültigen Verlust der Großmachtstellung ein. Die Statue des expansions- und machtlüsternen Herrschers ist eine beliebte Kulisse für Demonstrationen. In den auch in Stockholm wilden 60er Jahren demonstrierte man hier gegen das Establishment, in den 70er Jahren gegen das Abholzen der alten Ulmen, die dem Bau der U-Bahn-Station Kungsträdgården weichen sollten, letzteres übrigens mit Erfolg.

Das legendäre **Café Opera** 15 ist Ziel all derer, die sich gern im Glanze von Berühmtheiten sonnen möchten und deshalb bereit sind, stundenlang Schlange zu stehen und sich außerdem noch vom allmächtigen Türsteher demütigen zu lassen. Sind sie endlich drinnen, müssen sie feststellen, dass der Laden gerammelt voll ist mit Menschen, die wie sie auf der Suche nach Berühmtheiten sind ...

Skeppsholmen

Bevor es ins feine Östermalm geht, lohnt ein kurzer Abstecher Richtung Skeppsholmen. Das **Grand Hôtel** 16 am Södra Blasieholmshamnen ist unbestritten die beste Adresse zum Wohnen und für den Genuss des berühmten Smörgåsbord. Von der Veranda hat man zudem den Kai, wo die Schärenboote ablegen, gut im Blick. Fast nebenan liegt das 1846–66 von F. A. Stüler erbaute **Nationalmuseum** 17. Zu seinen Beständen gehört u. a. eine großartige Sammlung flämischer Malerei des 17. Jh., die als Kriegsbeute aus dem Dreißigjährigen Krieg nach Schweden gelangte. Auch einheimische Künstler aus allen Epochen sind vertreten, Carl Larsson gestaltete das Treppenhaus (Jan., Juni–Aug. Di 11–20, Mi–So 11–17, Feb.–Mai, Sept.–Dez. Di, Do 11–20, Mi, Fr–So 11–17 Uhr).

Skeppsholmen und die Nachbarinsel Kastellholmen waren früher Teil des städtischen Verteidigungssystems. Wie Norrmalm sollten sie in den 60er Jahren ›modernisiert‹, das heißt eingeebnet und mit einem U-Bahn-Anschluss versehen werden. Daraus wurde glücklicherweise nichts. Heute befinden sich auf der Insel eine Kirche, in einem 1998 eröffneten Neubau des Spaniers Rafael Moneo das renommierte **Moderna museet** 18 und das **Arkitekturmuseet** (beide: Di, Mi 10–20, Do–So 10–18 Uhr) sowie gegenüber die Ausstellungshalle für modernes Design **Svensk Form Designforum** (Di–Do 12–19, Fr–So

Die großartigen Sammlungen des Nationalmuseums lohnen einen Besuch

12–17 Uhr). Im ehemaligen Zeughaus oben auf der Inselkuppe liegt das **Östasiatiska museum** [19] (Di 11–20, Mi–So 11–17). Es zeigt u. a. eine Ausstellung zur Frühzeit der chinesischen Hochkultur vor rund 6000 Jahren sowie buddhistische Plastik.

Einen starken, reizvollen Kontrast zu diesem Ambiente bildet der kleine Hafen am nördlichen Ende mit seinen Werkstätten. Über eine kleine Brücke erreicht man **Kastellholmen**, das vor allem bei Jugendlichen beliebt ist, die hier bestens den Open-Air-Konzerten in Gröna Lund lauschen können.

Am Ufer von Skeppsholmen liegt ein Segelschiff vor Anker, das zu den begehrtesten Stockholmer Übernachtungsplätzen gehört. Benannt ist die ›af Chapman‹ [20] nach dem Schiffsbauer Fredrik Hendrik af Chapman (1721–

1808), der ab 1780 als Chef der Werft in Karlskrona maßgeblich am Aufbau der schwedischen Kriegsmarine beteiligt war.

Östermalm

Reich und vornehm, aber ziemlich leblos, so charakterisieren Fans anderer Stadtteile Östermalm. Ganz unrecht haben sie nicht, denn die ganze Pracht der gediegenen Bürgerhäuser und exklusiven Geschäfte wirkt doch recht kühl.

Das **Kungliga dramatiska teatern** [21], kurz Dramaten, am Nybroplan ist die wichtigste schwedische Bühne. Hier inszenierte auch der in Östermalm geborene Regisseur Ingmar Bergman wieder, nachdem er aus dem Münchener ›Exil‹ zurückgekommen war. Das Gebäude wurde 1901–08 von Fredrik

69

Blick auf die prächtigen Fassaden am Strandvägen

Liljekvist errichtet und erstrahlt im schönsten Jugendstil.

Einen guten Eindruck von der großbürgerlichen Wohnkultur der Zeit vermittelt das 1895 erbaute Wohnhaus der Gräfin von Hallwyl in der Hamngatan 4, die als Erbin eines Sägewerksbesitzers zu Geld kam. Als **Hallwylska museet** 22 ist es im Rahmen von Führungen zugänglich (Ende Juni–Mitte Aug. tägl. 11–16 Uhr zur vollen Stunde auf Schwedisch, 13 Uhr auf Englisch, sonst Di–So 12–15, Mi 18 Uhr Schwedisch, So 13 Uhr Englisch).

In **Bern's Salonger** 23 am Berzeliiparken spielt Strindbergs Roman ›Röda Rummet‹ (Das rote Zimmer). Die 1999 von Terence Conran durchgeführte Umgestaltung der einstmals plüschig-prächtigen Einrichtung trifft nicht auf ungeteilte Zustimmung.

Für einen Einkaufsbummel vormerken kann man sich die Sibyllegatan mit ihren Mode- und Designläden, es geht weiter, vorbei am Kungliga hovstallet, der die königlichen Pferde und Staatskaleschen beherbergt, und der Hedvig Eleonora kyrka, zur Markthalle Östermalmshallen, einem wunderschönen Fresstempel am Östermalmstorg. Von hier ist es nicht weit bis zur **Kungliga Biblioteket** 24, der schwedischen Nationalbibliothek, in der sich jedes in Schweden seit 1661 gedruckte Buch findet. Ausleihen kann man die Werke nur zur Benutzung in den prächtigen Lesesälen. Die Bibliothek liegt im Humlegården, wo im 17. Jh. Hopfen (*humle*) angebaut wurde.

Über die Birger Jarlsgatan gelangt man wieder zum Nybroplan, der – wie Strömkajen vor dem Grand Hôtel – Anleger für die Schärenboote ist. Am Nybroplan beginnt auch die wohl prächtigste Straße Stockholms, der **Strandvägen**. Ende des 19. Jh. ließen sich wohlhabende Industrielle und Kaufleute mehrstöckige repräsentative Häuser mit riesigen Wohnungen errichten. Da heute kein Mensch so etwas bezahlen kann, wurden sie entweder aufgeteilt oder in Büros und Hotels umgewandelt.

An der Brücke nach Djurgården teilen sich die Wege. Links führt der Narvavägen zum **Historiska museet** 25, das bedeutendste historische Museum Schwedens. Es zeigt eine eindrucksvolle Wikingerausstellung sowie einmalige Gold- und Silberschätze aus dem 4. Jh. (Mitte Mai–Mitte Sept. tägl. 11–17, sonst Di–Mi, Fr–So 11–17, Do 11–20 Uhr). Als großzügig angelegter Boulevard endet Narvavägen am **Karlaplan**, einem nach Pariser Vorbild angelegten Platz, von dem acht Straßen sternförmig abzweigen.

Geradeaus geht es nach Ladugårdsgärdet, einer riesigen Grünfläche, die noch unter Karl XIV. Johan Truppenübungsplatz war. Vom 155 m hohen **Kaknästornet** hat man eine herrliche Aussicht über die Stadt. Allerdings muss man damit rechnen, dass der Fernsehturm bei gutem Wetter überfüllt ist (Mai–Aug. tägl. 9–22, Sept.–April tägl. 10–21 Uhr).

Djurgården

Es gibt mehrere Möglichkeiten, auf diese Insel, die seit jeher der Entspannung und Zerstreuung dient, zu gelangen: Mit dem Bus, zu Fuß via Strandvägen,

Millesgården

Rund um das Atelierhaus des wohl bedeutendsten schwedischen Bildhauers Carl Milles (1875–1955) finden sich eigene Werke sowie von ihm zusammengetragene antike und mittelalterliche Kunstwerke. Der Ausflug nach Lidingö lohnt vor allem wegen des wunderbaren Blicks von der Sonnenterrasse (Mitte Mai–Aug. tägl. 10–17, Sept.–Mitte Mai Di–Fr 12–16, Sa, So 11–17 Uhr, U-Bahn bis Ropsten, dann Bus 207 bis Millesgården bzw. Bus 202, 204–206, 212 bis Torsvikstorg oder ab Ropsten mit Lidingöbanan bis Torsvik).

mit der Fähre von Slussen aus oder mit der Museumsstraßenbahn vom Norrmalmstorg (Abfahrt am Dramaten). Konkurrenzlos ist allerdings die Anreise mit der Fähre vom Nybroplan, denn dann hat man den schönstmöglichen Blick auf die prächtigen Fassaden am Strandvägen.

Auf Djurgården findet sich ein absolutes Schmuckstück in der an Höhepunkten nicht eben armen Stockholmer Museumslandschaft: Das **Vasa-Museum** 26, dessen Äußeres einem Schiff nachempfunden ist, wurde 1990 für das am 10. August 1628 auf seiner Jungfernfahrt noch im Stockholmer Hafen gesunkene Regalschiff ›Vasa‹ errichtet (Mitte Juni–Mitte Aug. tägl. 9.30–19, sonst 10–17, Mi bis 20 Uhr). Dieses von Gustav II. Adolf in Auftrag gegebene Kriegsschiff ist ein Sinnbild

71

des Größenwahns zur Zeit des Dreißigjährigen Krieges, denn es sank, weil das Schiff für die vielen Kanonen zu wenig Tiefgang hatte und von einer Böe zum Kentern gebracht wurde. 1961 wurde es geborgen. Die Hebung und Restaurierung dauerte fast 35 Jahre und gestaltete sich äußerst schwierig, da man das gesamte Schiff mitsamt seinen kunstvollen Verzierungen unter Wasser in alle Einzelteile zerlegen und konservieren musste, um zu verhindern, dass es bei Kontakt mit Sauerstoff völlig zerfiel.

Nebenan wartet ein besonderes Vergnügen auf kleine und große Fans von Astrid Lindgren: In **Junibacken** 27 begegnet man Figuren aus ihren Geschichten (Juni u. Aug. tägl. 10–17, Juli 9–19, sonst Di–Fr 10–17, Sa, So 9–18 Uhr). Wer mit Kindern unterwegs ist, findet die nächste spannende Attraktion wenige Schritte weiter am Wasser entlang: Im **Vattenmuseum Aquaria** 28 kann man einen tropischen Wolkenbruch erleben und heimischen Meerforellen begegnen (Mitte Juni–Mitte Aug. 10–18, sonst Di–So 10–16.30 Uhr).

Zwei Museen verdankt Djurgården der Initiative von Artur Hazelius (1833–1901). Er wollte verhindern, dass im Zuge der Industrialisierung die bäuerliche Kultur verlorengeht, und sammelte aus diesem Grund in ganz Nordeuropa Zeugnisse der Alltagskultur vom Holzteller bis hin zu kompletten Zimmereinrichtungen, die er im 1873 gegründeten **Nordiska museet** 29 zusammenführte. Ein Gang durch die Ausstellung ist auch ein Gang durch die schwedische Geschichte (Juni–Aug. tägl. 10–17, sonst 10–16 Uhr).

Sein Lieblingsprojekt war aber immer das 1891 gegründete Freilichtmuseum **Skansen** 30, das älteste der Welt. Hier wurden ca. 150 alte Gebäude aus ganz Schweden wieder aufgebaut. Stadtviertel wurden rekonstruiert, und in den offenen Werkstätten kann man Handwerkern bei der Arbeit zusehen. Skansen ist auch eine beliebte Kulisse für Feste, die hier traditionsbewusst gefeiert werden. Höhepunkt ist die Midsommarfeier, zu der auch die Königsfamilie kommt. Und wer auf seiner Fahrt durch Schweden keinen Elch gesehen hat, wird hier sicherlich Glück haben, denn zum Zoo mit einheimischen Tierarten gehört neben Bären und Wölfen auch dieses scheue Tier (Mai tägl. 10–20, Juni–Aug. 10–22, Sept. 10–17, Okt.–April 10–16 Uhr. Häuser und Höfe Juni–Aug. tägl. 11–17, sonst 11–15 Uhr).

Direkt gegenüber liegt **Gröna Lund** 31, ein riesiger Vergnügungspark mit Achterbahn und allem, was sonst noch so dazugehört. Im Sommer finden hier auch Konzerte statt. Sehr beliebt sind die Auftritte von Sven-Bertil Taube, der sich der Pflege des traditionellen Liedgutes verschrieben hat.

Etwas weniger rustikal geht es in **Waldemarsudde** 32 zu. Die frühere Villa des Malers Prinz Eugen beherbergt ein Museum für die nordische Kunst der Jahrhundertwende und zeigt interessante Wechselausstellungen. Auch der schöne Park, von dem aus man die Finnland-Fähren beobachten kann, lohnt einen Besuch (Di–So 11–17, Do bis 20 Uhr).

Ein Highlight in Stockholm:
das restaurierte Regalschiff ›Vasa‹

Rosendals slott 33, ein Palast von Karl XIV. Johan, mit wunderbaren Gartenanlagen und einer Inneneinrichtung im Stil des Empire ist ein anderes beliebtes Ziel. Das Gebäude ist im Rahmen von Führungen zu besichtigen (Juni–Ende Aug. Di–So 12, 13, 14, 15 Uhr).

Je weiter man auf Djurgården gen Osten vordringt, desto wilder, zumindest für Großstadt-Verhältnisse, wird die Natur. Die Insel ist Teil von Ekoparken, des Nationalparks mitten in der Stadt, wo sich die Natur ungestört entwickeln kann. Das ist es, was Stockholm unter anderem so attraktiv macht:

Hier finden sich alle Annehmlichkeiten großstädtischer Infrastruktur, dennoch fehlen idyllische Refugien nicht.

Södermalm

Sehenswürdigkeiten sind auf Södermalm nicht so dicht gesät, dafür hat der Stadtteil atmosphärisch um so mehr zu bieten. Das Nachtleben in diesem alten Arbeiterviertel ist ungleich lebendiger als in der City. Es gibt unspektakuläre, urgemütliche *kvarterskrog*, Eck- oder Viertelkneipen, aber auch schrille Läden mit Designerkla-

Södermalm abseits
des Großstadttrubels

Gewissermaßen den Eingang nach Södermalm bildet der Verkehrsknotenpunkt **Slussen** (Schleuse), der 1935, als in Schweden noch Linksverkehr herrschte, fertiggestellt wurde. Der Architekt konzipierte die Anlage aber so, dass die Umstellung auf Rechtsverkehr im Jahr 1967 ihrer Funktionstüchtigkeit nichts anhaben konnte. Den Anstieg auf die felsigen Anhöhen von Söder erleichtert der Aufzug **Katarinahissen,** dessen zweite und heutige Version im Zusammenhang mit den Bauarbeiten an Slussen entstand. Die Aussicht ist phänomenal.

Eine Fußgängerbrücke führt nach **Mosebacke**, einem überaus beliebten Restaurant mit großer Terrasse, wo regelmäßig Tanz für die ältere – und in den umliegenden Clubs auch für die jüngere – Generation stattfindet. Unter anderem hier ließ sich der Schriftsteller August Strindberg zu seinem Roman ›Röda Rummet‹ (Das rote Zimmer) inspirieren, der das Leben der Großstadtbohème beschreibt und bei seinem Erscheinen einen großen Skandal auslöste.

Die Höhe der Insel Södermalm bringt es mit sich, dass man fast von jeder Stelle der Innenstadt zugewandten Seite eine atemberaubende Aussicht hat. Unbedingt sollte man einmal einen Blick von der Fjällgatan auf die Stadt werfen, die einem hier zu Füßen liegt. Bereits von der Götgatan auf Södermalm, aber auch von vielen anderen Punkten in der Stadt, sieht man **Globen**, mit 85 m Höhe das größte ku-

motten und ähnlichem, wie sie einer Hauptstadt angemessen sind. Der Umgangston ist locker und entspannt, worauf die Bewohner von ›Söder‹, wie die Insel von Stockholmern liebevoll genannt wird, sehr stolz sind.

Die Bebauung ist weniger einheitlich als in anderen Stadtteilen, Häuser aus dem 18. Jh. finden sich hier ebenso wie gesichtslose Bauten aus den 1960er Jahren, Jugendstil- und niedrige Holzhäuser. Am **Medborgarplatsen** entstand Anfang der 1990er Jahre ein ansprechendes neues Wohn- und Geschäftsviertel.

Stockholm im Paket

Die **Stockholmskort** (Verkauf im Turistbyrå) schließt den Eintritt zu mehr als 70 Museen und Sehenswürdigkeiten sowie die Benutzung der öffentlichen Verkehrsmittel ein. **Stockholm á la Carte** ist ein Paket, das neben ähnlichen Leistungen auch die Übernachtung in ausgesuchten Hotels umfasst – meist sehr viel günstiger als selbstgebuchte Arrangements (Info: www. destination-stockholm.se).

gelförmige Gebäude der Welt, das wie ein riesiger Ballon über der Stadt zu schweben scheint, und als Mehrzweckhalle für das in Schweden so beliebte Eishockey, aber auch für andere große Veranstaltungen dient.

Außerhalb des Zentrums

Nicodemus Tessin d. Ä. erhielt 1662 von Königin Hedvig Eleonora den Auftrag, auf der Insel Lovön im Mälarsee ein Schloss zu errichten. Nach dessen Tod führte sein Sohn die Bauarbeiten an Schloss **Drottningholm** weiter und entwarf auch die Inneneinrichtung, für deren Ausführung er hochrangige Künstler wie Burchard Precht und David Klöcker Ehrenstrahl verpflichtete. Im 18. Jh. wurden unter der Leitung von Carl Hårleman und Jean Eric Rehn die Seitenflügel ausgebaut und die Einrichtung im Stil des Rokoko moderni-

siert. Heute bewohnt die königliche Familie das Schloss (Mai–Aug. tägl. 10–16.30, Sept. 12–15.30, Okt.–April Sa, So 12–15.30 Uhr).

Tessin d. J. legte auch einen **Barockgarten** an, für den ebenso wie für die gesamte Anlage Versailles als Vorbild diente. Eine besondere Attraktion des Ensembles ist das chinesische Schlösschen (Kina slott), das Carl Fredrik Adelcrantz und Jean Eric Rehn entwarfen und in dem ab 1769 die königliche Familie die Sommermonate verbrachte.

Das von Gustav III. angelegte **Theater** mit seiner ausgeklügelten Bühnentechnik befindet sich noch im Originalzustand und ist im Sommer Spielort für Opern- und Ballett-Vorstellungen. Es wurde für Ingmar Bergmans ›Zauberflöten‹-Verfilmung originalgetreu nachgebaut. Das angegliederte Theatermuseum zeigt Kostüme aus dem 18. Jh. (Mai tägl. 12–16.30, Juni–Aug. tägl. 11–16.30, Sept. tägl. 13–15.30 Uhr). Weil die gesamte Anlage repräsentativ ist für die europäische Schlossarchitektur des 18. Jh., klassifizierte sie die UNESCO als Weltkulturerbe. Drottningholm erreicht man am komfortabelsten mit dem Schiff ab Stadshuskajen.

Am Ufer des Brunnsviken im Stadtteil Solna wollte Gustav III. eigentlich ein imposantes Schloss errichten. Die 1786 begonnenen Bauarbeiten wurden nach seiner Ermordung 1792 eingestellt. In **Haga** sind heute inmitten des von F. M. Piper angelegten Landschaftsgartens für die gustavianische Zeit typische architektonische Spielereien wie Kupferzelte, die die königliche Garde beherbergten, sowie einige

Pavillons zu sehen. Die Inneneinrichtungen, etwa in dem von Louis Masreliez ausgestatteten Türkischen Pavillon oder im Pavillon Gustavs III., zeigen die Handschrift des Königs, dessen am Klassizismus orientierter Geschmack stilbildend wirkte. Angeblich ließen sich auch IKEA-Designer davon inspirieren, denn die Möbel können mit schlichteren Materialien nachgebaut und Wandbespannungen mit einfacheren Mitteln nachempfunden werden. Nur im Rahmen von Führungen zu besichtigen (Juni-Aug. Di–So 12, 13, 14, 15 Uhr, Sept.–Mai geschlossen, U-Bahn-Station Odenplan, dann Bus 52 oder 515).

Schloss Ulriksdal, nördlich von Stockholm gelegen, wurde in den Jahren 1639–44 im Stil der niederländischen Renaissance errichtet, von Nicodemus Tessin d. Ä. und Jean de la Vallée umgebaut und erhielt sein heutiges Aussehen unter Fredrik I. durch G. J. Adelcrantz. In den 20er Jahren modernisierte man das Schloss für den späteren König Gustav VI. Adolf. Die Einrichtung, die er anlässlich seiner Hochzeit im Jahr 1923 von Stockholmer Bürgern geschenkt bekam, ist zu besichtigen (Juni–Aug. Di–So 12, 13, 14, 15 Uhr). In der Orangerie von 1705 werden heute Skulpturen des 19. und frühen 20. Jh. aus dem Bestand des Nationalmuseums gezeigt. Außerdem befindet sich in Ulriksdal die Kutsche, mit der die Königin Kristina 1650 nach Stockholm fuhr. Ulriksdals Wärdshus (Tel. 85 08 15) im Park zählt zu den besten Stockholmer Restaurants. Zu erreichen mit dem Zug bis Ulriksdal oder der U-Bahn bis Bergshamra, dann Bus 503.

Im Mälaren 30 km westlich von Stockholm liegt auf der Insel Björkö ein Ausflugsziel, das in die Ära der Wikinger entführt. **Birka**, die älteste Stadt Schwedens und wichtigstes Zentrum der Seeräuber und Händler, war vermutlich 750–970 bewohnt. Ab 829 versuchten sich hier christliche Mönche an der Bekehrung der heidnischen Wikinger. Neuere Ausgrabungsfunde, darunter eine Schmiede, lieferten wichtige Erkenntnisse über den Alltag der Wikingerzeit. Vorführungen von Handwerkern und das Museum geben davon ein anschauliches Bild (Mai–Sept. Mo–Fr 11–16, Sa, So 11–17, Juli/Aug. 11–18 Uhr). In den zahlreichen Gräbern der Insel fand man Handelsgüter wie fränkisches Glas, chinesische Seide, friesische Keramik und arabische Silbermünzen. Die Insel ist nur mit dem Boot zu erreichen. Die gemütliche Schiffstour (ca. 2 Std.) ab Stadshusbron über den Mälaren ist ein ganz besonderes Erlebnis.

In den Schären

Auch wenn man einige der 24 000 Inseln und Inselchen mit dem Auto erreichen kann, sollte man auf jeden Fall eine Bootstour in den Schärengarten unternehmen, der sich zwischen Arholma im Norden und Landsort im Süden über 150 km Länge erstreckt. In diesem felsigen Paradies mit seinen pittoresken Dörfern und fantastischen Möglichkeiten für Wassersportler, den Urlaub zu verbringen, ist nicht nur für viele Schweden ein Traum. Im Sommer strömen täglich Hunderttausende Tagesbesucher auf die Inseln, viele reisen mit dem eigenen Boot an, andere per Fähre direkt aus der Stadt – Aushänge an den Anlegestellen Nybroplan und Strömkajen informieren über Ziele und Abfahrtszeiten.

Gewissermaßen vor der Haustür, gleich hinter Djurgården, liegt die Inselgruppe **Fjäderholmarna**, die sich auch bei den sommers in der Stadt Verbliebenen größter Beliebtheit erfreut und in nur 25 Min. zu erreichen ist. Hier gibt es ein gutes Restaurant, eine Räucherei und das Ostseeaquarium, das über Flora und Fauna im Schärengarten informiert. Auch Kunsthandwerker arbeiten hier.

Im südlichen Schärengarten locken vor allem Dalarö und Utö. Am Wege, 19 km südöstlich des Stadtzentrums, liegt **Saltsjöbaden**, das 1891 auf Initiative des Großindustriellen K. A. Wallenberg als exklusiver Wohn- und Badeort entstand. Heute ist das ›Meeresbad‹ oder ›Salzwasserbad‹ vor allem bei Seglern beliebt, die gerne im Grand Hotel Saltsjöbaden residieren, einem türmchengeschmückten Bau der Jahrhundertwende. Der Ort strahlt Wohlstand, ein bisschen auch Hochnäsigkeit aus, trotzdem lohnt ein Ausflug, denn baden und Segelboote beobachten, wenn man denn nicht mit dem eigenen anreist, kann man hier hervorragend.

Die Holzstadt **Vaxholm** ist in einer Stunde mit dem Boot zu erreichen. Die Festung sollte einstmals die Einfahrt in den Stockholmer Hafen schützen, war aber bereits vor ihrer Fertigstellung veraltet, denn die Mauern hätten den schlagkräftigeren Kanonen nicht standgehalten. Das heute darin eingerichtete Museum widmet sich dem

Thema Küstenverteidigung (Juni tägl. 12–16, Juli/Aug. 11–17 Uhr).

»Das naturschöne **Sandhamn** wird an drei Seiten von Wasser umspült und an der vierten vom Meer.« Auch August Strindberg liebte diese felsige, trotzdem aber bewaldete Insel am äußersten östlichen Rand des Schärengartens, die in knapp drei Stunden ab Nybroplan zu erreichen ist. Hier befand sich einst ein wichtiger Lotsen- und Zollplatz, und zu Zeiten, als die Cholera in Stockholm wütete, war die Insel Sandön Quarantänestation. Das Gasthaus blickt auf eine 300jährige Tradition zurück, denn die ansässigen Lotsen mussten während des ganzen Jahres für Verpflegung sorgen. Heute ist Sandhamn vor allem bei Seglern beliebt, nicht nur weil der Königliche Segelklub hier einen Stützpunkt hat. Anfang Juli startet zudem in Sandhamn die Regatta Gotland runt.

Stockholms nobelste Adresse:
das Grand Hôtel

Stockholm Visitors Board: (bis März 2005 im Kulturhuset) Sverigehuset, Kungsträdgården, Hamngatan 27, Box 7542, 10393 Stockholm, Tel. 08-7 89 24 90, Fax 7 89 24 91. Vermittlung von Führungen: Tel. 7 89 24 96. **Aktuelle Informationen im Internet:** www.stockholmtown.com.

Hotels: Hotellcentralen, Centralstationen, Tel. 789 24 90, Fax 79 I 86 66, hotels@stoinfo.se, kostenlose telefonische Buchung von Hotels.

Radisson SAS Strand Hotel 34: Nybrokajen 9, Tel. 50 66 40 00, Fax 50 66 40 01, www.radissonsas.com. Prächtiger Backsteinbau mit Blick auf Gamla Stan, 149 komfortable Zimmer, 3900 SEK/DZ.

Grand Hôtel 16: Södra Blasieholmshamnen 8, Tel. 679 35 00, Fax 611 86 86, www.grandhotel.se. Nobelste Adresse mit Blick aufs Schloss, die über 300 Zimmer biete exklusiven Komfort, ab 2300 SEK/DZ; im Restaurant Grands Veranda legendäres Smörgåsbord (teuer).

Hilton Hotel Slussen 35: Guldgränd 8, Tel. 51 73 53 00, Fax 51 73 53 11, www.hilton.com. Modernes Haus mit allem Komfort, zentral gelegen, 1450–2150 SEK/DZ.

Lady Hamilton Hotel 36: Storkyrkobrinken 5, Tel. 50 64 01 00, Fax 50 64 01 10, www.lady-hamilton.se. Kleines Hotel in Gamla Stan, 34 schöne, stilvoll mit Antiquitäten eingerichtete Zimmer, 2390–2690 SEK/DZ.

Hotel Birger Jarl 37: Tulegatan 8, Tel. 674 18 00, Fax 673 73 66, www.birgerjarl.se. Skandinavisches Design vom Feinsten, 235 Zimmer. 995–2450 SEK/DZ, preiswerte Wochenendpakete.

Gamla Stan (Rica City Hotel) 38: Lilla Nygatan 25, Tel. 723 72 50, Fax 723 72 59. Baujahr 1650, nahe am Schloss in der Altstadt, 51 schöne große Zimmer, 1490–2095 SEK/DZ.

Mälardrottningen 39: Riddarholmen, Tel. 54 51 87 80, Fax 24 36 76, www.malardrottningen.se. Die 1924 in Kiel gebaute ehemalige Luxusjacht von Barbara Hutton wurde zum schwimmenden Hotel mit sehr komfortablen 59 Einzel- und Doppelkajüten umgebaut, zentrale Lage vor Riddarholmen mit Blick aufs Stadshusel, 1030–1700 SEK/DZ.

Columbus Hotel 40: Tjärhovsgatan 11, Tel. 50 31 12 00, Fax 50 31 12 01, www.columbus.se. Komfortable Hotelzimmer in einer ehemaligen Brauerei aus dem 18. Jh., 895–1550 SEK/DZ.

Långholmen 41: Långholmsmuren 20, Tel. 720 85 00, Fax 720 85 75, www.langholmen.com. Das ehemalige Gefängnis (kronohäktet) bietet Einzel- und Doppelzellen mit Frühstück, 1155–1495 SEK/DZ, STF-Vandrarhem: ab 240 SEK/Person.

Bed & Breakfast ist günstiger als eine Übernachtung im Hotel und ermöglicht

interessante Einblicke in schwedische Lebensgewohnheiten: **Bed & Breakfast Service Stockholm:** Tel. 660 55 65, Fax 663 38 22, www.bedbreakfast.se; **Bed and Breakfast Agency Sweden:** Tel. 643 80 28, Fax 643 80 78, www.bba.nu.
Jugendherbergen (200–400 SEK/Pers.)
Zinkensdamm: Zinkens väg 20, Södermalm, Tel. 616 81 00, Fax 616 81 20, www.zinkensdamm.com. Komfortable Hotel-Zimmer (1100–1400 SEK/DZ) oder 2- bis 4-Bettzimmer im STF-Vandrarhem.
STF Vandrarhem Fridhemsplan, Sankt Eriksgatan 20 (Fridhemsplan), Tel. 6 53 88 00, Fax 6 53 89 20, www.fridhemsplan.se. Die über 100 Zimmer in zentraler Lage besitzen max. vier Betten (keine Etagenbetten), gute Matratzen und Kabelfernsehen.
STF Vandrarhem ›af Chapman‹: Tel. 463 22 66, Fax 611 71 55, www.stfchapman. com. Maritime Atmosphäre auf dem schmucken Schulschiff (1888), nur Mehrbettkajüten mit entsprechendem Komfort.
Camping
Ängby Camping: Bromma, Tel. 37 04 20, Fax 37 82 26. 10 km westlich von Stockholm am Mälaren, U-Bahn-Station Ängbyplan.
Bredäng Camping: Skärholmen, Tel. 97 70 71, Fax 7 08 72 62. 10 km südlich von Stockholm am Mälar-See, U-Bahn-Station Bredäng (Mitte April– Okt.).
Rösjöbadens Camping: Sollentuna, Tel. 96 21 84, Fax 92 91 95. 15 km nördlich von Stockholm, Bus bis Mörby-Zentrum, dann U-Bahn.

🍴 **Wedholms Fisk** 42: Nybrokajen 17, Tel. 611 78 74. Fisch und Schalentiere, Michelin-Stern, sehr teuer.
Fem Små Hus 43: Nygränd 10, Tel. 10 87 75. Fisch und Wild in romantischen Kellergewölben, teuer.
Källaren den Gyllene Freden 7: Österlånggatan 51, Tel. 10 90 46. Klassische schwedische Küche, teuer.

KB 44: Smålandsgatan 7, Tel. 679 60 32. Inneneinrichtung aus den 1930er Jahren, In-Treff, teuer.
Operakällaren 15: Operahuset, Tel. 676 58 00. Gehobene Hausmannskost, Smörgåsbord, Michelin-Stern, teuer.
Sturehof 45: Stureplan 2–4, Tel. 440 57 30. Sehen und gesehen werden, so die Devise, denn hier tummeln sich die Jungen und Erfolgreichen, moderat bis teuer.
Ciao Ciao Grande 46: Storgatan 11, Tel. 667 64 20. Italienische Küche mit wenigen Hauptgerichten, Pasta und Pizza in großer Auswahl, gute Weine, moderat.
Rosendals Wärdshus 47: Tel. 661 39 70. Schön zum Einkehren in Garten und Gewächshaus, gute Hausmannskost, leckere Kuchen, moderat.
Kungshallen 48: Kungsgatan 44. Diverse Stände und Bistro-Restaurants in der Halle servieren Leckereien aus aller Welt, günstig.
Örtagården 49: Östermalms saluhall, Tel. 662 17 28. Vegetarisches frisch aus der Markthalle, Mo–Sa 10–17 Uhr, günstig.

Cafés: Stockholm verfügt über eine unglaubliche Menge guter Cafés. Eine winzige und höchst subjektive Auswahl: Vete-Katten, Kungsgatan 55 (Norrmalm), Sturekatten, Riddargatan (Östermalm); Café Blå Porten, Liljevalchs konsthall (Djurgården); Café im Kulturhuset am Sergels Torg (Norrmalm).

🍸 **Nachtleben:** In den Lokalen um den Stureplan, wie Sturecompagniet oder Biblos (Biblioteksgatan), trifft sich die junge Schickeria, an Götgatan und Folkungagatan (Södermalm) liegen gemütliche Kneipen und Studentenlokale. Dort trifft man seltener auf strenge Türsteher als in der City. Achtung: Für manche Diskotheken gilt als Altersgrenze 25 Jahre.
Live-Musik: Fasching: Kungsgatan 63, Tel. 53 48 29 60, Tischbestellung 53 48 29

64, www.fasching.se. Traditionsreicher Jazzclub.
Nalen: Regeringsgatan 74, Tel. 453 34 34, www.nalen.com. Das Spektrum reicht von Jazz bis Tanzmusik.
Debaser: Karl Johans torg 1 (Gamla Stan) www.debaser.nu. Rock-Club
Mondo: Medborgarplatsen, www.mondo stockholm.com. Sehr populärer Club
Mosebacke: Södermalm, spannende Musikszene in verschiedenen Clubs, Tanz im Södra Teatern, www.mosebacke.se.

 Mode: Kaufhäuser in der Drottning-/ Hamngatan, Gamla Stan.
Markthallen: Östermalmstorg, Hötorget, Söderhallarna am Medborgarplatsen.
Design: in Östermalm vor allem Birger Jarlsgatan, Sibyllegatan und Nybrogatan, u. a. Designtorget, Nybrogatan 16 (auch im Kulturhuset, Sergels torg). Auf Södermalm: Hornsgatan und Götgatan.
Bücher über Schweden: Slottsbacken 10 (gegenüber vom Schloss), breites Sortiment auch in deutscher Sprache.

 Regelmäßige Veranstaltungen: Anfang **Juni:** Stockholm Marathon, Tag des Schärenbootes, Besuch des Königspaares in Skansen am 6. Juni, dem Nationalfeiertag, um den 24. Juni Midsommar-Feier in Skansen. Mitte **Juli:** Stockholm Jazz Festival auf Skeppsholmen. Anfang **Aug.** Schwulen- und Lesbenparade Stockholm Pride. Ende Aug./ Anfang **Sept.:** Tjejmilen auf Djurgården, größter Langstreckenlauf für Frauen.
Nov.: Stockholm Open, Internationales Filmfestival.

 Aussichtspunkte: Fjällgatan und Katarinahissen auf Södermalm, Kaknästornet, Turm des Stadshuset.
Angeln: Kostenlos und ohne die sonst obligatorische *fiskekort* von Strömbron, Skeppsbron und Stadshuset.

Fahrradverleih: Skepp & Hoj, Djurgårdsbron, Tel. 6 60 57 57. Cykel- & Mopeduthyrningen, Kajplats 24 Strandvägen, Tel. 660 79 59. Die Mitnahme von Rädern ist nur außerhalb der Hauptverkehrszeiten in den Nahverkehrszügen möglich, Ein- und Aussteigen am Hauptbahnhof verboten. Linienboote nehmen, so Platz vorhanden ist, nach Gutdünken Räder mit.
Kanuverleih: Brunnsvikens Canoe central, Tel. 15 50 60.
Strände: Mitten in der Großstadt in sauberes Wasser zu springen und sich nach den Strapazen der Besichtigungstouren mit einem Bad zu erfrischen, das ist in Stockholm an zahlreichen Stellen möglich. Die Klippen von Långholmen, Hässelby Strandbad, Rålambshovsparken, Smedsuddsbadet in Marieberg, Mälarhöjdsbad bei Bredäng, und und und ... Eine Karte mit Badeplätzen ist im Sverigehuset am Kungsträdgården erhältlich.

 Zug- und Fernbusverbindungen in alle Landesteile. Sehr gute nationale und internationale **Flug**verbindungen vom Flughafen Arlanda 44 km nördlich. Von dort per Bus (4–6-mal stündl., Fahrzeit 40 Min.) oder Zug (Arlanda Express, 4-mal stündl., Fahrzeit 20 Min.) zum Stockholmer Hauptbahnhof. Stockholms öffentlicher **Nahverkehr** Stor stockholms Lokaltrafik (SL) ist vorbildlich ausgebaut: **U-Bahnen** *(tunnelbana),* zu erkennen am weiß-blauen Schild mit einem ›T‹, und Busse – blaue Schnellbusse und ›normale‹ rote **Busse** – fahren in dichtem Takt und machen die Benutzung des eigenen Autos überflüssig. **Parkplätze** sind ohnehin extrem schwer zu finden und sehr teuer. Wer nicht im Besitz einer Stockholmskort ist, kann eine Netzkarte (Turistkort; für ein, zwei oder drei Tage) oder Streifenkarten *(rabattkuponger)* kaufen (bei SL-Verkaufsstellen oder Pressbyrå). Preise und Fahrpläne: www.sl.se.

AUSFLÜGE VON STOCKHOLM

Die Fülle historischer Sehenswürdigkeiten in Stockholms Umgebung lohnen einen Ausflug, ob per Dampfer über den Mälarsee oder über Land in die ehrwürdige Universitätsstadt Uppsala, zu idyllischen Kleinstädten und prächtigen Schlössern – allesamt Zeugnisse von Wohlstand und reicher Kultur.

Uppland kann man mit Fug und Recht als Wiege des schwedischen Reiches bezeichnen: Im kleinen Dorf Vendel nördlich von Uppsala gab es bereits vor der Wikingerzeit ein hochentwickeltes und wohlhabendes Königreich; der wichtigste Tempel der Wikinger befand sich in Gamla Uppsala, Sigtuna gilt als älteste Stadt des Reiches, der erste schwedische Erzbischof residierte in Uppsala, und auch die Hauptstadt Stockholm gehört historisch zur Provinz Uppland.

Selma Lagerlöf liefert für diese Konzentration wichtiger Orte eine märchenhafte Erklärung: Da Uppland im Vergleich zu anderen Provinzen anfänglich von der Natur eher stiefmütterlich bedacht worden war, machte es sich auf zu einer Betteltour durch Schweden und kehrte mit guter Ausbeute zurück: Es bekam Rasenstücke aus Skåne, kleine Flüsse aus Västergötland, Steinhaufen aus Halland, Felsen aus Bohuslän, ein Stück Berg aus Värmland, das, wie sich später herausstellte, reich an Eisenerz war, einen Hügel aus Västmanland, Wald von Östergötland, Moor, Steine und Heide aus Småland, Mälarbuchten aus Södermanland, ein Stück Dalälv aus Dalarna und sumpfige Wiesen aus Närke. All diese Einzelteile gruppierte es zu einem gefälligen Ganzen. Als nun die Frage anstand, in welcher der Landschaften der König residieren sollte, lud es die anderen Provinzen zu einem Fest ein, präsentierte sich als Kleinod und erhielt wegen seiner Tüchtigkeit die Führungsrolle.

Uppsala

Südschweden-Atlas: S. 233, D 3
Uppsala (die Betonung liegt auf der zweiten Silbe) hat jene besondere Atmosphäre von Geist und Lebenslust, Unbekümmertheit und Ziellosigkeit, die Universitätsstädten eigen ist und die es mit dem schonischen Lund teilt. In den kleinen Cafés und den Parks sitzen junge Leute, lesen oder diskutieren, trinken Kaffee. Einer der traditionsreichsten Orte akademischer Freizeitgestaltung liegt inmitten des Stadtparks direkt am Fyrisån: Im Restaurant Flustret haben Generationen von Studenten geges-

sen, getrunken, getanzt und sich zum Abschluss im Fyrisån erfrischt.

Das Flüsschen Fyrisån teilt Uppsala historisch in zwei Hälften. Auf der östlichen Seite, wo im 11. Jh. ein Handelsplatz entstand, finden sich auch heute zahlreiche gutsortierte Geschäfte, die nicht immer in besonders schönen Gebäuden untergebracht sind. Das architektonisch reizvollere geistige und geistliche Zentrum mit dem größten Dom Nordeuropas, der Universität und dem Schloss liegt auf der westlichen Seite des Flusses.

Der mächtige **Dom** 1, der die Stadt unübersehbar mit seinen spitzen Türmen beherrscht, wurde nach über 175-jähriger Bauzeit 1435 eingeweiht. Sein heutiges Aussehen verdankt er mehreren umfassenden Renovierungen, unter anderem durch Helgo Zettervall in den Jahren 1885–93 und durch Ragnar Östberg, den Architekten des Stockholmer Stadthauses, in den 1930er Jahren. Die letzte Instandsetzung des Innenraumes fand in den 1970er Jahren statt.

Der Innenraum besticht durch seine Harmonie. Die Größe – die Kirche ist 118,7 m lang und genauso hoch – und die klare Gliederung machen ihn auch für Nichtgläubige zu einem idealen Ort der Meditation. Ein Gang durch die Seitenkapellen des Domes, der früher auch Krönungskirche der schwedischen Könige war, führt zu den Grabstätten einiger zentraler Figuren der schwedischen Geschichte: Gustav Wasa, zwei seiner Ehefrauen und Johan III. sind im Dom beigesetzt. In der Eingangshalle befinden sich die Gräber des Botanikers Carl von Linné sowie

Das Upplandsmuseum in Uppsala diente Ingmar Bergman als Filmkulisse

des Naturforschers und Theosophen Emanuel Swedenborg.

Die **Universität** 2 von Uppsala wurde 1477 von der Kirche gegründet und gelangte 1622 unter staatliche Oberaufsicht. Sie ist damit die älteste akademische Institution des Nordens und noch heute die bedeutendste. Wichtiger sozialer Faktor im Leben der Studenten und Studentinnen ist die obligatorische Zugehörigkeit zu einer sogenannten Nation. Die ursprünglich geografisch ausgerichteten Einrichtungen stehen den Studenten mit Rat und Tat, Unterkunft, erschwinglichem Essen und nicht zuletzt zahlreichen Veranstaltungen und billigem Bier zur Seite. Früher ging man in die Nation seiner Heimatprovinz, beispielsweise Värmlands nationen oder Västmanland-Dalarna (deren Haus in der Sysslomansgatan Alvar Aalto entwarf), heute ist die Auswahl frei. Verglichen mit Deutschland nehmen die Nationen eine Mittelposition zwischen Studentenwerk und Verbindung ein, aber ohne die reaktionäre Aura mancher deutscher studentischer Männerbünde.

Herausragende Sehenswürdigkeit unter den zahlreichen Universitätsgebäuden ist das **Gustavianum** 3, früher Sitz des Erzbischofs und um 1620 durch Gustav II. Adolf in den Besitz der Universität gelangt. Es beherbergt u. a. ein archäologisches Museum und im oberen Stockwerk unter der runden Kuppel das vom Botanik- und Anatomieprofessor Olof Rudbeck entworfene Anatomische Theater. Hier sezierte er vor seinen Studenten Leichen. Die hohen Brüstungen der steil ansteigenden Zuschauerreihen klemmten seine

Schüler regelrecht ein und verhinderten wohl, dass die Zartbesaiteten nach unten auf den Obduktionstisch kippten (Mitte Juni–Mitte Aug. Di–So 11–17, sonst Di–So 11–16 Uhr).

Zu den größten Schätzen der Universitätsbibliothek **Carolina Rediviva** 4, die jedes in Schweden gedruckte Buch aufbewahrt, gehört die Silberbibel *(Codex argenteus)* aus dem 6. Jh. (Juni–Mitte Aug. Mo–Fr 9–17, Sa 10–17, So 11–16 , sonst Mo–Fr 9–20, Sa 10–17 Uhr). Vor diesem Gebäude versammeln sich traditionell die Studenten am 30. April, dem Valborgsmässoafton, um die ausgelassene Feierei zu beginnen, die sie anschließend meist ins Flustret führt.

Gustav Wasa legte 1549 den Grundstein zum **Schloss** 5, wegen der besseren Verteidigungsmöglichkeiten auf einem kleinen Hügel über der Stadt. Hier wurde Gustav II. Adolf gekrönt, und hier dankte am 6. Juni 1654 seine Tochter Kristina ab, die zum katholischen Glauben übergetreten war und deshalb das Land verlassen musste. Bei dem großen Brand von 1702 wurde das Schloss im Inneren weitgehend zerstört; heute ist es Sitz des Regierungopräsidenten und Kunstmuseum (Di–Fr 12–16, Sa, So 11–17 Uhr).

Den heutigen **Linnéträdgården** 6, der sich als einzige Sehenswürdigkeit am östlichen Ufer des Fyrisån befindet, legte Olof Rudbeck d. Ä. 1655 an (Mai–Aug. tägl. 9–21, Sept. 9–19 Uhr). Ab 1741 wurde er unter der Leitung von Carl von Linné (s. S. 86f.) zum botanischen Garten der Universität ausgebaut. Zusammen mit dem Architekten Carl Hårleman entwarf er eine Anlage, die zur damaligen Zeit in Europa großen

Sehenswürdigkeiten

1 Dom
2 Universität
3 Gustavianum
4 Carolina Rediviva
5 Schloss
6 Linnéträdgården
7 Upplandsmuseum
8 Bror Hjorths hus

Übernachten

9 Hotel Svava
10 Hotel Uppsala

Essen und Trinken

11 Hambergs Fisk
12 Wermlandskällar'n
13 Domtrappkällaren
14 Café Linné Hörnan
15 Markthalle

85

DER KÖNIG DER BLUMEN
CARL VON LINNÉ

Einer der bekanntesten Schweden ist sicher der Mann, der Blumen, Tiere und Mineralien benannte und eine Nomenklatur entwickelte, die noch heute Verwendung findet. Seine Landsleute verehren ihn fast wie einen Heiligen, der er sicher nicht war, lieben ihn aber vor allem wegen seiner Tagebücher, die auf zahlreichen Reisen durch Schweden entstanden. Die Sprache seiner manchmal naiven, dann wieder poetischen Texte war im Gegensatz zu der seiner zeitgenössischen Kollegen sehr einfach, was aber gerade ihren Reiz ausmacht.

Linnés erste Reise führte ihn im Auftrag der Regierung 1732 nach Lappland. Dort sollte er den Charakter der Landschaft und die Lebensweise der Menschen beschreiben sowie »Naturrätsel lösen«. Das aus Geldmangel posthum publizierte Tagebuch ist auch in deutscher Sprache erschienen und durch Linnés genaue Beobachtung und erfrischende Sprache eine unterhaltsame Lektüre. Spätere, ebenfalls im Regierungsauftrag durchgeführte Reisen durch schwedische Provinzen (1733 und 1734 Värmland und Dalarna, 1741 Öland und Gotland, 1746 Västergötland und Skåne) hatten den Zweck, einheimische Alternativen zu teuren importierten Heilpflanzen zu finden.

Linné, der 1707 als Sohn eines Hilfspfarrers im småländischen Råshult geboren wurde und 1728 zum Medizinstudium nach Uppsala kam, zeichnete sich aus durch einen immensen Ehrgeiz und die Fähigkeit, im Bedarfsfalle potente Gönner zu finden. Er arbeitete als Hauslehrer bei Olof Rudbeck, den er als Professor für Botanik und Anatomie beerben wollte, und schrieb dessen Sohn die Doktorarbeit. Seinen eigenen Doktortitel erwarb Linné 1735 in Holland, was in Schweden nur in Stockholm möglich gewesen wäre, eine Verordnung, die die Universitäten von Uppsala und Lund boykottierten und ihre Studenten deshalb ins Ausland schickten. Holländische Universitäten waren sehr beliebt, zumal sich die Prozedur dort in wenigen Tagen erledigen ließ.

Nach einem längeren Aufenthalt in Holland, wo er vergeblich auf einen Ruf nach Uppsala wartete, eröffnete Linné 1738 eine Arztpraxis in Stockholm. Dort erwarb er schnell einen ausgezeichneten Ruf, da er mit Hilfe eines französischen Kollegen äußerst erfolgreich Gonorrhö, Wechselfieber und Pocken sowie den hartnäckigen Husten der Königin behandelte. 1741 konnte er dann endlich als Professor der Medizin nach Uppsala zurückkehren, wo er an der Svartbäcksgatan 27 in direkter Nachbarschaft des Botanischen Gartens wohnte. Zusammen mit dem Architekten Carl Hårleman, der eine Orangerie baute, machte er sich an die Umgestaltung des von Rudbeck initiierten Gartens.

1758 kaufte Linné einen Hof in der Nähe des Dorfes Danmark, 15 km südöstlich von Uppsala (s. Bild oben). Er diente ihm als Landsitz, hierher brachte er aber auch seine Studenten und Forscherkollegen zu Vorlesungen und botanischen Exkursionen. 1769 ließ Linné ein steinernes Gebäude neben dem Holzhaus errichten, um dort seine Sammlung von 19 000 Herbarienbögen, Insekten und Steinen unterbringen zu können. Das Haus besaß keine Feuerstelle, denn Linné hatte Angst, dass seine Sammlung dasselbe Schicksal ereilen könnte wie die von Olof Rudbeck, die 1702 beim großen Brand von Uppsala ein Opfer der Flammen wurde. Nach seinem Tod im Jahre 1778 verkauften Linnés Hinterbliebenen seine Sammlung für viel Geld an die heutige Linnéan Society of London.

Heute ist Linnés Hammarhy ein Museum (Mai-Sept. tagl. 8–20, Museum und Café Di–So 12–16 Uhr), ein Spazierweg führt durch den umgebenden Park, wo auf schwedischsprachigen Tafeln Linnés Bedeutung für die Botanik erläutert wird, nebst einigen Pflanzen und Naturphänomenen, die hier sozusagen am Weg liegen. Eine etwas längere Wanderung durch den Wald folgt dem Weg, den Linné jeden Sonntag nahm, wenn er zur Kirche nach Danmark ging.

Auf einer Forschungsreise durch Dalarna im Jahr 1734 verliebte er sich in die Tochter des Werksarztes der Kupfergrube in Falun, weniger wohlmeinende Zeitgenossen behaupteten, er habe sie ihrer stattlichen Mitgift wegen ausgewählt. Fünf Jahre später heirateten die beiden auf dem Hof Sveden in der Nähe von Falun (Mitte Juni–Mitte Aug. Do und Di 12–16 Uhr). Die Mitgift der Gattin erlöste Linné allerdings nicht von seinen Geldproblemen, weshalb er noch im hohen Alter Doktorarbeiten für andere verfaßte.

Die Königshügel in Gamla Uppsala

Seltenheitswert hatte. 1787 war das Areal zu klein geworden, weshalb Gustav III. der Universität ein neues Gelände unterhalb des Schlosses schenkte. In dem Haus Linnégatan Ecke Svartbäcksgatan lebte Linné von 1741 bis zu seinem Tod 1778, heute befindet sich hier ein kleines Museum (Juni–Mitte Sept. Di–So 12–16 Uhr). Der angrenzende Botanische Garten wurde wieder nach Linnés Systematik angelegt. In der von Carl Hårleman entworfenen Orangerie finden nunmehr Konzerte und Kunstausstellungen statt.

Wenn Filmfreunden einige Straßen, Häuser und Plätze in Uppsala bekannt vorkommen, dann liegt das daran, dass Ingmar Bergman, der hier einen großen Teil seiner Kindheit bei den Großeltern verbrachte, Außenaufnahmen für ›Fanny und Alexander‹ in Uppsala drehte. Die Szenen im Bischofssitz wurden in der Mühle am Fyrisån gedreht, die einst der Universität gehörte und deren wirtschaftliche Unabhängigkeit garantieren sollte. Heute zeigt das **Upplandsmuseum** ⁊ in dem alten Gemäuer Sammlungen zur Lokalgeschichte (Di–So 12–17 Uhr).

Kunstinteressierte sollten den Besuch von **Bror Hjorths hus** ⁸ nicht verpassen: Bror Hjorth (1894–1968) schuf Bilder und Skulpturen, die Züge des Kubismus, Expressionismus, aber auch der ›primitiven‹ Kunst zeigen und in ihrer Rohheit und Farbenfreude einzigartig in der schwedischen Kunstgeschichte sind (Norbyvägen 26, Mitte Juni–Mitte Aug. Di–So 12–16, sonst Do, Sa, So 12–16 Uhr).

Gamla Uppsala

Nördlich von Uppsala liegt eine der bedeutendsten frühgeschichtlichen Stätten Schwedens: **Gamla Uppsala** mit der alten Kirche und den drei **Königshügeln**, in denen um 500 der Sage nach die Svear-Herrscher Aun, Egil und Adils begraben wurden – Ausgrabungen konnten die Sage bislang nur zum Teil bestätigen. Sicher ist dagegen, dass hier lange das geistige und politische Zentrum des schwedischen Reiches war. Adam von Bremen berichtete im 11. Jh. (nicht aus eigener Anschauung) von einem heidnischen Kultplatz mit einem großen Tempel, in dem die Götter Odin, Thor und Frey verehrt wurden. Alle neun Jahre brachte man dort den Göttern Opfer dar. Ab dem 11. Jh. existierten dann Christen- und Heidentum Seite an Seite, bis Uppsala als einer der letzten Orte Mitte des 12. Jh. vollständig christianisiert wurde.

Ab 1164 residierte hier der erste schwedische Erzbischof. Von der ab 1050 neben dem heidnischen Kultplatz erbauten **Kirche** sind heute nur noch Mittelschiff, Chor und Apsis erhalten. Bei einem Großbrand im Jahr 1245 wurden große Teile des Domes zerstört, 1273 zog der Bischof um in das heutige Uppsala. Dort war bereits im 11. Jh. ein Handelsplatz gegründet worden, denn der Hafen von Gamla Uppsala verlandete durch die Landhebung und war nicht mehr schiffbar.

Die schlichte Ausstellungshalle des 2000 eröffneten **Gamla Uppsala Museum** fügt sich harmonisch in die Königshügelkulisse ein. Bei einer Führung durch die Ausstellung erfährt man Mythen und Fakten aus der spannenden Frühgeschichte des Landes und zu den Grabhügeln des ›Alten Uppsala‹ (Mai–Aug. tägl. 11–17, Sept.–April So 12–15 Uhr).

Das Leben upplländischer Bauern im 19. Jh. dokumentiert das wenige 100 m weiter gelegene **Freilichtmuseum Disagården** (Mitte Mai–Anfang Sept. tägl. 10–17 Uhr).

Uppsala Turism AB: Fyristorg 8, 75310 Uppsala, Tel. 0 18-727 48 00, Fax 13 28 95, www.uppsalatourism.se

Ramada Hotel Svava ⑨: Bangårdsgatan 24, Tel. 13 00 30, Fax 13 22 30, www.hotelsvava.com. Zentrale Lage gegenüber dem Bahnhof in einer Einkaufspassage, ab ca. 900 SEK/DZ. **Hotel Uppsala** ⑩: Kungsgatan 27, Tel. 4 80 50 00, Fax 4 80 50 50, www.profilhotels.se/hotel/uppsala. 169 schöne helle Zimmer im Zentrum, ab 700 SEK/DZ. **STF Vandrarhem Sunnersta Herrgård:** Sunnerstavägen 24, Tel. 32 42 20, Fax 32 40 68. Sehr schöne Lage am See 6 km vom Zentrum, 240 SEK/Bett, Komfortzimmer im Herrenhaus ab 650 SEK/DZ. **Camping** **Fyrishov Camping:** Tel. 727 49 60, Fax 24 83 14, www.fyrishov.se, in der Nähe eines Erlebnisbades, Hüttenvermietung.

 Hambergs Fisk ⑪: Fyristorg 8, Tel. 71 00 50. Fisch und Schalentiere, teuer. **Wermlandskällar'n** ⑫: Nedre Slottsgatan 2, Tel. 13 22 00. Hausmannskost, teuer. **Domtrappkällaren** ⑬: St. Eriksgränd 15, Tel. 10 81 50. Hausmannskost und Wild, in altem Gemäuer aus dem 13. Jh., teuer. **Café Linné Hörnan** ⑭: Svartbäcksgatan /Ecke Linnégatan, Gemütliches Studen-

Die Ruine St. Olof kündigt vom einstigen Reichtum Sigtunas

Ausflüge: Mit dem historischen Dampfer ›Kung Carl Gustav‹ nach Schloss Skokloster. Information über Touristenbüro oder Tel. 14 48 00. Dampfzug ›Lennakatten‹ nach Länna und Fjällnora, Tel. 13 05 00, www.lennakatten.se.

Züge nach Stockholm, Borlänge, Falun. Mora, Östersund und Sundsvall, Busse nach Stockholm, Enköping, Sala, über den Flughafen Arlanda täglich gute nationale und internationale Verbindungen.

Sigtuna

Südschweden-Atlas: S. 233, D 4

Heute sieht man dem idyllischen, etwas verschlafenen kleinen Ort nicht mehr an, dass er zeitweise einer der wichtigsten Schwedens war. Gegründet wurde die Stadt um 970, sie gilt damit als Schwedens älteste, ab 995 wurden hier die ersten Münzen geprägt. Vom einstigen Reichtum Sigtunas zeugen noch die Ruinen der vier **romanischen Steinkirchen** St. Nikolai, St. Lars, St. Olof und St. Per, die nach ihrer Zerstörung auch als Steinbruch genutzt wurden und sich deshalb mehr oder weniger schlecht erhalten präsentieren.

Sehenswert sind außer den eindrucksvollen Ruinen von St. Olof und St. Per die **Maria kyrka** aus dem 13. Jh., einziger Überrest eines Dominikanerklosters, das nach der Reformation zerstört worden war; das winzige **Rathaus** von 1744 am Stora Torg (Juni–Aug. tägl. 12–16 Uhr) und **Stora Gatan**, angeblich die älteste Geschäftsstraße Schwedens, mit schöner alter Holzbebauung.

tencafé, das auch kleine Gerichte serviert, günstig.

In der nach einem Brand 2002 neu errichteten **Markthalle** [15] (Saluhallen) findet man ebenfalls gute, günstige Restaurants.

Katalin: Godsmagasinet, Östra Station, Tel. 14 06 60. Programm unter www.katalin.com. Musiklokal in der ehemaligen Güterbahnhofshalle, guter Live-Jazz.

Flustret: Svandammen, Tel. 13 01 14, www.flustret.com. Tanz Kabarett, Shows und Varieté.

Uppsala Handkraft: Övre Slottsgatan 9, Tel. 12 86 17, Kunsthandwerk aus Holz, Ton, Silber.

Hemslöjden: St. Eriksgränd (gegenüber Upplandsmuseum). Kunsthandwerk.

Ulva Kvarn: 8 km nördlich, Café und Kunsthandwerk in der Mühle.

Ein kleines **Museum** zeigt mittelalterliche Funde aus dem Stadtgebiet und der Umgebung. (Sigtuna museer, Stora gatan 55, Juni–Aug. tägl. 12–16, Sept.–Mai Di–So 12–16 Uhr).

Die herrliche Lage am Mälaren und das noble Innere lohnen den Ausflug nach **Steninge slott** (Mitte Juni–Mitte Aug. tägl. 11–16, sonst nur Sa, So) bei Märsta unweit Sigtuna. Das hübsche Schloss entwarf im 18. Jh. Nicodemus Tessin d. J., der Architekt von Drottningholm. In den ehemaligen Stallungen ist ein Kulturzentrum untergebracht, mit Glasbläserei, Verkauf von Kunsthandwerk und Wechselausstellungen (Mo–Sa 10–17, So 11–17 Uhr).

Auf einer Halbinsel im Mälaren nördlich von Sigtuna liegt ein weiteres Mälarschloss: **Skokloster.** An dieser landschaftlich überaus reizvollen Stelle befand sich bis zur Reformation ein Nonnenkloster der Zisterzienserinnen. 1611 wurde es dem baltischen Adeligen Herman Wrangel verliehen, der das Anwesen 1643 seinem Sohn Carl Gustav vererbte. Dieser war für seine Verdienste im Dreißigjährigen Krieg reich belohnt worden und ließ ab 1655 von Architekten wie Nicodemus Tessin d. Ä. und Jean de la Vallée ein prächtiges Barockschloss errichten: Blendend weiß gestrichen, mit einer klar gegliederten Fassade und einem quadratischen Grundriss, dessen Strenge durch abgerundete Ecktürme gemildert wird, liegt es leicht erhöht über dem See.

Zur größtenteils originalgetreu erhaltenen Inneneinrichtung aus dem 17. Jh. gehören auch Beutestücke aus dem Dreißigjährigen Krieg, die Wrangel von seinen Feldzügen durch Europa mitbrachte. Die Bauarbeiten an Schloss Skokloster wurden nie beendet, der große Bankettsaal zeigt sich noch heute im Rohzustand. (Besichtigung nur mit Führung, Mai– Aug. tägl. zur vollen Stunde 11–15/16, April, Sept.–Nov. nur Sa, So 12–15 Uhr). Sehenswert ist auch die ehemalige Klosterkirche.

Ca. 30 km westlich von Sigtuna birgt die kleine frühgotische Kirche von **Härkeberga** mit den beeindruckenden Wandmalereien von Albertus Pictor ein Kleinod schwedischer Sakralkunst. Die von außen sehr schlichte weiße Kirche entstand wohl Ende des 13. Jh. Als 200 Jahre später das Holzdach durch ein Steingewölbe ersetzt wurde, beauftragte man Albertus Pictor mit der Ausmalung der Kirche, die er mit Szenen aus der Biblia Pauperum schmückte.

 Sigtuna Turistbyrå: Drakegården, Stora Gatan 33, Box 117, 19323

Ausflug unter Dampf

Die Anreise nach Mariefred, so wie sie Kurt und die Prinzessin in Tucholskys Roman unternahmen, ist heute noch möglich, und zwar mit Schwedens ältester funktionierender Dampflok von Läggesta aus. Bis dorthin verkehrt ab Stockholm der X2000, Schwedens modernster Zug. Zur Rundtour wird der Ausflug durch die Dampfer fahrt mit ›S/S Mariefred‹ über den Mälarsee zurück nach Stockholm. Auskunft: Stockholm Visitors Board, s. S. 79.

Hier spielt Kurt Tucholskys gleichnamiger Roman: Schloss Gripsholm

Sigtuna, Tel. 08-59 48 06 50, Fax 59 48 06 59, www.sigtuna.se/turism.

 Båthuset Krog & Bar: Strandpromenaden, Tel. 59 25 67 80. Schwimmendes Restaurant an der Seebrücke, schwedische Küche, moderat.
Tant Brun: Laurentiigränd 3. Traditionsreiches Café mit wunderschönem Garten und leckerem Kuchen.

 Bus nach Märsta (Zugverbindung nach Stockholm) und Uppsala.

Schloss Gripsholm und Mariefred

Südschweden-Atlas: S. 236, C 1

Am besten präsentiert es sich, wie so vieles in diesem Land, von der Wasserseite her: Schloss Gripsholm, von Kurt Tucholsky in der gleichnamigen sommerlichen Liebesgeschichte so schön beschrieben: »Es war ein strahlend heller Tag. Das Schloss, aus roten Ziegeln erbaut, stand leuchtend da, seine runden Kuppeln knallten in den blauen Himmel – dieses Bauwerk war dick, seigneural, eine bedächtige Festung. ... Ich weiß nichts vom Stil dieses Schlosses – ich weiß nur: wenn ich mir eins baute, so eins baute ich mir.«

Um 1380 ließ Bo Jonsson Grip hier eine Festung errichten, die Ende des 15. Jh. durch Schenkung an das Kartäuserkloster Pax Mariae, aus dem Mariefred hervorgegangen ist, gelangte. Gustav Wasa zog das Kloster und seine Besitzungen ein und errichtete das

Schloss zum Teil mit Material aus dem zerstörten Kloster und der Burg. Gustav III. nahm umfangreiche Um- und Anbauten vor und ließ 1782 ein klassizistisches Theater einrichten, das über eine ausgeklügelte Technik verfügt und noch immer bespielbar ist. Eine umfassende Restaurierung stellte Ende des 19. Jh. zum Teil den mittelalterlichen Charakter wieder her. Heute befindet sich in Gripsholm, das eindeutig zu den schönsten Wasa-Schlössern zählt, unter anderem die staatliche

schwedische Porträtsammlung (Mitte Mai–Mitte Sept. tägl. 10–16, übrige Zeit Sa, So 12–15 Uhr).

Auf keinen Fall versäumen sollte man einen Spaziergang durch das malerische Städtchen Mariefred mit seinen kleinen Gässchen. Auf dem Friedhof außerhalb des Zentrums fand Tucholsky unter einer alten Eiche seine letzte Ruhestätte. »Alles Vergängliche ist nur ein Gleichnis«, steht auf der Steinplatte, die das Grab bedeckt.

Mariefreds Turistbyrå: Rådhuset, 64730 Mariefred, Tel. 0159-29790, Fax 29795, www.imariefred.nu.

Gripsholms Värdshus: Kyrkogatan 1, Tel. 34750, Fax 34777, www.gripsholms-vardshus.se. Traditionsreiches Restaurant und Hotel, teuer

Bus bis Läggesta (im Sommer Museumseisenbahn), von dort Zug nach Stockholm und Eskilstuna/Örebro. Busverbindung nach Strängnäs und Eskilstuna.

Die Westküste

Utkiken in Göteborg

Südschweden-Atlas S. 234, 238

VON MALMÖ NACH GÖTEBORG

Großstadtgetümmel in Malmö und beschauliches Studentenleben in Lund: Neben urbanem Kulturprogramm und Aktivitäten wie Angeln, Surfen und Golf erwarten die Reisenden feinsandige Strände und schroffe Klippen, Hafenstädte und Fachwerkidyllen, ausgezeichnete Hotels und vorzügliche Restaurants in dieser touristisch gut erschlossenen Region.

Skåne und Halland

Das Landschaftsbild der Provinz **Skåne**, die bis 1658 zu Dänemark gehörte, erinnert an das südliche Nachbarland. Sanft gewellte Hügel, Obstbäume, gelb leuchtende Rapsfelder, kleine Dörfer mit Fachwerkhäusern, eine Region, die mit dem dänischen Wort *hyggelig*, gemütlich, bestens charakterisiert ist. Die Flagge, ein gelbes Kreuz auf rotem Grund, ist gleichsam eine Synthese aus der schwedischen und der dänischen Staatsflagge.

Viele Küstenstädte an Nord- und Ostsee erlebten eine erste Blütezeit im Mittelalter, als die Fischer im Auftrag der Hansekaufleute die hier vorbeiziehenden riesigen Heringsschwärme an Land brachten. Der Hering wurde mit dem von der Hanse bereitgestellten Salz konserviert und als Fastenspeise in Mitteleuropa verkauft. Auch der Schiffsbau profitierte von diesem Boom.

An der gesamten schwedischen Westküste finden sich Festungsbauten, die noch heute Zeugnis davon ablegen, dass die Region lange zwischen Dänen und Schweden umkämpft war.

Außerhalb der Ballungsräume locken endlose Strände, überwiegend feinsandig und lieblich im Süden, felsig und gelegentlich dramatisch-schroff im Norden. Ist die Küste in Skåne relativ dicht besiedelt, wird es in **Halland,** das nicht umsonst die »Badewanne Schwedens« genannt wird, doch merklich leerer.

Der Hallandsås, ein Geschieberücken aus eiszeitlichem Geröll, das vom Schmelzwasser unter der Eisdecke transportiert und später abgelagert wurde, markiert die Grenze zwischen Skåne und Halland, das ebenfalls lange zu Dänemark gehörte (bis 1645). Den dänischen Einfluss zeigen noch heute die Häuser aus Ziegel und Fachwerk, die nördliche Fachwerkgrenze verläuft durch diese Provinz.

Position Skåne AB: Stortorget 9, plan 5, 21122 Malmö, Tel. 0 40-20 96 00, Fax 20 96 10, www.skane.com. **Hallands Turist:** Box 68, 30103 Halmstad, Tel. 035-10 95 60, Fax 12 12 37, www.hallandsturist.se.

Malmö

Südschweden-Atlas: S. 238, B 4

Die Göteborger bezeichnen Stockholm als den Kopf Schwedens, ihre eigene Stadt (wie könnte es anders sein) als das Herz und Malmö als den Bauch. Die Charakterisierung ist nicht ganz falsch, liegt doch die drittgrößte Stadt des Landes in der Provinz Skåne, die für gutes Essen und eine gepflegte Lebensart bekannt ist.

Malmö war zu Beginn des 16. Jh. die zweitgrößte Stadt Nordeuropas. Durch den Anschluss von Skåne an Schweden im Jahr 1658 lag sie plötzlich nicht mehr im Zentrum, sondern an der Peripherie des Reiches und stagnierte in ihrer Entwicklung. Über die Jahrhunderte blieben aber die Verbindungen zum dänischen Nachbarn intakt. Heute sind gerade diese guten Verbindungen ausschlaggebend für den wirtschaftlichen Optimismus der Stadt. Die dänische Hauptstadt Kopenhagen ist über die Öresundbrücke in kürzester Zeit zu erreichen, nach dem EU-Beitritt Schwedens bilden beide Metropolen einen wichtigen wirtschaftlichen und kulturellen Großraum innerhalb Nordeuropas.

Die Sehenswürdigkeiten der Stadt, die Carl von Linné zu den ansehnlichsten des Reiches zählte, konzentrieren sich im Stadtzentrum und sind allesamt leicht zu Fuß zu erreichen. Ein Rundgang beginnt am besten am **Stortorget** mit dem Reiterstandbild von Karl X. Gustav, unter dessen Herrschaft Skåne zu Schweden kam. Seinen Namen, großer Markt, hat der von imposanten Bauwerken gesäumte Stortorget wirklich verdient, zählt er doch zu den größten Plätzen Nordeuropas.

Im Hedmanska Gården befindet sich das Form Design Center

Jörgen Kocks gård 1 ist wohl das älteste Bürgerhaus der Stadt. Errichten ließ es 1522–25 Jörgen Kock, Malmös Bürgermeister und ebenfalls Münzmeister des dänischen Königs (weshalb nach Fertigstellung des Hauses vermutlich die Münzanstalt von Schloss Malmöhus hierher verlegt wurde). Kock

veranlasste auch den Bau des Rathauses und war insgesamt ein recht umtriebiger Mann, der sich große Verdienste um die Entwicklung der Stadt erworben hat. Im Kockska huset soll 1524 Gustav Wasa übernachtet haben, als er sich mit dem dänischen König zu Friedensverhandlungen traf. Heute be-

Sehenswürdigkeiten

1 Jörgen Kocks gård
2 Residenset
3 Rådhuset
4 Form Design Center
5 Flensburgska huset
6 Rooseum
7 St. Petri kyrka
8 Ebbas hus
9 Schloss Malmöhus
10 Fiskehoddorna
11 Stadsbibliotek

Übernachten

12 Hotel Kramer
13 Garden Hotel
14 Hotell Baltzar
15 Hotel Astoria

Essen und Trinken

16 Restaurang Johan P.
17 Anno 1900

herbergt das Untergeschoss des Kockska Huset eins der besten Restaurants der Stadt, ›Årstiderna‹ (s. S. 101).

Residenset 2, der Sitz des Regierungspräsidenten, besteht aus zwei ursprünglich einzelnen Häusern, die in den 20er Jahren des 18. Jh. zu einem Gebäude im Renaissancestil verbunden wurden. Das **Rådhuset** 3 (Rathaus) entstand 1546, wurde aber mehrfach umgebaut. In den original erhaltenen Kellergewölben befindet sich heute ein Restaurant.

Der kopfsteingepflasterte **Lilla Torg** ist mit seinen Fachwerkgebäuden sowie den umliegenden Restaurants und Cafés, vor denen im Sommer Tische und Stühle draußen stehen, sicher der schönste Platz der Stadt. In der Markthalle (Saluhallen) kann man hervorragend einkaufen und speisen, etwa in einem der besten Fischrestaurants Malmös. In den kleinen Gassen rund um den Platz locken die Geschäfte zum Geldausgeben; hier gibt es Schmuck, Stoffe und schöne Designerstücke schwedischer Provenienz. Angelegt wurde der Marktplatz 1591, als der Stortorget für die wachsende Zahl der Händler zu klein geworden war.

Liebhaber schwedischer Formgebung sollten nicht nur die einschlägigen Läden, sondern auch das **Form Design Center** 4 im Hedmanska Gården (Anfang 17. Jh.) besuchen, in dem es schwedisches Kunsthandwerk und Industriedesign zu sehen gibt (Di–Fr 11–17, Do 11–18, Sa und So 11–16 Uhr).

Im lebhaften Getümmel der Fußgängerstraßen Skomakaregatan, Södergatan und Baltzarsgatan nimmt sich

Flensburgska huset 5, um 1590 im Stil der holländischen Renaissance gebaut, wie ein Fremdkörper aus, auch wenn dieses Haus heute ebenfalls Geschäftsräume beherbergt.

Vom nahen Gustav Adolfs torg folgt man der belebten Stora Nygatan mit ihrem Mix aus kleinen Geschäften zum ehemaligen Elektrizitätswerk. Das nach dem Stifter Fredrik Roos **Rooseum** 6 benannte Haus von 1900 zeigt Gegenwartskunst (Gasverksgatan 22, Mi–Fr 14–20, Sa, So 12–18 Uhr).

Wer diesen Schlenker scheut, kann direkt weitergehen zur **St. Petri kyrka** 7, die im 14. Jh. nach dem Vorbild der Lübecker Marienkirche vermutlich von Baumeistern aus der Hansestadt errichtet wurde – ein schönes Beispiel der Backsteingotik. Zudem ist die Kirche das älteste Bauwerk der Stadt. Sehenswert sind die Kalkmalereien vom Ende des 15. und Anfang 16. Jh. in der Krämerkapelle. Der 1611 eingeweihte hölzerne Altaraufsatz ist mit 15 m Höhe der größte in Nordeuropa.

Östlich der Kirche liegt das Viertel **St. Gertrud**, für dessen Restaurierung die Stadt 1979 die Europa-Nostra Modaille erhielt. Gegenüber steht **Thottska huset** (Östergatan 10) das älteste Fachwerkhaus der Stadt (1558), heute Hotelrestaurant. Ein weiterer Superlativ ist ›das kleinste Haus von Malmö‹, **Ebbas Hus** 8 (Snapperupsgatan 10, Mi und Sa 12–16 Uhr).

Parallel zum Kanal, der die gesamte Innenstadt umgibt, gelangt man über Adelgatan, Västergatan und Malmöhusvägen zum Schloss. Die Geschichte von **Malmöhus** 9, der ehemaligen Münze des dänischen Reiches, ist ei-

Lilla Torg, das Herz der Stadt

ne wechselvolle und nicht immer rühmliche. 1434 ließ Erik von Pommern eine Burg anlegen zum Schutz vor den Angriffen der Hanse, die 1370 das südwestliche Skåne erobert und bis 1395 beherrscht hatte. Kristian III. ließ an dieser Stelle 1536–42 ein Schloss bauen und von einem breiten Wassergraben umgeben. Im 16. Jh. fanden hier unzählige Hexenprozesse statt; in Malmö war die allgemeine Hysterie besonders groß. Das Schloss diente lange als Gefängnis – 1568–73 saß hier Lord Bothwell ein, der dritte Gemahl Maria Stuarts –, bis es 1870 bei einer Gefangenenrevolte schwer beschädigt wurde.

Malmöhus beherbergt heute zahlreiche Museen, darunter das Kunstmuseum mit einer großen Sammlung skandinavischer Gegenwartskunst, das Stadtmuseum sowie ein naturkundliches Museum mit Tropicarium und Aquarium. Zu den Highlights des Tekniska museet im Gebäude gegenüber zählt der sogenannte Tivoli des Wissens, in dem die Geschichte von Technik und Naturwissenschaft anhand von Exponaten und Experimenten anschaulich erklärt wird (Sept.–Mai tägl. 12–16, Juni–Aug. 10–16 Uhr).

Gegenüber Schloss Malmöhus liegen frühere Wohnhäuser und Arbeitsplätze der Fischer, die sogenannten **Fiskehoddorna** 10, wo man Di–Do und So 8–13 Uhr frischen Fisch kaufen kann. Sommers und an Wochenenden startet hier eine **historische Straßenbahn** ihre nostalgische Fahrt. Unterwegs wird man angesichts von Kungsparken und Slottsparken feststellen, dass Malmö eine Stadt der Parks ist. Weiter südlich liegt der ausgedehnte Pildammsparken, der 1914 anlässlich der baltischen Ausstellung angelegt wurde. Endstation der Bimmelbahn ist die **Stadsbibliotek** 11 des dänischen Architekten Henning Larsen, nicht weit vom Gustav Adolfs torg.

Malmö Turistbyrå: Centralstationen (im Bahnhof), Skeppsbron, 21120 Malmö, Tel. 0 40-34 12 00, Fax 34 12 09, www.malmo.se/turist.

Hotelzimmer bucht man am besten kostenlos im Voraus unter Tel. 10 92 10 oder www.malmo.se/hotell. Besonders günstig ist das **Malmöpaket** aus Hotelübernachtung plus Malmökortet (s. Aktivitäten).
Hotel Kramer 12: Stortorget 7, Tel. 693 54 00, Fax 693 54 11, www.scandic-

hotels. com, kramer@scandic-hotels. com. Luxushotel mit allen Annehmlichkeiten mitten im Zentrum, ab 900 SEK/DZ.

Garden Hotel [13]: Baltzarsgatan 20, Tel. 665 62 00, Fax 665 62 60, www.first hotels.com. Zentrale Lage in der Innenstadt, schöner Dachgarten, 170 Zimmer, ab ca. 900 SEK/DZ.

Baltzar Hotell [14]: Södergatan 20, Tel. 6 65 57 00, Fax 6 65 57 10, www.baltzar hotel.se. Zentral in der Fußgängerzone, 41 mit Stilmöbeln eingerichtete Zimmer, ab ca. 900 SEK/DZ.

Astoria Hotel [15]: Gråbrödersgatan 7, Tel. 786 60, Fax 788 70, www.astoria.gs2. com. Freundliches kleines Privathotel in zentraler und ruhiger Lage wenige Schritte vom Lilla torg, ab ca. 700 SEK/DZ.

Årstiderna [1]: Kockska huset, Frans Suellsgatan 3, Tel. 23 09 10. Gourmetrestaurant, Wild- und Fischgerichte, moderat–teuer.

Rådhuskällaren [3]: Stortorget, Tel. 790 20. Schwedische Hausmannskost im alten Gewölbe des Rathauses, moderat–teuer.

Restaurang Johan P. [16]: Saluhallen/ Landbygatan 3, Tel. 97 18 18. Eine sehr gute Adresse für feine Fischgerichte, Bistro-Atmosphäre, moderat.

Anno 1900 [17]: Norra Bulltoftavägen 7, Tel. 18 47 47. Gehobene Hausmannskost im Jahrhundertwendeambiente, moderat. In der **Markthalle** (Saluhallen) am Lilla Torg weitere Verköstigungsmöglichkeiten.

Rund um den Lilla Torg gibt es Cafés, Kneipen und Restaurants, bei schönem Wetter ist der Platz zugestellt mit Tischen und Stühlen. Auch in den angrenzenden Fußgängerzonen tobt abends das Leben – Malmö ist die Stadt mit der angeblich höchsten Kneipendichte Schwedens.

Öresund runt

Wer vorhat, die Region zwischen Malmö und Helsingborg auf schwedischer Seite und zwischen Kopenhagen und Helsingør auf dänischer Seite näher zu erkunden, sollte den Erwerb einer Öresund-runt-Karte ins Auge fassen. Mit dem Ticket kann man an zwei Tagen kostenlos Fähren (Boot nach Ven 50% Ermäßigung) und öffentliche Verkehrsmittel rund um den Öresund benutzen und erhält ermäßigten Eintritt für zahlreiche Museen. Die Karte gibt es an den Bahnhöfen und in den Touristeninformationen der beteiligten Städte, Info: www.skanetrafiken.se.

Fest: Alljährlich findet im August ein großes Fest (Malmöfestivalen) statt mit *kräftskiva* (Krebsessen) auf dem Stortorget, Fressbuden in der ganzen Stadt, Freilichttheater, Drachenbootrennen usw.

Malmökortet (›die Malmökarte‹, erhältlich im Turistbyrå oder im Rahmen des Malmöpaket) ermöglicht zum Pauschalpreis eine Sightseeingtour, Benutzung der Stadtbusse und kostenloses Parken auf bestimmten Parkplätzen sowie Eintritt zu einigen Museen.

Sightseeing per Boot: Rundan, eine 45minütige Bootsfahrt über Malmös Kanäle 11–16 Uhr jeweils zur vollen Stunde vom Anleger gegenüber dem Bahnhof.

Badestrand: Der Sandstrand Ribersborg liegt wenige Minuten zu Fuß vom Zentrum.

Züge nach Kopenhagen, Stockholm, Göteborg, Helsingborg, Lund/Eslöv, Ystad und Karlskrona; Busse nach Kopenhagen, Trelleborg, Skanör-Falsterbo, Ystad, Lund und Jönköping; vom 30 km südöstlich gelegenen Flughafen Sturup Flüge nach Stockholm und Göteborg.

Lund

Südschweden-Atlas: S. 238, B 4
Größte Sehenswürdigkeit der gemütlichen und malerischen Universitätsstadt, die zu den ältesten Städten Schwedens zählt, ist der romanische **Dom.** Die Bauarbeiten begannen um 1080 und endeten 1145 mit der Einweihung der Kirche. Lund ist seit 1103 Erzbischofssitz und war lange das geistliche und kulturelle Zentrum des Nordens, bis ihm Städte wie Uppsala und Stockholm den Rang abliefen. Im 14. Jh. gab es in Lund insgesamt 27 Kirchen und sieben Klöster. Ältester Bestandteil des Doms ist die im Jahr 1123 eingeweihte Krypta, deren Decke von skulptierten Säulen getragen wird. Eine stellt den Riesen Finn dar, der nach einer Legende einstmals die Kirche für den heiligen Laurentius gebaut haben soll. Der beste Zeitpunkt für die Besichtigung des imposanten Doms sind die Mittags- oder frühen Nachmittagsstunden, wenn sich die astronomische Uhr aus dem 14. Jh. in Bewegung setzt (Mo–Sa 12 und 15, So 13 und 15 Uhr).

Die bei schwedischen und ausländischen Studenten gleichermaßen beliebte **Universität** ist die größte Nordeuropas und wurde 1668, zehn Jahre nachdem Skåne zu Schweden gekommen war, gegründet, um die Region zu stärken und besser schwedisieren zu können. Das Hauptgebäude entstand um 1880, die einzelnen Institute sind über die ganze Stadt verstreut. Zwischen Universitätshauptgebäude und Dom erstreckt sich **Lundagård**, ein Park mit wunderschönem altem Baumbestand, den Carl Hårleman Mitte des 18. Jh. anlegte.

Ebenfalls in Nachbarschaft zum Dom liegt am Tegnérplatsen **Kulturen**. Das 1892 eröffnete, außergewöhnlich gut ausgestattete Freilichtmuseum zeigt neben Wechselausstellungen im modernen Museumsbau vor allem Alltagsgeschichte von früher: Möbel, Kunsthandwerk und Ausgrabungsfunde aus dem mittelalterlichen Lund. Sie werden in ca. 30 Gebäuden präsentiert, die zum Teil aus anderen Regionen Skånes hierher versetzt wurden. Vieles konnte aber auch gleich an Ort und Stelle bleiben, wie die Häuser einiger Altstadtgassen (Mai–Sept. tägl. 11–17, sonst Di–So 12–16 Uhr, Park Juni–Aug. 11–21 Uhr). Das Restaurant bietet gute schwedische Küche.

Östlich des Doms hat Lund schöne Stadtviertel mit kopfsteingepflasterten Straßen, niedrigen alten Häusern, zahlreichen Cafés und urigen Lädchen zu bieten. Eines davon ist **Hökeriet** an der St. Annegatan/Tomegapsgatan mit Einrichtung von 1906 und entsprechendem Verkaufssortiment.

Etwas weiter, jenseits der Biskopsgatan zeigt **Skissernas Museum** Ausstellungen zur Entstehung von Kunst im öffentlichen Raum (Finngatan 2, Wiedereröffnung März 2005).

Die Krypta des Doms zu Lund

Lunds Turistbyrå: Kyrkogatan 11, Box 41, 22100 Lund, Tel. 0 46-35 50 40, Fax 12 59 63.

Grand Hotel: Bantorget 1, Tel. 2 80 61 00, Fax 2 80 61 50, www.grandilund.se. Zentral, 84 individuell eingerichtete komfortable Zimmer, ab 1295 SEK/DZ.
Hotel Concordia: Stålbrogatan 1, Tel. 13 50 50, Fax 13 74 22, www.concordia.se. Sehr schönes Haus in einer ruhigen Nebenstraße, 950–1520 SEK/DZ.
STF Vandrarhem Lund: Tåget, Vävaregatan 22, Bjeredsparken, Tel. 14 28 20, Fax 32 05 68. Wohnen in einem ausrangierten Zug, für Leute mit geringen Platzansprüchen. Ab 130 SEK/Person.

Grand Hotel: s. o., klassische schwedische Küche, teuer.
Stäket: Stora Södergatan 6, Tel. 211 93 67. Fondue und Hausmannskost im Gewölbekeller, moderat

Godset: Bangatan 3–5, Tel. 12 16 10. ›Bahnhofsgaststätte‹ mit Stil, junge Küche, moderat–teuer.
Bantorget 9: Bantorget 7–9, Tel: 32 02 00. Schwedische Gourmetküche, moderat.

Café Mejeriet: St. Södergatan 64, Tel. 211 47 00. Regelmäßig Livemusik, Kino, Theater, Sa Jazzbrunch.

Zug nach Stockholm, Göteborg, Malmö, Helsingborg, Eslöv, Landskrona, Karlskrona, Bus nach Malmö, Kopenhagen und Jönköping.

Landskrona und Ven

Südschweden-Atlas: S. 238, B 3
Beschaulichkeit strahlt Landskrona aus, dessen sehenswerte Zitadelle aus dem 16. Jh. (Juni–Mitte Sept. 11–16, Juli 11–17 Uhr) die erste von vielen Fes-

Louisiana

Sehr empfehlenswert ist ein Ausflug ins Nachbarland Dänemark zu einem der schönsten Museen Europas, Louisiana bei Humlebæk. Hier finden Ausstellungen moderner Kunst in exzellent in die Küstenlandschaft eingepassten Gebäuden und im Skulpturenpark statt. Gamle Strandvej 13, Humlebæk, tägl. 10–17, Mi bis 22 Uhr www.louisiana.dk.

tungsanlagen ist, die uns unterwegs noch begegnen werden. Im Haijiska huset gegenüber dem Hotel Öresund an der Kungsgatan 13 lebte 1885–97 Selma Lagerlöf, die an einer Mädchenschule unterrichtete. Vom direkt am Öresund gelegenen Wasserturm hat man eine herrliche Aussicht, wenn man es denn schafft, ihn während der kurzen Öffnungszeiten (Mitte Juni–Mitte Aug. Mo–Fr 13–15 Uhr) zu besteigen.

Von Landskrona aus sind auch Bootsausflüge zur Insel **Ven** möglich, wo von 1576 bis 1597 der Astronom Tycho Brahe wirkte. Er ließ hier ein Schloss im Stil der niederländischen Renaissance errichten, das mittlerweile allerdings völlig verfallen ist, und ein teilweise unterirdisches Observatorium, das teilrestauriert wurde. Brahe ist auch ein Museum gewidmet (Tycho Brahe museet, Mai–Sept. tägl. 10–16 Uhr). Auf der kleinen Insel gibt es neben Campingplatz und Jugendherberge auch Café, Restaurant, Fahrradverleih, ein Geschäft für Kunsthandwerk. Die Überfahrt von

Landskrona nach Ven dauert 30 Min (Ventrafiken, Tel. 0418-47 34 73, www.ventrafiken.se).

An der Landstraße von Landskrona nach Råå und Helsingborg eröffnet sich von einem Hügel kurz vor Glumslöv ein herrlicher Blick zurück nach Landskrona und über die Insel Ven (sowie den für diese Gegend obligatorischen Golfplatz). Über das pittoreske Fischerdorf Råå, von wo aus im Sommer ebenfalls Boote nach Ven fahren, gelangt man nach Helsingborg.

Landskrona & Vens Turistbyrå: Storgatan 36, 26131 Landskrona, Tel. 0 4 18-47 30 00, Fax 47 30 02, www.landskrona.se/kommun/turism/turist1.html

Landskrona liegt an Zugstrecke Kopenhagen–Malmö–Ängelholm–Göteborg.

Helsingborg

Südschweden-Atlas: S. 238, A/B 3
Helsingborg, von dem aus man in 20 Min. per Fähre das dänische Helsingør erreicht, wurde bereits 1085 urkundlich erwähnt. Die Stadt liegt an der schmalsten Stelle des Öresund, der erst mit dem Ende der letzten Eiszeit entstand. Bis dahin hatte es eine feste Landverbindung zwischen dem heutigen Dänemark und Schweden gegeben.

Helsingborg gehörte zu den am heftigsten umkämpften Städten Schwe-

Das neogotische Rathaus
von Helsingborg

dens, kein Wunder bei dieser strategischen Lage. Im 17. Jh. unternahmen die Schweden erhebliche Anstrengungen, die Stadt, die zum dänischen Herrschaftsbereich gehörte, ihrem Hoheitsgebiet einzuverleiben. Sechsmal eroberten sie Helsingborg, verloren es aber immer wieder an die Dänen. Endgültig gesichert war die schwedische Herrschaft erst nach einer blutigen Schlacht im Jahr 1710, die als schrecklichste auf schwedischem Boden gilt.

Helsingborg wirkt heute schick, ja nobel. Der mit modernen Wohn- und Bürobauten umgestaltete Nordhafen macht einen blitzblanken Eindruck. Im 2002 eröffneten **Dunkers Kulturhus** beeindrucken hochkarätige Ausstellungen moderner Kunst und das Stadtmuseum mit einer multimedialen Darstellung der vom Sund geprägten Historie Helsingborgs (Di–Mi, Fr–So 10–17, Do 10–20 Uhr).

Überragt wird die Stadt von dem 34 m hohen Festungsturm **Kärnan** aus dem 14. Jh., den man besteigen kann (Juni–Aug. tägl. 11–19 Uhr, April, Mai u. Sept. Di–Fr 9–16, Sa, So 11–16, Okt.–März 11–15 Uhr). Von oben eröffnet sich bei klarem Wetter eine fantastische Aussicht über den Öresund bis nach Dänemark und das gegenüberliegende Schloss Kronborg, wo Shakespeare seinen ›Hamlet‹ ansiedelte.

Auf dem **Stortorget**, dem großen Markt, erinnert neben dem Rathaus von 1897 die Statue von Magnus Stenbock an die blutige Schlacht von 1710. Vom Markt nach Norden erstreckt sich eine der ältesten Fußgängerzonen Schwedens, **Kullagatan**, mit zahlreichen Modehäusern und Geschäften.

Die **St. Maria kyrka** in der Södra Storgatan geht zurück auf eine romanische Sandsteinkirche aus dem 12. Jh., die im 15. Jh. durch den heutigen gotischen Backsteinbau ersetzt wurde. In der **Norra Storgatan** nördlich des Stortorget finden sich einige schöne Fachwerkhäuser: etwa Jacob Hansens hus (Nr. 21), das älteste Wohnhaus der Stadt (1641) – daneben ein Brunnen zum Gedenken an Tycho Brahe.

Eine weitere Sehenswürdigkeit ist das **Fredriksdal Freilichtmuseum** ca. 1,5 km östlich vom Stadtzentrum, zu dem neben einem Herrenhaus aus dem 18. Jh. mit ausgedehnten Gärten ein traditioneller schonischer Bauernhof sowie eine Kleinstadtstraße mit Druckerei gehören, deren Maschinen noch zeitweise in Betrieb sind (Juni–Aug. tägl. 10–19.30, April, Mai u. Sept. 11–17, Okt.–März 11–16 Uhr).

Nördlich von Helsingborg liegt **Schloss Sofiero** (Sophienruhe), das Kronprinz Oskar 1864 als Sommerresidenz für sich und seine Gattin Sophia errichten ließ. Später ging das Schloss in den Besitz von König Gustav VI. Adolf über, der hier im Sommer Kabinettssitzungen abhielt und sich mit Staatsminister Tage Erlander im Park erging, ein Sinnbild für die Übereinkunft zwischen Monarchie und Sozialdemokratie, auch wenn diese damals noch die Einführung der Republik im Parteiprogramm hatte. Heute finden im idyllisch inmitten alten Baumbeständen am Öresund gelegenen Schloss regelmäßig Kunstausstellungen statt. Der Park bietet neben Rhododendren-Anpflanzungen und Blumenrabatten auch Skulpturen, einen Totempfahl und ein

Labyrinth für Kinder (April–Ende Sept. tägl. 10–18 Uhr).

 Turistbyrå: Rådhuset, 25189 Helsingborg, Tel. 042-10 43 50, Fax 10 43 55, www.helsingborgsguiden.com.

 Hotel Mollberg: Stortorget 18, Tel. 37 37 00, Fax 37 37 37, www.elite.se. Traditionsreiches zentrales Hotel, nobel eingerichtete Zimmer, 800–1500 SEK/DZ.

Linnea: Prästgatan 4, Tel. 37 24 00, 37 24 29, www.hotell-linnea.se. Kleines Hotel in Familienbesitz mit 15 hell und freundlich eingerichteten Zimmern, 695–895 SEK/DZ.

Villa Thalassa: (Jugendherberge) in einer schönen alten Villa, Dag Hammarskjöldsväg, Tel. 38 06 60, Fax 12 87 92, www.villathalassa.com. Direkt nebenan Stugbyn mit Hütten für 2–6 Personen, ab ca. 200 SEK/Person ohne Frühstück.

Camping
Råå Vallar: Kustgatan, Tel. 10 76 80, Fax 10 76 81.

 Restaurang Anna Kock: Järnvägsgatan 23, Tel. 18 13 00. Schonische Kost, teuer.

Sofiero Slottsrestaurang: Sofiero slott, Tel. 14 04 40. Von der verglasten Veranda hat man einen schönen Blick über den Sund, königliche Tafelfreuden unter Kronleuchtern, teuer.

Gastro: Södra Storgatan 11–13, Tel. 24 34 70. Klassische schwedische Gourmet-Küche, teuer.

Roy's Fisk & Servering: am Nordhafen. Fischhandel und -restaurant, moderat.

 Zugverbindung nach Malmö, Göteborg, Stockholm, Kopenhagen, Lund, Landskrona, Kristianstad und Karlskrona, Fährverbindung mit dem dänischen Helsingør, Busse u. a. nach Höganäs, Lund, Halmstad und Ängelholm.

Kullen-Halbinsel

Südschweden-Atlas: S. 238, A 3

»Denn der Kullaberg ... hat sich gleichsam so weit ins Meer gestürzt, wie er überhaupt konnte. Nicht das kleinste Stückchen Land liegt unten am Berg, das ihn gegen die Meereswogen schützte; diese können ganz dicht bis an die Felswände heran, können sie auswaschen und nach Belieben formen. Deshalb stehen die Gebirgswände dort auch so reichverziert da, wie das Meer und dessen Mithelfer, die Winde, sie zugerichtet haben. Da sind schroffe, tief in die Bergseiten hineingeschnittene Schluchten und schwarze, hervorspringende Felsen, die unter den beständigen Peitschenschlägen des Windes blankgescheuert sind.« Treffender als Selma Lagerlöf kann man die nordwestliche Spitze der Kullen-Halbinsel nicht beschreiben, die sicher zu den schönsten Ecken Skånes zählt.

Bereits kurz hinter Höganäs werden die Ausläufer des Naturschutzgebietes **Kullaberg** sichtbar; die Landschaft wird merklich hügeliger. Am Ende der Landstraße 111 beginnt die mautpflichtige Straße durch das Kullen-Naturreservat. Hier gibt es Golfplatz, Wildgehege und diverse Restaurationsbetriebe. Seit 1561 weist Schwedens höchstgelegener und lichtstärkster Leuchtturm (88,5 m über dem Meer) Seefahrern den Weg durch die schwierigen Gewässer. Von seinem Fuß eröffnet sich ein herrlicher Blick über die felsige Küste.

Das Terrain des Kullen ist ein bevorzugtes Übungsgelände von Kletterern; Ungeübte sollten aber lieber Vorsicht

Eisenbahnmuseum

Das stilecht in einem Lokschuppen am Bahnhof Ängelholm eingerichtete Banmuseet gibt einen Überblick über die Eisenbahngeschichte Schwedens, passend illustriert von einer riesigen Modelleisenbahnanlage und einer Tonbildschau auch in deutscher Sprache. Technikfans haben Gelegenheit, Original-Loks sowie Signal- und Stellwerkstechnik zu inspizieren (Juni–Aug. tägl., Mai u. Sept. nur Sa, So 10–17 Uhr).

walten lassen und sich auf den markierten Wegen halten. Das gilt auch für den Abstieg zu den insgesamt 24 Grotten, die überwiegend auf der Nordseite der Halbinsel liegen und teilweise bereits in der Steinzeit bewohnt waren. Die größere der beiden Josephinenlustgrotten (Större Josefinelustgrottan) ist mit Tischen und Bänken ausgestattet. In der Umgebung liegen vier weitere Höhlen, die auch für Ungeübte relativ gefahrlos zu erreichen sind (Fredrik VII's grotta, Mindre Josefinelustgrottan, Trollhålet, Oskarsgrottan).

Der Ort **Mölle** wird von dem Grand Hôtel dominiert. Bis zum Ausbruch des Ersten Weltkriegs machten hier vor allem Dänen und Deutsche Urlaub, selbst der deutsche Kaiser gab sich 1907 die Ehre. Heute stellen die Schweden die Mehrzahl der Gäste. Noch Anfang des Jahrhunderts erregte die Errichtung eines ersten Gemeinschaftsbades für Männer und Frauen

die Gemüter aufs Heftigste. Man befürchtete den vollständigen Verfall der Sitten.

Höganäs & Kullahalvöns Turistbyrå: Centralgatan 20, 26382 Höganäs, Tel. 042-33 77 74, Fax 33 77 62.

Grand Hôtel i Mölle: Bökebolsvägen 11, Tel. 36 22 30, Fax 36 22 31, www.grand-molle.se. Malerisch auf dem Kullaberg gelegen, traditionsreiches Gebäude, ab 900 SEK/DZ, gutes Restaurant, moderat.
Hotell Kullaberg: Gyllenstiernas allé 16, Mölle, Tel. 34 70 00, www.hotelkullaberg. se. Am Hang oberhalb Mölle, nobles Haus mit Seeblick, ab 900 SEK/DZ.
Rusthållargården (1400 SEK/DZ) und **Strand** (ab 650 SEK/DZ) in Arild s. Restaurants.
Camping
Möllehässle Camping: Mölle, Tel. 34 73 84, Fax 34 77 29, auch Hüttenvermietung, zwischen Meer und Mölle.

Maritime Restaurant: Grand Hôtel Mölle, s. o., Fisch und regionale Küche, teuer.
Strand: Arild, Hotel und Restaurant, Tel. 34 61 00, Fax 34 61 85, www.strand-arild.se. Komfortable Zimmer (ab 900 SEK/DZ), Fischspezialitäten, französische Küche, teuer.
Hotell Rusthållargården: Arild, Restaurant und Hotel, Tel. 34 65 30, Fax 34 67 93, www.rusthallargarden.se. Hochklassige Fischgerichte und regionale Spezialitäten (teuer) in einem Gebäude aus dem 17. Jh. an der kleinen Straße zum Hafen, schöner Blick, komfortable Zimmer ab 1000 SEK.
Rut på Skäret: Skäret, Tel. 34 61 88. Skånische Küche, teuer.
Tunneberga Gästgiveri: Jonstorpsvägen 16, Jonstorp, Tel. 36 74 81. Fischgerich-

te, Smörgåsbord, regionale Küche, moderat bis teuer.
Kullagårdens Wärdshus: Tel. 34 74 20. Am Golfplatz im Naturreservat Kullaberg, Wildgerichte, günstig bis moderat.
Cafés: Flickorna Lundgren: Skäret, Tel. 34 60 44. Traditionsreiches Café an der Straße nach Jonstorp mit großem Garten.
Ransvik Café und Restaurang: Tel. 34 76 66. Kuchen und Lunchgerichte, Terrassengarten über der Felsbucht mit Blick auf Mölle, günstig.

 Auf dem Weg von Helsingborg auf die Halbinsel Kullen lohnt ein Halt bei der **Keramikfabrik Höganäs Saltglaserat,** wo man formschöne Salzglasurkeramik erwerben kann, die im nordwestlichen Skåne traditionell seit Anfang des 19. Jh. hergestellt wird. (gegenüber der Feuerwehr im Ortszentrum Höganäs, Mo–Fr 9–16, Juni–Aug. auch Sa 10–13 Uhr). Am Ortsausgang von Höganäs an der R 111

nach Mölle unterhält **BodaNova** einen Fabrikladen mit preisgünstiger Keramik, Glas und Heimtextilien (Mo–Fr 10–18, Sa 10–16, So 11–16 Uhr).

 Strände: Sandstrand zwischen Viken und Nyhamnsläge, Klippen in Mölle, Kullen und Arild.

Spärliche Busverbindungen (Mo–Fr 2-mal/Tag) von Helsingborg nach Arild, von Höganäs nach Mölle.

Båstad mit Bjärehalvön

Südschweden-Atlas: S. 238, A/B 2
Vorbei an Ängelholm, der Stadt der Kuckucksflöten *(lergök)*, die außerdem mit 5 km Sandstrand und Dünen aufwartet, führt die 105 zur nächsten Halbinsel, der Bjärehalvön. Hier gibt es gute

Ausgezeichnete Hotels und Restaurants lohnen den Abstecher nach Arild

Badestrände und Häfen, an der Westküste liegt zudem Dagshög, Skånes größtes Hügelgrab aus der Bronzezeit mit 50 m Durchmesser.

Hauptort der Halbinsel ist **Båstad** an der Laholmsbucht, bekannt vor allem als Austragungsort eines wichtigen Tennisturnieres und als Standort des schwedischen Tennisgymnasiums, wo namhafte Spieler ihr Handwerk lernten. Schwedische Tennismeisterschaften finden in dem direkt am Meer gelegenen Stadion alljährlich seit Mitte der 20er Jahre statt. Nach König Gustaf V., der von 1930 bis 1945 alljährlich unter dem Pseudonym Mr G an den Wettbewerben teilnahm, ist Mr G.'s väg am Tennisstadion benannt.

Zu den ältesten Bauten in Båstad zählen die Häuser in der parallel zur Hauptstraße Köpmangatan verlaufenden Agardhsgatan; sie überstanden als einzige den großen Brand von 1870 unbeschadet. Die Mariakyrka, die um 1500 fertiggestellt wurde, weist in Sakristei und Seitenschiffen beeindruckende Kalkmalereien auf.

Sehenswert ist auch die nordwestlich des Ortes gelegene Gartenanlage **Norrvikens Trädgårdar** mit Barockgarten, Japanischem Garten, Renaissancegarten, Rosarium, einem Puppenmuseum, Verkaufsstellen für Kunsthandwerk (Glas, Keramik), Galerie und Restaurant (www.norrvikens tradgarder.se, Mai–Mitte Sept. tägl. 10–18 Uhr, Restaurant ganzjährig). Sie wurde von dem Gartenarchitekten Rudolf Abelin geschaffen.

Auch die Umgebung von Båstad hat Reizvolles zu bieten: Am nordwestlichen Ende der Halbinsel stürzen bei **Hovs Hallar** bizarre Felsformationen dramatisch ins Meer. Hier wurden Szenen von Bergmans Film ›Das siebte Siegel‹ gedreht. Die Gegend lädt zu ausgedehnten Streifzügen ein, bei denen jedoch Vorsicht geboten ist, denn die Felsen können rutschig sein.

Der Küste vorgelagert ist das einzigartige Naturschutzgebiet **Hallands Väderö,** eine Insel mit Eichenwäldern, Sand- und Felsstränden sowie reicher Flora und Fauna, die man vom Fischerdorf Torekov aus mit dem Boot erreicht (Anfang Juni–Anfang Aug. tgl. 9–16 Uhr stündl. Abfahrten). An der Westseite der Insel hat sich eine Robbenkolonie angesiedelt, zu der Beobachtungsfahrten angeboten werden.

Båstad Turism: Köpmangatan 1, Box 1096, 26921 Båstad, Tel. 04 31-750 45, Fax 700 55, www.bastad.com.

Hjortens Pensionat: Roxmansvägen 23, Tel. 701 09, Fax 701 80, www.hjorten.net, Juni–Aug. Liebevoll eingerichtete Zimmer im ältesten Pensionat des Ortes, 800–1200 SEK/DZ.
Drivans Vandrarhem: Drivangården, Korrödsvägen, Tel. 685 00, Fax 706 19. In der Herberge an der Tennisschule nimmt man das Frühstück mit den Eleven ein.
Camping
Krono Camping Båstad/Torekov: Torekov, Tel. 36 45 25, Fax 36 46 25. Direkt am Strand.

Kattegat Gastronomi och Logi: Storgatan 46, Torekov, Tel. 36 30 02, Fax 36 30 03, www. kattegat.com. Gute Regionalküche, Fisch und Schalentiere, Hausmannskost günstig, auch Zimmer ab 750 SEK/DZ.
G. Swensons krog & café: Pål Romares

gata 2, Torekov, Tel. 36 45 90. Angenehme Hafenkneipe mit ambitionierter Küche, moderat.

Restaurant Hjorten: Tel. 701 64, s. Hjortens Pensionat, Wild, Fisch, auch Vegetarisches in wunderbarer Atmosphäre, moderat.

Strände: Hemmeslöv, flacher Sandstrand und gutes Surfrevier; Malen, Kattvik und Hovs Hallar, Felsen. Entspannung pur verspricht ein Besuch im **Warmbadehaus** von Torekov, wo man u. a. Tangbäder und Massagen bekommt.

Züge nach Kopenhagen, Malmö und Göteborg, vom Flughafen Ängelholm/Helsingborg (25 km) täglich Verbindungen mit Stockholm.

Laholm

Südschweden-Atlas: S. 238, B 2
Die älteste Stadt Hallands wurde 1231 gegründet und trägt im Wappen drei Lachse, denn sie verdankt wie die gesamte Provinz Halland (deren Landschaftstier der Lachs ist) ihren Reichtum dem Fang und Verkauf der begehrten Tiere. Heute beschränkt man sich nicht darauf, das zu fangen, was die Flüsse hergeben, sondern setzt in großem Maß auf die Zucht der Edelfische. Eine solche Lachszucht kann bei der Schlossruine besichtigt werden. Welche Bedeutung der Lachs einstmals für die Ernährung der kleinen Leute hatte, zeigt die Tatsache, dass den Dienstboten früher vertraglich garantiert wurde, nicht mehr als dreimal die Woche Lachs essen zu müssen.

Gamleby, der alte Ortskern, zeigt mit seinen zahlreichen eingeschossigen Ziegel- und Fachwerkbauten typische Kleinstadtidylle. Bekannt ist Laholm auch als ›kleine Stadt mit den großen Kunstwerken‹, die ein rühriger Bürgermeister mit Hilfe der Einnahmen mehrerer Theaterfestivals anschaffen konnte. In Gamleby steht auch die 1959 eingeweihte **St.-Clemens-Kirche.** Vier ihrer Fenster schuf Erik Olson, Mitglied der Halmstadgruppe (s. S. 112). Und natürlich ist auch dem Lachs eine Skulptur gewidmet: Auf dem Stortorget huldigt John Lundqvists **Skulptur Lagafontän** dem Fluss Lagan, der die kleine Stadt neben oben erwähnter Zuchtfarm mit dem Fisch versorgt. Die Figuren, der Flussmann, der Lachsjunge und das Perlenmädchen, symbolisieren den Fluss, den Lachs und die Perlen, die aus den früher hier geernteten Muscheln geklaubt und verkauft wurden.

Laholms Turistbyrå: Rådhuset, Box 78, 31222 Laholm, Tel. 04 30-154 50, Fax 166 42.

Strände: 12 km langer Sandstrand mit guter Infrastruktur in Mellbystrand und Skummeslövsstrand.

Zugverbindungen nach Malmö und Göteborg.

Halmstad

Südschweden-Atlas: S. 238, B 2
In der im Mittelalter größten Stadt der Westküste wurden die Könige der Kalmarer Union (s. S. 20) gewählt. Ein ver-

heerendes Feuer zerstörte 1619 die gesamte Stadt, nur das Schloss und die Kirche St. Nikolai überstanden, weil aus Stein gebaut, die Katastrophe. Das **Schloss** ist als Sitz der Provinzialregierung der Öffentlichkeit nicht zugänglich, nur im Innenhof finden sommers Theaterveranstaltungen und Konzerte statt. Vor dem Schloss liegt das alte **Segelschiff ›Najaden‹** (1897), eines der kleinsten Vollschiffe, das je gebaut worden ist, bis 1938 diente es als Schulschiff.

Das Zentrum der Stadt am Nissan, aus der übrigens die Popgruppe Roxette stammt, bildet der Marktplatz Stora Torg, an dem rund um Carl Milles' Statue ›Europa und der Stier‹ lebhafter Handel betrieben wird. In den westlich gelegenen Straßen **Kyrkogatan** und **Wallgatan** lassen Fachwerkhäuser erahnen, wie die Stadt früher einmal ausgesehen hat.

Sehenswert sind außerdem die nach einer Plastik von Pablo Picasso in Schweden angefertigte **Skulptur Kvinnohuvud** (Frauenkopf) am Fluss Nissan und im **Länsmuseet Halland** eine Sammlung von Galionsfiguren sowie bemalte Wandbehänge, wie sie früher in Südschweden die Gute Stube zierten (Tollsgatan, Di–So 12–16, Mi 12–21 Uhr).

In Halmstad wirkte eine Gruppe von Malern, die unter dem Namen **Halmstadgruppen** in die Kunstgeschichte einging. Sie wurde 1929 von den Brüdern Axel und Erik Olson, Waldemar Lorentzon, Sven Jonson, Esaias Thorén und Stellan Möller gegründet und eigentlich erst mit dem Tod des letzten Künstlers im Jahr 1986 aufgelöst. Die Maler lebten und arbeiteten zeitweise in Berlin und in Paris bei Léger. Ihre Werke schufen eine Verbindung zwischen dem kontinentalen Kubismus und Surrealismus und schwedischen Traditionen z. B. auch der Landschaftsmalerei. Erik Olson gestaltete Kirchenfenster in Laholm und Halmstad, die gesamte Gruppe schmückte das Rathaus in Halmstad aus.

Ihre Arbeit würdigt **Mjällby Konstgard** in Söndrum nördlich von Halmstad (alte Küstenstraße Richtung Steninge, vorbei am Flughafen und nach 2 km links Richtung Mjällby). Viveka Bosson, die Tochter von Erik Olson, kaufte die alte Schule von Mjällby und zeigt dort seit 1981 eine permanente Ausstellung zur Halmstadgruppen und ambitionierte wechselnde Ausstellungen zu anderen Themen. (Mitte April–Sept. Di–So 13–17 Uhr).

Halmstads Turistbyrå: Österskans, Box 47, 30102 Halmstad, Tel. 0 35-13 23 20, Fax 15 81 15, www.halmstad.se/turist.

Ramada Hotel Continental: Kungsgatan 5, Tel 17 63 00, Fax 12 86 04, www.continental-halmstad.se. Stadthotel in zentraler Lage, mit 46 Zimmern, 800–1190 SEK/DZ.
Hotel Tylösand: Tylöhusvägen, Tel. 305 00, Fax 324 39, www.tylosand.se. Modernes 230-Zimmer-Hotel mit Beauty Center und Spa, im Sommer Zentrum des lebhaften Strandlebens mit After Beach-Angeboten, Disco, Nachtklub, 1095–1295 SEK/DZ, Restaurant mit traditioneller schwedischer Küche, moderat.
Camping
Krono Camping Tylösand: Tel. 305 10, Fax 327 78. In Strandnähe.

Lilla Helfwetet: Hamngatan 37/ Ecke Bastionsgatan, Tel. 21 04 20. Ambitionierte Küche in nüchternem Industrie-Ambiente, moderat, auch Veranstaltungen.
Värdshuset Tre Hjärtan: Kyrkogatan 7 (Stora Torget), Tel. 10 86 00. In dem schönen alten Fachwerkhaus oder im Sommer an Tischen auf der Terrasse sitzt es sich gut, besonders zum Lunch, günstig–moderat.

 Für Kinder: Miniland, Gamla Tylösandsvägen 1, Schwedische Gebäude im Maßstab 1 : 25. Mai–Mitte Sept. tägl.10–18 Uhr.
Westlich der Stadt liegt **Tylösand** mit einem der schönsten Strände und besten **Golfplätze** Hallands.

 Züge nach Stockholm, Malmö, Göteborg, Jönköping, Nassjö, Busse nach Helsingborg, Laholm, Falkenberg.

Falkenberg

Südschweden-Atlas: S. 238, A 1
Den Reiz der pittoresken Kleinstadt machen Kopfsteinpflasterstraßen und niedrige Holzhäuser aus, die sich vor allem am Gåsatorget (Gänsemarkt) finden. Mittelpunkt der sehenswerten Altstadt ist die Kirche **St. Laurentius** aus dem 12. Jh. In diesem Stadtteil liegt auch die älteste **Töpferei** Schwedens, die sich seit sieben Generationen in Familienbesitz befindet. Durch Falkenberg fließt der Ätran, einer der besten Lachsflüsse des Landes. An dem Abschnitt zwischen der Zollbrücke (Tullbron) aus dem 18. Jh. und Laxbron darf man von März bis September Lachse angeln,

vorausgesetzt, man besitzt eine Angelkarte (*fiskekort;* im Touristenbüro).

 Falkenbergs Turistbyrå: Stortorget, 31123 Falkenberg, Tel. 03 46-174 10, Fax 145 26, www.falkenbergs turist.se.

 Elite Hotel Strandbaden: Skrea Strand, Tel. 71 49 00, Fax 161 11. An einem schönen Sandstrand, nördlich liegt der Hafen, 850–1295 SEK/DZ.

 Värdshuset Hwitan: Storgatan 24, Tel. 8 20 90, Fax 5 97 96, www.hwitan.se. Restaurant und Hotel in der Altstadt direkt am Ätran, moderat.

 Törngrens Krukmakeri: Krukmakaregatan 4, Mo–Fr 9.30–12, 13.30–16 Uhr, Töpferei (seit 1789).
Laxbutiken: Heberg, E6 südlich Falkenberg, www.laxbutiken.se. Lachs in allen Variationen nicht nur zum Einkaufen, sondern auch zum Probieren im Restaurant des Lachszuchtbetriebs, günstig.

 Strände: Skrea Strand und Ringsegård.

 Züge nach Kopenhagen, Malmö und Göteborg, Bus nach Halmstad und Varberg.

Varberg

Südschweden-Atlas: S. 238, A 1
Die bedeutendste Sehenswürdigkeit der Stadt, die **Festung,** geht auf eine im 13. Jh. vom dänischen Graf Jacob av Halland errichtete Burg zurück, die spätere Besitzer bis ins 17. Jh. hinein um- und ausbauten. Kurz nach ihrer Fertigstellung ereilte sie ein Schicksal, das sie

Das Kaltbadehaus in Varberg ist noch in Betrieb

mit anderen derartigen Bauwerken teilt: Sie wurde überflüssig, weil Halland und Bohuslän im Frieden von Brömsebro 1645 an Schweden gingen, es deshalb auch nichts mehr zu verteidigen gab. Heute beherbergt die Festung (Mitte Juni–Mitte Aug. Führungen tägl. 11–16 Uhr jeweils zur vollen Stunde) das Läns-museet (Mitte Juni–Mitte Aug. tägl. 10–18, sonst Mo–Fr 10–16, Sa, So 12–16 Uhr) u. a. mit einer Ausstellung zum ›Bockstensmann‹. Die sterblichen Überreste des Mannes, der im 14. Jh. gelebt hat, fand man in einem Moor bei Varberg; seine Kleidung war vollständig erhalten.

In der Nähe der Festung befinden sich auch die anderen Sehenswürdig-keiten der Stadt, die seit 1823 Badeort ist. Zu dieser Zeit wurden Parks ange-legt und ein **Kaltbadehaus** errichtet, das auf Stelzen im Wasser steht und mit seinen fünf Zwiebeltürmchen ein bisschen orientalisch anmutet. Im alten Hafenmagazin haben sich heute Kunsthandwerker angesiedelt.

Varbergs Turistbyrå: Brunnspar-ken, Box 1 50, 43224 Varberg, Tel. 03 40-8 87 70, Fax 61 11 95, www. turist.varberg.se.

Comfort Hotel Fregatten: Hamn-plan, Tel. 67 70 00, Fax 61 11 21, www.comforthotelfregatten.se. Erstklas-siges Badehotel mit nostalgischem Flair, 98 Zimmer, ca. 1190–1550 SEK/DZ.
Strandgården: Getterön, Tel. 1 68 55, Fax 69 28 85, www.getteronhotell.se. Schöne Lage auf der Halbinsel, 23 Zimmer von einfach bis komfortabel (elf mit Du-sche/WC), einige mit Meerblick, 400–600 SEK/DZ, EZ ab 300 SEK.

Fästningen: Tel. 8 87 88, Fax 62 70 00. Die Jugendherberge mit meist Ein- oder Zweibettzellen ist in der Festung, im ehemaligen Gefängnis, untergebracht, ab 190 SEK/Person ohne Frühstück.

Camping

Getteröns Camping: Tel. 168 85, Fax 104 22, Mai–Mitte Sept. Vier-Sterne-Platz auf der klippenreichen Halbinsel Getterön 4 km nördlich von Varberg.

Societen: im alten Societetshus, Tel. 67 65 00. In der Brasserie gibt es kleine feine Gerichte im Bistro-Stil (günstig), in Carlssons Skaldjursfika teure Meeresspezialitäten, gelegentlich Abendunterhaltung dazu.

Wärdshuset: Kungsgatan 14, Tel. 801 11. Gourmet-Restaurant mit sehr französischer Note, Spezialitäten sind Fisch und Wild, teuer.

Strände: Apelviken, auch gutes Surfrevier (Segel- und Windsurfschule); Träslövsläge, altes Fischerdorf mit flachem Sandstrand. Björkäng. Klippen nördlich von Varberg: Getterön.

Züge nach Kopenhagen, Malmö und Göteborg. Fähre nach Grenå/Dänemark, Bus nach Falkenberg und Kungsbacka.

Kungsbacka

Südschweden-Atlas: S. 234, C 4
Hübsche pastellfarbene Holzhäuser aus der Zeit der Jahrhundertwende machen auch Kungsbacka, das von deutschen Kaufleuten gegründet wurde, zu einem attraktiven Ausflugsziel. Lohnend ist ein Abstecher in den Süden der Halbinsel in das Dorf **Onsala.** In der von außen unscheinbaren Kirche mit wunderbar bemalten Holzdecken und einem prächtigen Barockaltar liegen die sterblichen Überreste von Lars Gathenhielm (1689–1718), einem angesehenen Piraten, der die dänischen Schiffahrtsbeschränkungen unterlief und zudem erfolgreich dänisch-norwegische Piraten in Schach hielt. 1715 wurde er für seine Verdienste geadelt.

Am Kungsbackafjord, ca. 10 km südlich von Kungsbacka, ließ sich James Fredrik Dickson, ein schottischer Kaufmann, um die Jahrhundertwende von Lars Israel Wahlman **Schloss Tjolöholm** errichten. Es wurde in rotem Granit im Tudorstil ausgeführt, wohl weil der Mann auf ein bisschen Heimatgefühl nicht verzichten mochte. Verzichten mochte er auch nicht auf diverse Bequemlichkeiten, denn das Schloss besaß bereits damals luxuriöse Badezimmer, ein ausgeklügeltes Heißluftheizsystem und eine Art Zentralstaubsauger, der von Pferden angetrieben wurde. Die Inneneinrichtung zeigt Elemente aus Renaissance und Jugendstil. Dieses Ziel lohnt einen Tagesausflug, denn hier finden sich Spazierwege und, an der felsigen Küste des Fjordes, schöne Badeplätze. Zur Anlage gehört ein riesiges Café und ein Pferdewagen-Museum (Mitte Juni–Ende Aug. tägl. 11–16 Uhr, April–Mitte Juni und Sept. Sa, So und feiertags 11–16 Uhr, Okt. So 11–16 Uhr).

Kungsbacka Turistbyrå: Storgatan 41, 43432 Kungsbacka, Tel. 03 00-83 45 95, Fax 83 45 99.

Zugverbindung mit Malmö und Göteborg, Bus nach Varberg und Göteborg.

VON GÖTEBORG NACH STRÖMSTAD

Maritimes Flair, Großstadttrubel und ein munteres Nachtleben – Schwedens zweitgrößte Stadt ist allemal einen Besuch wert, zumal die felsige Küste Bohusläns vor der Tür liegt. Die glatten Felsen laden zum Sonnenbaden, Bootsausflüge führen in die Schären, zu einsamen Inselstränden und Robbenbänken. Und auch kulinarisch lockt die Westküste: Hier gibt es Fisch und Meeresfrüchte satt.

Göteborg

Südschweden-Atlas: S. 234, C 4

Göteborg ist Schwedens zweitgrößte Stadt und wirkt fast mitteleuropäisch. Ihre Bewohner bezeichnen sie mit dem ihnen eigenen Lokalpatriotismus in Umfragen immer wieder als schönste Stadt Schwedens. Die Konkurrenz zur Hauptstadt Stockholm, die »an einem sterbenden Binnenmeer mit der sibirischen Tundra am anderen Ufer« liegt, wird mit Lust gepflegt, zahlreiche Witze sollen beweisen, dass die Menschen in Göteborg lockerer, unverkrampfter, schlagfertiger und weniger arrogant sind.

Und tatsächlich ist Göteborg eine attraktive Stadt mit einem überaus lebendigen Nachtleben. Alle Sehenswürdigkeiten lassen sich bequem zu Fuß oder mit der Straßenbahn erreichen, die zahlreichen Wasserstraßen kann man mit den breiten offenen oder überdachten Paddan-Booten befahren, mitten in der Stadt liegt Liseberg, ein riesiger Vergnügungspark, Kungsports-

avenyn, der Prachtboulevard, lädt ein zu Shopping und Kaffeetrinken sowie sehen und gesehen werden. Nicht zuletzt liegt die felsige Küste Bohusläns sozusagen vor der Haustür, zu erreichen mit dem Schiff oder regelmäßig verkehrenden Bussen, denn auch die Göteborger verbringen dort gern das Wochenende und die Ferien.

Gegründet wurde die Stadt erst 1624 durch Gustav II. Adolf. Einwanderer aus Holland, England und Deutschland haben deutliche Spuren hinterlassen und waren zeitweise auch einer festgelegten Quote entsprechend im Stadtrat vertreten. Die Stadt lebte sehr gut vom internationalen Handel, der über den größten Hafen Nordeuropas abgewickelt wird. Seit der Schließung großer Werften setzt man nun verstärkt auf Wissenschaft und Kultur.

Ein guter Auftakt für einen Stadtrundgang durch Göteborg ist der Besuch eines Gebäudes, das die Schweden stolz als Wolkenkratzer bezeichnen: Vom Café des 86 m hohen **Utkiken** [1] eröffnet sich ein herrlicher

Ausblick über die Stadt und ihren Hafen (Mai–Ende Sept. tägl. 11–19 Uhr, sonst Mo–Fr 11–16 Uhr), in dessen direkter Nachbarschaft am Packhuskajen seit 1994 der moderne Bau der **Oper** 2 ins Auge fällt.

Die Oper bildet den nördlichen Abschluss des Packhuskajen mit **Göteborgs Maritima Centrum** 3, das historische Schiffe, auch Kriegsschiffe und U-Boote zeigt (Mai–Aug. tägl. 10–18, Juli 10–21, Sept. und April 10–16 Uhr, übrige Zeit nur Sa, So). Einige Schritte weiter Richtung Utkiken liegt die restaurierte **Viermastbark ›Viking‹** von 1907 vor Anker. Das Schiff, das immerhin schon Kap Horn umrundete, bietet einige Kajüten zum Übernachten und ein gutes Restaurant.

Über die Östra Hamngatan erreicht man Gustaf Adolfs Torg, sofern man sich nicht vorher vom linker Hand gelegenen Einkaufszentrum Nordstan verlocken lässt. Den Platz säumen **Stadthaus**, **Börse** und **Rathaus**, die ihr heutiges Aussehen allesamt Umbauten im 19. Jh. verdanken. Dies ist zum einen den zahlreichen Stadtbränden geschuldet, hängt aber auch damit zusammen, dass Göteborg nach der Gründung der Ostindischen Kompanie 1731 zu erheblichem Wohlstand gelangte. Deren ehemalige Residenz, das **Ostindiska huset** 5 erreicht man über die parallel zum Hamnkanal verlaufende Norra Hamngatan. Es beherbergt heute das Stadtmuseum mit Sammlungen zu Kulturgeschichte, Archäologie und Industriegeschichte (Mai–Aug. tägl. 10–17, sonst Di, Do–So 11–17, Mi 11–20 Uhr). Am Wege liegt **Kristine kyrka** 4, auch Tyska kyrkan

Speisen mit Blick auf Älvsborgsbron: Sjömagasinet im Kulturreservat Klippan

117

GÖTEBORG

0   500 m

Sehenswürdigkeiten

1. Utkiken
2. Oper
3. Göteborgs Maritima Centrum
4. Kristine kyrka
5. Ostindiska huset
6. Kronhuset
7. Kunstmuseum
8. Trädgårdsföreningens park
9. Röhsska museet
10. Lilla Bommen
11. Klippan
12. Masthuggskyrkan
13. Liseberg
14. Universéum
15. Världskulturmuseum

Übernachten

16. Hotel Eggers
17. Novotel
18. Hotel Flora
19. Hotel Vasa

Essen und Trinken

20. Sjömagasinet
21. Fiskekrogen
22. Le Village
23. Sjöbaren
24. Joe Farelli's
25. Feskekörkan

Architektonisches Highlight zwischen Utkiken und Maritima Centrum: die Oper

(deutsche Kirche) genannt, weil hier die
noch immer relativ große deutsche Gemeinde ihre Gottesdienste abhält. Im
Gegensatz zu den obengenannten
Bauwerken präsentiert sich das nördlich gelegene **Kronhuset** 6 noch wei-
testgehend im Zustand des 17. Jh. und
dient gelegentlich als Konzertsaal. Ein
Besuch lohnt sich auf jeden Fall, denn
in den umliegenden Werkstätten, den
Kronhusbodarna, arbeiten Kunsthandwerker und bieten ihre Produkte
zum Kauf an, z. B. handgemachte Bon-
bons in rotweißen Papiertüten (Mo–Fr
11–16/17, Sa 11–14 Uhr).

Über Gustaf Adolfs Torg, Östra
Hamngatan und Kungsportsplatsen erreicht man eine Straße, auf die die Göteborger ungemein stolz sind, gilt sie
doch als einziger richtiger Boulevard
des Nordens: **Kungsportsavenyn,**
kurz ›Avenyn‹ genannt. Hier liegen
Cafés, Restaurants, Kneipen und Diskotheken dicht an dicht, bei schönem
Wetter stehen tausende Stühle auf
dem Trottoir, und das großstädtische
Leben spielt sich wie im Süden auf der
Straße ab.

›Avenyn‹ führt schnurgerade hinauf
zum **Götaplatsen**, der gesäumt wird
von Stadtbibliothek, Stadttheater, Konzerthaus und Kunsthalle. Die Mitte des
Platzes ziert der ›Poseidon‹ von Carl
Milles. Von den Stufen des Kunstmu-
seums liegt einem die Stadt quasi zu
Füßen, es eröffnet sich ein wunderbarer Blick auf das bunte Treiben.

Das **Kunstmuseum** 7 (Konstmuseet) beherbergt eine umfangreiche
und sehenswerte Sammlung skandinavischer Malerei der Jahrhundertwende, z. B. Werke von Edvard Munch,
Carl Larsson, Bruno Liljefors, Anders
Zorn, u. a. (Di, Do 11–18, Mi 11–21,
Fr–So 11–17 Uhr).

Erholung findet man im **Trädgårdsföreningens park** 8 mit einem Ro-
sengarten sowie dem viktorianisch an-
mutenden Palmenhaus von 1878, wo,
verteilt auf 1000 m², Exotisches aus

fünf Kontinenten wächst (Mai–Aug.
tägl. 10–17, sonst 10–16 Uhr).

Eine andere Möglichkeit, dem innerstädtischen Trubel zu entfliehen, ist ein
Spaziergang durch **Vasastan,** dem
zwischen Vasaplatsen und Viktoriagatan gelegenen Universitätsviertel mit
zahlreichen stimmungsvollen Restaurants und Kneipen.

In diesem Viertel liegt auch das
Röhsska Museet [9] (Vasagatan

37–39, Di 12–21, Mi–So 12–17 Uhr).
Das 1916 eröffnete Museum zeigt eine
besonders umfangreiche Sammlung
von in- und ausländischem Kunsthandwerk und Design und lohnt auf jeden Fall einen Besuch.

Westlich davon bietet **Haga,** das älteste Arbeiterviertel Göteborgs, eine
Kleinstadtidylle. In der autofreien Straße Haga Nygata verlocken Second-
Hand-Läden, Antiquitätengeschäfte

121

und natürlich jede Menge Cafés zu einem gemütlichen Bummel.

Lohnend ist auch ein Ausflug in den Südwesten der Stadt. Die Fahrt ab **Lilla Bommen** 10 mit dem Linienboot ›Älvsnabben‹ gleicht einer Sightseeingtour vom Wasser aus. Von der Älvsborgsbron hat man einen schönen Blick über die Stadt und den Hafen, am Fuß der Brücke liegt **Klippan** 11, ein denkmalgeschütztes Viertel mit Bauten aus dem 17. Jh. Am Weg dorthin sieht man **Masthuggskyrkan** 12, eine der wenigen schwedischen Kirchen im Stil der Nationalromantik (errichtet 1910–14). Wer den steilen Weg zur Kirche hinauf zurücklegt, wird mit einer umwerfenden Aussicht belohnt.

Eine der größten Göteborger Attraktionen ist **Liseberg** 13: auf der einen Seite ein lauter Vergnügungspark, auf der anderen Seite eine ruhige grüne Oase in der Großstadt. Vom Liseberg-Turm, mit 146 m ü. NN. der höchste Punkt in Göteborg, hat man eine fantastische Aussicht über die Stadt (tägl. Mai–Aug., sonst wechselnde Zeiten).

Neben Liseberg präsentiert **Universéum** 14 Naturwissenschaft als Erlebnis: Spaziergang im tropischen Regenwald, Aquarium mit Haitunnel, Experimente (Mitte Juni–Mitte Aug. tägl. 10–20, sonst Di, Do–So 11–18, Mi 11–20 Uhr).

Zur Jahreswende 2005 eröffnete an Göteborgs ›Erlebnismeile‹ eine weitere spannende Attraktion: Das **Världskulturmuseum** 15 (Weltkulturmuseum) trägt mit seinen Ausstellungen dem Ruf Göteborgs als weltoffene Stadt gebührend Rechnung (Di, Sa, So 12–17, Mi–Fr 12–21 Uhr).

Göteborgs Turistbyrå: Kungsportsplatsen 2, 41110 Göteborg, Tel. 0 31-61 25 00, Fax 61 25 01, www.goteborg.com.

Hotel Eggers 16: Drottningtorget, Tel. 333 44 40, Fax 333 44 49, www.hoteleggers.se. Denkmalgeschütztes traditionsreiches Hotel in zentraler Lage (gegenüber dem Bahnhof), 67 komfortable Zimmer mit bestem Service, ab 1060 SEK/DZ.
Novotel 17: Klippan 1, Tel. 14 90 00, Fax 42 22 32, www.novotel.se. Im Kulturreservat Klippan am Fuß der Älvsborgsbron gelegen, 148 geräumige Zimmer in einer ehemaligen Brauerei, ab 920 SEK/DZ.
Hotel Flora 18: Grönsakstorget 2, Tel. 13 86 16, Fax 13 24 08, www.hotelflora.se. Als Familienbetrieb geführtes Haus in ruhiger zentraler Lage, nett eingerichtete Zimmer, über drei Etagen verteilt, je nach Komfort ab 620 SEK bzw. 850 SEK/DZ.
Hotel Vasa 19: Viktoriagatan 6, Tel. 17 36 30, Fax 711 95 97, www.hotelvasa.se. Freundliches Hotel mit 48 Zimmern im Stadtteil Vasastan, ab 785 SEK/DZ.
STF Vandrarhem Stigbergsliden: Stigbergsliden 10, Tel. 24 16 20, Fax 24 65 20, vandrarhem.stigbergsliden@telia.com. Ehemaliges Seemannsheim mit über 90 Betten im Stadtteil Masthugget, Straßenbahnhaltestelle vor der Tür, ab 150 SEK/Bett.

Sjömagasinet 20: Klippan 6, Tel. 775 59 20. Im ehemaligen Magazin der Ostindiska Kompaniet, Michelin-Stern, Fisch, teuer.
Fiskekrogen 21: Lilla Torget 1, Tel. 10 10 05. Fischgerichte, moderat–teuer.
Le Village 22: Tredje Långgatan 13, Tel. 24 20 03. Mischung aus Antiquitätengeschäft und exklusivem Restaurant; günstiger ist das Bistro, moderat.

Sjöbaren ㉓: Haga Nygata 25, Tel. 7 11 97 80. Fischspezialitäten in ungezwungener Atmosphäre, günstig–moderat.

Joe Farelli's ㉔: Kungsportsavenyn. Italo-amerikanische Küche zwischen Pizza und Burger – etwas für den großen Hunger, günstig–moderat.

Ein unbedingtes Muss für Freunde von Fisch und Schalentieren ist **Feskekörkan** ㉕, die ›Fischkirche‹ am Rosenlundskanal aus dem Jahre 1874. Restaurants, Imbisse und Verkaufsstände bieten alle denkbaren Köstlichkeiten des Meeres, leider nur Di–Sa bis 17 Uhr (günstig).

Cafés: Junggrens Café: Avenyn/Ecke Engelbrektsgatan. Bilderbuch-Smörgåsar zu annehmbaren Preisen, urgemütlich.

Fröken Olssons kafé: Östra Larmgatan 14. Angenehm altmodisch – eine Oase abseits des Trubels.

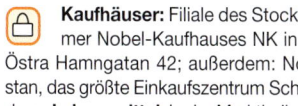 **Kaufhäuser:** Filiale des Stockholmer Nobel-Kaufhauses NK in der Östra Hamngatan 42; außerdem: Nordstan, das größte Einkaufszentrum Schwedens. **Lebensmittel:** in der Markthalle Saluhallen am Kungstorget.

 **Nefertiti Jazz Club:** Hvitfeldtsplatsen 6, Tel. 7 11 15 33. Live Jazz.

Kajskjul 8, Packhuskajen, Tel. 10 59 69. **Discos/Nachtklubs:** u. a. Gamle Port, Östra Larmgatan; Trädgår'n, Nya Allén.

Göteborgskalaset in der ersten Augustwoche: Straßentheater und -musik, Feuerwerk und Kinderzirkus,

Internationaler Flughafen Landvetter, Züge nach Stockholm, Malmö, Oslo, Karlstad, Kalmar, Karlskrona, Borås, Uddevalla, Trollhättan, Busverbindungen nach Stenungsund und Lysekil. Fähren nach Kiel und Frederikshavn/Dänemark.

In Göteborg lässt man das Auto besser

Göteborg im Paket

Im Touristenbüro kann man den **Göteborgspass** kaufen, der zur Benutzung der öffentlichen Verkehrsmittel und der Sightseeing-Boote (Paddan) berechtigt, das kostenlose Parken auf kommunalen Parkplätzen erlaubt und freien Eintritt zu zahlreichen Museen und nach Liseberg sowie weitere Vergünstigungen beinhaltet. Oder man bucht das **Göteborgspaket:** Zu diesem Angebot gehören Hotelübernachtung mit Frühstück und der Göteborgspass– konkurrenzlos günstig, wenn man nicht in Privatzimmer oder Jugendherberge übernachtet.

stehen und bewegt sich zu Fuß oder benutzt Straßenbahn und Bus. Zwischen Hauptbahnhof und Liseberg verkehrt im Sommer alle 15–20 Min. eine historische Straßenbahn.

›Älvsnabben‹, ein Linienschnellboot, verbindet die abwärts des Göta älv gelegenen Stadtteile mit dem Zentrum.

Marstrand

Südschweden-Atlas: S. 234, C 3

Nördlich von Göteborg liegt **Kungälv**, das mit seiner Festung Bohus wesentlich älter ist als Göteborg. Interessanter dürfte ein Besuch der autofreien Seglermetropole **Marstrand** sein, die von Kungälv über die Landstraße 168 und eine Fähre zu erreichen ist. Marstrand ist Badeort seit 1822, einen Aufschwung erlebte es aber erst Ende des 19. Jh., als König Oskar II. hier regelmäßig Urlaub machte und sich irgendwann auch zu den bis dahin als gefährlich für Leib und Leben geltenden Bädern im kalten Wasser hinreißen ließ. Aus dem 18. und 19. Jh. stammen zahlreiche schöne und reich verzierte Holzhäuser, die nicht zuletzt den Charme des Ortes ausmachen. In der Festung Carlsten saß zeitweise Lasse-Maja, ein schwedischer Robin Hood, ein, berühmt auch als Ausbrecher, der sich mit Frauenkleidern tarnte.

Marstrands Turistbyrå: Hamngatan 25, 44030 Marstrand, Tel. 03 03-600 87, Fax 600 18.

Villa Maritime: Hamngatan 35, Tel. 610 25, Fax 616 20, www.villa-maritime.se. Wohnungen für vier Personen direkt am Hafen.
Grand Hotel Marstrand: Rådhusgatan 2, Tel. 603 22. Fax 600 53, www.grandmarstrand.se. Stilvoll eingerichtetes Jahrhundertwendehotel mit allem Luxus, 1600 SEK/DZ (Halbpension günstiger).

Bohuslän

Nördlich von Göteborg erstreckt sich die Provinz Bohuslän, 170 km lang und maximal 30 km breit, schwedisch seit 1658, ein traumhaftes Urlaubsziel für diejenigen, die es gern etwas herber mögen, denn die von der Eiszeit, dem Wind und Wasser glattgeschliffenen Granitfelsen sind größtenteils unbewachsen. Sich tagsüber auf den von der Sonne erwärmten Klippen aalen, ab und zu ein Sprung ins Meer, eine Bootstour in die Schären, wer mag, kann auch eine Angel mitnehmen, abends eine *räkfrossa*, d. h. Garnelen zum Festpreis, so viel man essen kann ... – was will man mehr?

Welchen Ort man als Stützpunkt wählt, ist Geschmackssache, auch abhängig von den Unterkunftsmöglichkeiten, denn die Westküste Bohusläns zählt auch bei den Schweden zu den bevorzugten Urlaubsregionen und zu den Naherholungszielen der Göteborger. Kein Wunder, denn die Inseln Tjörn und Orust, pittoreske kleine Fischerdörfer und mondäne Touristenzentren, die bronzezeitlichen Felsritzungen bei Tanum sowie der in zahlreichen Orten, etwa Lysekil und Grebbestad, im Juli gefeierte Karneval nach brasilianischem Vorbild sind Attraktion genug.

Auch heute noch leben viele Orte in Bohuslän, etwa Klädesholmen, eine kleine Insel vor Tjörn, von der Fischkonservenindustrie, gelegentlich auch von den Steinbrüchen, in denen um die Jahrhundertwende rosafarbener und grauer Granit abgebaut und z. B. als Pflasterstein nach Deutschland exportiert wurde. Wichtigster Wirtschaftsfaktor ist allerdings der Tourismus. Zur Sommersaison steigt die Bevölkerungszahl rapide an, nimmt zu Saisonende aber genauso rapide ab, mit all den Problemen, die das für die ständigen Bewohner mit sich bringt. Grundstückspreise steigen, wenn reiche Städter oder Ausländer verlassene Bauernhöfe und Fischerhäuser aufkaufen und in Sommerhäuser umwandeln. Die bringen aber wiederum nur im Sommer Geld, wenn sie die touristische Infrastruktur nutzen.

Västsvenska Turistrådet: Kungsportsavenyn 31–35, 41136 Göteborg, Tel. 031-81 83 00, Fax 81 83 01, www.vastsverige.com.

Tjörn und Orust

Südschweden-Atlas: S. 234, C 3
Ein Urlaubsparadies der besonderen Güteklasse vor allem für Wassersportler sind die Inseln Tjörn und Orust, die ca. 60 km nördlich von Göteborg liegen und seit 1960 über Brücken mit dem Festland verbunden sind. Zum Festland hin präsentiert sich die Landschaft lieblicher, zum Skagerrak hin sehr viel rauer. Die Landstraße 160 führt von Stenungsund über vier Inseln und drei Sunde nach Orust und zählt zu den schönsten Straßen Schwedens.

Für Kunstinteressierte ein Muss ist der Abstecher über den RV 169 ganz in den Westen von Tjörn, zum **Nordischen Aquarellmuseum** in Skärhamn. Die Wechselausstellungen zeigen Aquarelle von Künstlern nicht nur aus Skandinavien. Im ›Offenen Atelier‹ können Besucher auch selbst mit Wasserfarben experimentieren. Schön sitzt man auf der Caféterrasse direkt am Wasser, für noch mehr Erfrischung sorgt der Badeplatz gleich nebenan (Nordiska Akvarellmuseet, Södra Hamnen, Skärhamn, www.akvarellmuseet.org, Mai–Aug. tägl. 11–18, sonst Di–So 12–17 Uhr).

Bästkustens Turistkontor: Kulturhuset Fregatten, Box 66, 44431 Stenungsund, Tel. 03 03-833 27, Fax 680 49, stenungsund@bastkusten.se.

Blick auf Rönnäng (Tjörn) in der Inselwelt der Westküste

ALTERNATIVEN ZUR LANDFLUCHT
DIE FISCHFABRIKEN AUF KLÄDESHOLMEN

Die kleine, vor Tjörn gelegene Insel Klädesholmen: weiße Steinhäuschen und winzige Holzhütten, eine Brücke, an der Boote vertäut liegen. Dahinter sollen sich Fischkonservenfabriken verbergen? Kaum vorstellbar, aber wahr. Doch was nach außen hin so idyllisch erscheint, sind heutzutage voll durchrationalisierte Unternehmen.

Früher wurde der Hering von einheimischen Fischern gefangen und direkt auf der Brücke, da wo heute die Boote liegen, ausgenommen und filetiert – die Abfälle landeten einfach im Wasser –, dann eingelegt und schließlich verpackt. Heute läuft der Vorgang internationaler, auch rationeller ab. Der Fisch stammt aus norwegischen oder dänischen Fanggründen, wobei der norwegische, weil er fetter ist und deshalb die Gewürze besser aufnimmt, wesentlich beliebter ist. Die Klädesholmer Fabrikanten versorgen die Fischer mit ihren, natürlich streng geheimen, Gewürzmischungen, die diese dann zusammen mit den filetierten Heringen in große Tonnen packen. Damit der Fisch die Gewürze gut annimmt und gleichmäßig reift, müssen die Behältnisse regelmäßig bewegt, das heißt gerollt werden. Der gesamte Vorgang nimmt mehrere Monate in Anspruch. Ist der Reifeprozess abgeschlossen, werden die Tonnen in Klädesholmen angeliefert. Dort wird der Fisch, meist von Frauen, zurechtgeschnitten, in Dosen gedrückt und mit Lake bedeckt.

Vor Midsommar ist Hochsaison, und die Verkaufszahlen schnellen in die Höhe, denn Heringszubereitungen gehören unverzichtbar zu einer zünftigen Feier. Auch in der jüdischen Küche sind diese Spezialitäten überaus beliebt, und so bekommen einige Fischfabriken auf Klädesholmen regelmäßig Besuch von einem Rabbi, der überprüft, ob der Hering auch koscher verarbeitet wird.

126

Ausflug von Rönnäng an der Süd-westspitze von Tjörn mit dem Schiff zur autofreien Insel **Åstål** mit Ein-kehr in der Fischräucherei Åstål.

Segelregatta Tjörn runt am dritten Samstag im August, an der bis zu 1000 Boote teilnehmen. Den Start beob-achtet man am besten von der Tjörnbron, den Zieleinlauf von der Skåpesundsbron, die Tjörn und Orust verbindet. Anmel-dung: Stenungsunds Segelsällskap, Tel. 676 60, Fax 802 03, info@stss.nu.

Busverbindung von Göteborg nach Stenungsund, von dort auf die Inseln.

Lysekil

Südschweden-Atlas: S. 234, B 3
Über die Landstraßen 160, die lange Zeit fast schnurgerade über Berg und Tal führt, und 161 sowie eine Fähre über den Gullmarsfjord erreicht man Lysekil. Sehenswert sind Zeugnisse aus der großen Zeit als Badeort, wie zwei Villen am Hafen, **Storstugan** und **Lillstugan**, die sich der Badearzt Carl Curman 1878–80 errichten ließ. Die Häuser, die man heute sieht, wurden nach einem Brand neu gebaut, zeigen aber noch die von der Wikingerzeit be-einflussten Stilelemente wie geschnitz-te Drachenköpfe. Zur selben Zeit ent-standen Kalt- und Warmbadehaus, das Sozietätshaus, das nach einem Brand 1985 originalgetreu wieder aufgebaut wurde, und ein Restaurant, an dessen Entwürfen im sogenannten Schweizer-stil Carl Curman beteiligt war.

Eine besondere Attraktion ist **Ha-vets hus** mit seinen diversen Aquarien, die so gestaltet sind, dass man quasi unter Wasser wandern kann (Mitte Feb.–Mitte Juni und Mitte Aug.–Ende Nov. tägl. 10–16, Mitte Juni–Mitte Aug. 10–18 Uhr). Im Juli und August starten am Anleger gegenüber Robbensafaris (Mo–Sa).

Von der Kirche führt ein kurzer Weg zu einem **Aussichtsturm**, von dem aus sich ein schöner Blick auf die vorgela-gerten Inseln bietet. Kurt Tucholsky, der in Hindås bei Göteborg lebte, ver-brachte in Lysekil den Sommer 1934: »Die Westküste da ist ganz salzig und hat eine kräftige Luft. ... Ganz vorn an der See kann man wohl wohnen, aber da ist es ganz kahl, man wird da schwer melancholisch, nur Klippen. Und ein ungeheuer Westwind, den man kaum aushalten kann.« So schrieb er vor seiner Reise an die Westküste. Angekommen, hörte sich das schon anders an: »Der erste Vormittag war wunderschön. Ob das nun Einbildung ist oder reale Kräfte – diese Landschaft im Norden ist eben meine ... hier wirst Du ein kleines bisschen begreifen, war-um ich immer mit dem Norden so viel angebe. Wie die grünen Bäume gegen den grünen Himmel stehn ...«.

Lysekils Turistbyrå: Södra Hamn-gatan 6, Box 113, 45323 Lysekil, Tel. 05 23-130 50, Fax 125 85.

Hotell Strand: Strandvägen 1, Tel. 79750 Fax 142 04, www.strand flickorna.se. Zentral gelegen und mit Meerblick, ab 200–480 SEK pro Person je nach Komfort.

Camping
Siviks Camping, Tel. 61 15 28, Fax 127 27, kinderfreundlich, Sandstrand und Felsen.

Busverbindung mit Uddevalla und Göteborg.

Sotenäset

Südschweden-Atlas: S. 234, B 2/3
Ein Abstecher auf diese Halbinsel lohnt in jedem Fall, denn hier befinden sich einige der größten touristischen Attraktionen von Bohuslän: Sehen und gesehen werden ist das Motto in **Smögen**, einem überaus belebten, für manch einen sicher auch schrecklich überlaufenen, Ort. Im Hafen dümpeln schöne und beeindruckende Luxusyachten, die man beim Spaziergang entlang der einen Kilometer langen Smögenbryggan in aller Ruhe betrachten kann. Auf ihrer Landseite drängen sich entlang der Seebrücke dicht an dicht Imbissbuden, Souvenir- und Klamottenläden.

Auf der Weiterfahrt über die Landstraße 174 von Smögen nach Bovallstrand ist ein Abstecher zum 4,8 km langen und 4,5 m tiefen Sotenkanalen möglich; er verbindet Väjern mit Hunnebostrand. Der teilweise in die Granitklippen gesprengte Kanal wurde 1931–35 gebaut und diente als Arbeitsbeschaffungsmaßnahme für die von der Wirtschaftskrise betroffenen Arbeiter in den Steinbrüchen der Region.

An diese Zeit erinnert in **Hunnebostrand** das Steinmetzmuseum an der Hauptstraße. Von hier bezog Deutschland in den 1930er Jahren Granit für sein Straßenbauprogramm (Stenhuggarmuseet, Juli–Mitte Aug. Di–Fr 15–18 Uhr). Der Ort profiliert sich seit Gründung der ›Hummerakademie‹

Auch im lebhaften Smögen findet man ruhige Ecken

auch als Ziel für Gourmets: Im Herbst können Besucher am Hummerfang einschließlich abendlichem Hummeressen teilnehmen (Hummercentrum mit Museum und Aquarien, Södra Strandgatan 4, Juni–Aug. 16–20 Uhr).

Bovallstrand, eines der ältesten Fischerdörfer in Bohuslän, ist ein sehr hübscher Ort, der im Gegensatz zu Smögen noch eine gewisse Echtheit und Ursprünglichkeit bewahren konnte. Die schönen Häuser sind nicht so herausgeputzt, und nicht in jedem befindet sich ein Laden, der sein Geld mit leichtsinnigen Touristen machen will.

 **Sotenäs Turistbyrå Kungshamn/Smögen:** Tumlaren, Dinglevägen 59, 45622 Kungshamn (in Väjern), Tel. 05 23-66 55 50, Fax 66 55 59, www.sotenasturism.se

 Bryggcafét: Bovallstrand, Tel. 510 65. Fisch und Schalentiere, große Terrasse, moderat.
Bella Gästis: Norra Kajen, Hunnebostrand, Tel. 500 00. Sehr populäres Lokal mit breitem Angebot von Pizza bis Hummer, schöne Terrasse mit Hafenblick, günstig–moderat.

Fischauktionen in Smögen: Mo–Do 8, 17 und 19, Fr 8 Uhr.

Bootsausflüge im Sommer ab Smögenbrygga entlang der Küste u. a. zur unbewohnten naturgeschützten Insel Hållö (20 Min.) mit Strand, dem ältesten Leuchtturm der Westküste und riesigen Granitflächen von karger Schönheit.

 Busverbindung nach Uddevalla und Göteborg.

Fjällbacka

Südschweden-Atlas: S. 234, B 2
Die Häuser des Örtchens ducken sich unter den Felsüberhängen des Vetterberges. Der Weg zum Gipfel führt durch eine Schlucht (Kungsklyftan), in der Szenen zu dem Lindgren-Film ›Ronja Räubertochter‹ gedreht wurden. Oben eröffnet sich ein fantastischer Ausblick auf den vorgelagerten Schärengarten, der vielen als der schönste der Westküste gilt, was man selbst am besten während einer Bootstour beurteilt. Zu den regelmäßigen Besuchern von Fjällbacka zählte auch Ingrid Bergman; ihrer gedenkt der Ort mit einem nach ihr benannten Platz und einer Büste der Schauspielerin.

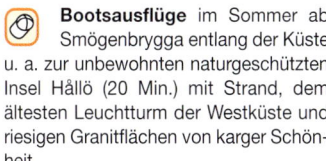 **Fjällbacka Turistinformation:** Ingrid Bergmans torg, 45071 Fjällbacka, Tel. 05 25-321 20 (nur Juni–Aug.).

Café Bryggan: Tel. 310 40. Das beliebte Fischrestaurant am Hafen besticht durch seine Lage, regelmäßig Livemusik, moderat.
Freunde kalter Köstlichkeiten sollten in Hamburgsund einen Zwischenstopp bei **Pipers glasscafé,** einer Filiale der ältesten, in Stockholm beheimateten Eisfabrik Schwedens einlegen.

Tanum

Südschweden-Atlas: S. 234, B 2
Über **Grebbestad,** wo 90% der schwedischen Austern produziert werden und das wie Smögen zu den stark frequentierten Orten der Westküste zählt, erreicht man den kulturellen Höhepunkt

der Reise entlang der Westküste: die bronzezeitlichen Felsritzungen *(hällristningar)* bei Tanumshede in **Vitlycke**, die 1994 von der UNESCO zum Weltkulturerbe erklärt wurden.

Die Felsritzungen wurden mit harten Steinen, z. B. Diabas, in den Granit geschlagen. An einigen Fundorten hat man Reste einer Farbe aus eisenhaltiger, gebrannter Erde gefunden, die vermutlich mit Fett oder Eigelb gebunden war. Die heutige Ausmalung mit roter Farbe dient der Lesbarkeit der Bilder.

Die meisten der ca. 1350 bronzezeitlichen Fundorte in Bohuslän, das bereits vor ca. 5000 Jahren besiedelt war, lagen in der Bronzezeit, als der Meeresspiegel noch ca. 15 m höher war, nah am Wasser. Seitdem sind sie nicht nur von natürlicher Verwitterung bedroht. Bei der Besichtigung der Felsritzungen sollte man deshalb die Felsen keinesfalls betreten und unbedingt auf den Holzstegen bleiben, die das Areal bequem zugänglich machen.

Die Felsritzungen in Vitlycke entstanden zwischen 1500 und 500 v. Chr. und zeigen z. B. Schwerter und Äxte, wie man sie auch in bronzezeitlichen Gräbern gefunden hat. Vor allem darauf beruht die Datierung. Menschen sind ebenfalls abgebildet, manchmal in Schiffen oder beim Pflügen. Weitere Motive sind Jagdszenen, Tierdarstellungen, z. B. Hirsche und Stiere. Kreise, große Hände und Füße werden als Sonnensymbole gedeutet. Jüngere Felsritzungen, z. B. in Litsleby (südwestlich von Vitlycke), zeigen eine große männliche Figur mit Speer, die offensichtlich später über älteren Bildern angebracht worden ist. Ob es sich um eine Gottheit

handelt? Doch sind letztlich alle Deutungen der Bilder reine Spekulation, da Zeugnisse über Religion und Gesellschaft jener Zeit fehlen.

Die Schöpfer der Felsritzungen ernährten sich von Viehzucht, Jagd und Fischfang, in geringerem Maße auch von Ackerbau, und waren, wie die Grabfunde belegen, ausgezeichnete Handwerker. Sie bauten bis zu 30 m lange Häuser, deren Wände aus Torf oder lehmverschmiertem Weidengeflecht bestanden. Die Dächer waren mit Schilf oder Torf gedeckt. Damals herrschte ein wärmeres und trockeneres Klima als heute, d. h. die Bedingungen für Ackerbau und Viehzucht waren relativ gut. Über Sprache und Religion wissen wir nichts, auch die Felsritzungen können lediglich Anlass zu Vermutungen geben.

Sehr instruktiv ist ein Besuch im Vitlyckemuseet in Tanumshede (April– Sept. tägl. 10–18 Uhr). Mit wechselnden Ausstellungen werden Aspekte des Lebens in der Bronzezeit beleuchtet und gleich praktisch erprobt: Zur Anlage gehört auch ein bronzezeitlicher Bauernhof mit Kleinvieh und Schafen.

Turistkontoret Tanum: Bygdegårdsplan, Kultur- & Fritidsförvaltning, 45731 Tanumshede, Tel. 05 25-183 80, Fax 183 60, www.tanumturist.se.

Tanum Strand: bei Grebbestad, Tel. 190 00 (Info), Fax 191 47, www.tanumstrand.se. Gästehafen, Feriendorf, zwei Hotels, mit Kinderbetreuung und Restaurant direkt am Meer, Hotelzimmer ab 1450 SEK/DZ, Ferienhaus (4 Pers.) ab 940 SEK/Tag.

Tanums Gästgifveri: Apoteksvägen 7, Tel. 290 10, Fax 295 71, www.tanums gestgifveri.com. Mitten in Tanumshede, gegründet 1663 und eines der besten schwedischen Restaurants (teuer), im Sommer in einem Nebengebäude Kaffee und preiswertere kleinere Gerichte. Auch komfortables Hotel, ab 980 SEK/DZ.

 Grebys: Strandvägen 1, Grebbestad, Tel. 140 00. In einer alten Konservenfabrik direkt am Wasser, Meeresfrüchte vom Feinsten, moderat.

Züge nach Göteborg, Uddevalla und Strömstad, Busse nach Uddevalla und Strömstad.

Strömstad

Südschweden-Atlas: S. 234, B 2
Diese Region wirbt mit der höchsten Anzahl von Sonnenstunden in Nordeuropa. Vielleicht entstand deshalb in der ›Stadt der Garnelen‹ das erste Meerwasserschwimmbad Schwedens. Lohnend ist neben einem Besuch der Fischauktion (tägl. 7 Uhr) ein Ausflug zu den autofreien **Koster-Inseln** mit ihren Robbenkolonien, die mehrmals täglich mit Booten (Mitnahme von Fahrrädern möglich, ca. eine Stunde) zu erreichen sind. Das etwas kargere Nord-Koster hat schöne Badeplätze und einen Leuchtturm zu bieten, die Südinsel kann sogar mit Wäldern aufwarten.

20 km weiter verläuft die norwegisch-schwedische Grenze durch den **Svinesund**. Ihn überspannt eine 420 m lange Brücke, von der sich eine wunderbare Aussicht über den Sund bietet.

Nordens Ark

Die ›Arche des Nordens‹ ist kein herkömmlicher Zoo, sondern ein Tierpark, der sich der Aufzucht von auf der nördlichen Erdhalbkugel heimischen bedrohten Tierarten verschrieben hat: Wölfe, Luchse, Polarfüchse, Schneeziegen ebenso wie Schneeleoparden – für Besucher eine gute Gelegenheit, seltene Tiere näher kennenzulernen und zugleich etwas für den Artenschutz zu tun. Daneben hält ein ökologisch bewirtschafteter Bauernhof alte Haustierrassen. Nordens Ark, Åby Säteri, Hunnebostrand (Anfahrt über RV 171), tägl. 10–16/17, Mitte Juni–Mitte Aug. 10–19, Juli 10–20 Uhr.

Strömstad Turist: Tullhuset, Norra Hamnen, 45222 Strömstad, Tel. 05 26-623 30, Fax 623 35, www.strom stadtourist.se.

Laholmen Hotel: Tel. 197 00, Fax 100 36, www.laholmen.se. Aussicht über den Kosterfjord, Terrasse mit Seeblick, Nachtklub, ab 1350 SEK/DZ.
Hällekind B&B: 3 km südlich von Strömstad, Tel. 100 35, Fax 611 06, www.halle kind.se. 45 Zimmer in mehreren Holzgebäuden direkt am Wasser, eigene Badebucht, ab 695 SEK/DZ (ohne Bad).
Camping
Daftö Feriecenter: Tel. 260 40. Südlich von Strömstad familienfreundlicher Platz direkt am Strand, Hüttenvermietung.

 Züge nach Uddevalla und Göteborg.

Die Ostküste

Am Strand in Åhus

Südschweden-Atlas S. 236–239

VON TRELLEBORG NACH KALMAR

Auf den Spuren von Seefahrern und alten Rittern zu Burgen, geheimnisvollen Steinsetzungen und mittelalterlichen Städten führt die Reise zunächst durch Österlen, die liebliche Hügellandschaft im Südosten von Skåne. Zwischendurch sind Badefreuden am flachen Ostseestrand nicht ausgeschlossen – das wird nicht nur Familien mit Kindern gefallen. Ein Kontrastprogramm bietet die wild zerklüftete Küste von Blekinge mit dem südlichsten Schärengarten Schwedens.

Im Unterschied zur Öresund-Region (s. S. 97ff.) ist das östliche Skåne wesentlich dünner besiedelt. Hier gibt es kaum Industrie; Haupterwerbszweig ist neben der Landwirtschaft der Tourismus. Das Landschaftsbild wird bestimmt durch gelbe Rapsfelder, Äcker, die durch Weidenalleen voneinander getrennt sind und den karierten Flickenteppich bilden, den Nils Holgersson aus der Luft sah, strahlend weiße Landkirchen mit Treppengiebeln, sanft gewellte Hügel, flache Sandstrände und alles in jenes spezielle Licht getaucht, das die Farben erstrahlen lässt und seit jeher Künstler anzieht. Auch dieser Teil von Skåne ist für reichhaltige Küche bekannt. Zu den kulinarischen Genüssen zählt die Ålagille (›Aalfest‹) im August, zu der unabdingbar neben dem Verzehr von mindestens sieben Aalzubereitungen auch der Konsum von reichlich Schnaps gehört. Im November steht dann überall die Martinsgans auf der Speisekarte.

Trelleborg

Südschweden-Atlas: S. 238, B 4
›Porten mot Kontinenten‹, das Tor zum Kontinent, so nennen die Schweden Trelleborg und zeigen damit, obwohl sie ›nur‹ auf einer Halbinsel leben, dieselbe Insulanerattitüde wie die Briten. Die ›Stadt der Palmen‹, so ein anderer Beiname von Trelleborg, wurde im 13. Jh. gegründet. Am 1. Mai 1897 begann für die Stadt ein neues Zeitalter, damals fand die Einweihung der Schiffsverbindung Trelleborg – Sassnitz, der sogenannten Königslinie, statt. Seitdem wird Trelleborg vom großen Fährhafen dominiert, der auch schon fast die einzige Attraktion der Stadt darstellt, sieht man einmal von der palmengesäumten Hauptstraße ab.

Die rekonstruierte Burganlage **Trelleborgen** an der Bryggaregatan (ausgeschildert) ist die einzige ihrer Art in Schweden. Der Holzpalisadenbau der Wikingerburg hat einen Durchmesser von 140 m und wurde vermutlich von König Harald Blauzahn Ende des 10. Jh. errichtet.

 Trelleborgs Turistbyrå: Hamngatan 9, Ångkvarnen, 23142 Trelleborg, Tel. 04 10-533 20, Fax 134 86, www.trelleborg.se.

 Busverbindung mit Ystad und Malmö, Fährverbindung nach Travemünde, Rostock und Sassnitz.

Smygehuk

Südschweden-Atlas: S. 238, B 4

Ein erster Stopp auf der Fahrt entlang der schwedischen Ostseeküste lohnt ca. 15 km östlich von Trelleborg an der Südspitze Schwedens. Der Leuchtturm von Smygehuk war bis 1975 in Betrieb, das Leuchtturmwärterhaus beheimatet heute eine Jugendherberge.

Am kleinen Hafen, der heutzutage mehr Freizeit- als Fischerbooten Zuflucht bietet, gibt es neben der Fischräucherei ein beliebtes Fotomotiv: der Wegweiser, der den Abstand zwischen Smygehuk und anderen ›Metropolen‹ wie Moskau, London, Paris, Berlin aufzeigt. ›Famntaget‹, Umarmung, heißt die von Axel Ebbe geschaffene Statue, eine Frau, die mit weit geöffneten Armen über die Ostsee blickt.

Das alte Magazin östlich des kleinen Hafens diente u. a. lange als Aufbewahrungsort für Schmuggelware; heute residiert hier die Touristeninformation. Im Café finden den Sommer über Ausstellungen statt.

Für den weiteren Weg entlang der Küste sollte man sich Zeit nehmen, vielleicht einen Abstecher an einen der Sandstrände machen.

 Smygehuks Turistbyrå: Köpmansmagasinet, Kustvägen, 23179 Smygehamn, Tel. und Fax 04 10-240 53 (Juni–Aug.)

 STF Vandrarhem Smygehuk: Kustvägen, Tel. 245 83, www.smygehukhostel.com. Im alten Leuchtturmwärterhaus.

 Svaneholms Gästgifveri: Tel. 04 11- 450 40. Bei Skurup an der E 65 im Svaneholms slott, regionale Küche, moderat–teuer.

Ystad

Südschweden-Atlas: S. 238, C 4

Die im Mittelalter durch den Heringsfang zu gewissem Reichtum gekommene Stadt gilt als eine der schönsten Skånes. Nahezu 300 pittoreske Fachwerkhäuser machen das besondere Flair von Ystad aus. Da diese Bauten naturgemäß sehr stark feuergefährdet sind, organisierten die Bewohner bereits früh effektive Brandschutzmaßnahmen. Zu Beginn des 19. Jh. wurde hier die erste freiwillige Feuerwehr Schwedens gegründet. Noch heute beobachtet ein Wächter von einem Kirchturm aus nächtens die Stadt und stößt, wenn keine Gefahr besteht, alle Viertelstunde in sein Kupferhorn.

Westlich des Stortorget liegt **St. Maria kyrkan**, deren älteste Teile aus dem 13. Jh. stammen. In direkter Nachbarschaft finden sich die älteste Schule Schwedens, die **Latinskolan**, sowie

Solche Fachwerkhöfe machen den Reiz von Ystad aus

zwischen Stora und Lilla Västergatan der Fachwerkhof **Kemnerska Gården** mit Gebäudeteilen aus dem 16. Jh. **Änglahuset**, nördlich des Stortorget an der Stora Norregatan gelegen, besticht durch seine reichen Verzierungen.

Nicht weit davon entfernt und über Sladdergatan zu erreichen, liegt Ystads größte Sehenswürdigkeit, das um 1260 von Franziskanern gegründete **Gråbrödraklostret**. Nach der Reformation diente die Klosteranlage u. a. als Hospital, Schnapsbrennerei und Getreidelager. Der Widerstand der Einwohner Ystads verhinderte 1901 den Abriss der baufälligen Gebäude. Heute ist in dem restaurierten Backsteinbau ein Klostermuseum eingerichtet (Juni–Aug. Mo–Fr 10–17, Sa, So 10–16, sonst Mo–Fr 12–17, Sa, So 12–16 Uhr).

Lohnend ist ein Besuch des ältesten Fachwerkhauses, des **Pilgrändshuset**, das in Teilen schon 1480 entstand und in einer Seitenstraße der Fußgängerzone Stora Östergatan liegt. **Pär Hälsas gård**, Schwedens größtes Fachwerkviertel, befindet sich nur wenige Querstraßen weiter östlich.

Fans der Kriminalromane von **Henning Mankell** werden in Ystad mit ausgearbeiteten Spaziergängen (Informationen im Turistbyrå) auf den Spuren von Kommissar Wallander bedient.

Ystads Turistbyrå: St. Knuts Torg, 27142 Ystad, Tel. 04 11-57 76 81, Fax 55 55 85, www.visitystad.com.

Ystads Saltsjöbad: Saltsjöbadsvägen 6, Tel. 136 30, Fax 55 58 35.

Große Anlage mit gemischtem Publikum direkt am Strand, Fahrradnähe zur Innenstadt von Ystad, ca. 1240–1590 SEK/DZ.
Anno 1793 Sekelgården: Långgatan 18, Tel. 739 00, www.sekelgarden.se. Kleines Stadthotel in historischem Fachwerkhaus mit lauschigem Innenhof, ab 800 SEK/DZ.
Löderups Strandbad Hotell & Restaurang: Löderup, Tel. 52 62 60, Fax 52 62 62. www.loderupsstrandbad.com. Weitläufige Ferienanlage auf einem Hügel hoch über der Ostsee, ab 740 SEK/DZ, auch Apartments und Ferienhäuser.
STF Vandrarhem Backåkra: Tel. 52 60 80, Fax 52 61 21. Kleines, gemütliches Haus direkt an der Küstenstraße, Juni–Aug., ab 135 SEK/Person o. F.
Camping
Löderups Strandbads Camping: Tel. und Fax 52 63 11. Direkt am Strand.

Hotel Continental: Hamngatan 13, Tel. 137 00, Fax 125 70, www.hotelcontinental-ystad.se. Fisch, Wild, Geflügel und schonische Hausmannskost (teuer), auch eine beliebte Bar sowie Hotel (940–1500 SEK/DZ).
Bryggeriet: Långgatan 20, Tel. 699 99. Altes Brauhaus neben dem Hotel Sekelgården, großer Innenhof, schonische Küche, günstig–moderat.

Britas Spettkaksbageri i Nedraby, Nedraby 2, Tomelilla. Hier werden den *spettkakor*, eine Art Baumkuchen aus Eiern, Mehl und Zucker, noch traditionell vor dem offenen Holzkohlenfeuer gebacken, nur nach Vereinbarung, Tel. 55 05 69.

Zug nach Malmö und Simrishamn, Bus nach Trelleborg, über Simrishamn und Kivik nach Kristianstad. Informationen über Regionalbusse bei Skånetrafiken, Tel. 020-56 75 67, www.skanetrafiken.se

Ausflüge von Ystad

Anstatt von Ystad direkt über die R 9 nach Simrishamn zu fahren, sollte man sich hinter Nybrostrand auf die kleine Landstraße Richtung Kåseberga begeben, die direkt an der Küste entlang zu einem imposanten Monument der älteren Geschichte Schwedens führt.

In einer kleinen Räucherei am Hafen von Kåseberga könnte man sich zunächst mit Essbarem für ein Picknick eindecken und dann den kurzen steilen Anstieg in Angriff nehmen. Für die Mühen wird man durch den Anblick von **Ales stenar** voll und ganz entschädigt: Wie ein riesiges Wikingerschiff liegt die größte Schiffssetzung Skandinaviens westlich des Hafens an der Steilküste. Die Wikinger waren es vermutlich auch, die hier 58 zum Teil mehr als 2 m hohe Granitblöcke aufstellten. Der Vordersteven des Schiffes zeigt genau auf die Stelle, wo an Midsommar die Sonne untergeht, der Achtersteven markiert den Punkt des Sonnenaufgangs zur Wintersonnenwende. Die Funktion von Ales stenar ist völlig ungeklärt, ob sie zum Gedenken an einen Häuptling, als Markierung eines Grabes oder als Kultstelle errichtet wurden, entzieht sich unserer Kenntnis.

Im Landesinneren, 10 km südwestlich von Simrishamn, liegt der älteste Profanbau Schwedens, die Burg **Glimmingehus**. Das von Adam von Düren, der auch an den Arbeiten der Domkirchen zu Köln und Lund beteiligt war, 1499–1505 errichtete sogenannte Feste Haus zeigt noch den Originalzustand. Es diente als Wohnung und zugleich als Festung, die nie von Angreifern eingenommen wurde. Über 2 m dicke Sandsteinmauern, die nur mit winzigen Schießscharten versehen sind, sowie 18 Kanonen auf dem Dachboden und ein Wassergraben waren offensichtlich ein guter Schutz. Bewohnt war die Anlage, die über ein ausgeklügeltes Wärmesystem verfügte, bis ins 17. Jh. (Juni–Aug. tägl. 10–18, April–Mai und Sept. tägl. 11–16 Uhr).

Simrishamn

Südschweden-Atlas: S. 238, C 4
Pittoreske einstöckige, pastellfarben bemalte Häuschen, liebevoll bepflanzte Blumenkästen auf den Treppenstufen, die zahlreichen Straßencafés in der Storgatan, ein lebhafter Hafen, das alles macht den Charme des Ortes aus. Besonders schöne Fotomotive finden sich z. B. in Brunnsgatan und Stora Norregatan, wo früher die Handwerker wohnten. Die Votivschiffe in der **St. Nicolai kyrkan** erinnern daran, dass Simrishamn seit dem Mittelalter einer der wichtigsten schonischen Fischereihäfen ist. Im **Österlensmuseum** (Storgatan 24, Juni/Aug. Mo–Fr 10–18, Sa 10–14, sonst Di–Fr 12–16, Sa 10–14 Uhr) werden Sammlungen zur Geschichte und Kultur des östlichen Skåne gezeigt. Ein anderes Museum ist dem Isaak-Grünwald-Schüler Gösta Werner gewidmet, der seine Erfahrungen als Seemann künstlerisch verarbeitete: **Gösta Werner & havet** (Ostern, Mitte Juni–Aug. Di–So 12–17 Uhr).

 Simrishamns Turistbyrå: Tullhusgatan 2, 27280 Simrishamn, Tel. 04 14-81 98 00, Fax 163 64, www.turistbyra.simrishamn.se.

 Karlaby Kro: Karlaby, Tommarp, Tel. 203 00, Fax 204 73, www.karlabykro.se. Spitzenhotel und -restaurant, 7 km westlich v. Simrishamn, 1990 SEK/DZ.
Hotel Maritim: Hamngatan 31, Tel. 41 13 60, Fax 138 62, www.maritim.nu. Individuell gestaltete Zimmer direkt am Hafen, 1100–1700 SEK/DZ.
Kockska Gården: Storgatan 25, Tel. 41 17 55, Fax 41 19 78, www.kockskagarden.se. Untergebracht in einem der ältesten Häuser der Stadt, hell möblierte Zimmer, 790–1290 SEK/DZ.
Bed & Breakfast ist überall möglich, das Touristenbüro vermittelt die Unterkünfte.

 Måns Byckare: Storgatan 8, Tel. 147 49. Junge, ambitionierte Küche, moderat.
Branteviks Bykrog & Hotell: Mästergränd 2, Brantevik, Tel. 220 69, www.branteviksbykrog.com. Regionale Spezialitäten werden hier fantasievoll zubereitet, 5 km südlich von Simrishamn, moderat.
Für ein kleineres Abendessen oder ein Picknick bieten sich die **Fischräuchereien** *(fiskrökerier)* an der gesamten Küste an.

 In Vik (an der R 9) arbeitet die Designerin Margareta Forslund. Sie entwirft Textildrucke, ausgefallene Kleider, farbenfrohe Regenbekleidung (Mo–Fr 10–18, Sa, So 11–16 Uhr).

 Für **Radfahrer** bietet das Touristenbüro Paketangebote an. Informationen für **Golfspieler:** www.osterlensgk.com.

 Zug nach Ystad, Bus über Kivik nach Kristianstad. In der Hochsaison (Mitte Juni–Mitte Aug.) tägl. Fährverbindungen zur dänischen Insel Bornholm (Fahrzeit 1 Std.).

Stenshuvud

Südschweden-Atlas: S. 238, C 4
Direkt an der Küste liegt der 390 ha große Nationalpark Stenshuvud. Er wurde 1986 eingerichtet, um die dank traditioneller landwirtschaftlicher Nutzung entstandene Biotopvielfalt zu erhalten. Dafür sorgen heute wieder Kühe, Schafe und Ziegen. Die guten klimatischen Bedingungen begünstigen zudem ein reiches Tier- und Pflanzenleben. Das Areal liegt direkt an der Küste und verfügt über wunderschöne Strände. Bei gutem Wetter hat man von den Anhöhen einen weiten Blick bis nach Bornholm.

Der Höhenzug Linderödsåsen, an dessen südöstlichem Ausläufer Stenshuvud liegt, wurde bereits kurz nach dem Abschmelzen des Inlandeises vor ca. 10 000 Jahren besiedelt und vor allem im 17. und 18. Jh. intensiv von den Bauern genutzt. Heute versucht man, neben den Weideflächen wieder den Laubwald mit dichtem Unterholz entstehen zu lassen, der den Abholzungen der Bauern zum Opfer gefallen war. Um Stenshuvud ranken sich viele Legenden, sogar Trolle sollen hier wohnen. Wer sich mit seinem Picknickkorb nicht am Strand niederlassen möchte, findet überall im Park Tische und Bänke.

Im Nationalpark Stenshuvud

Kronovalls vinslott

Genug von geräuchertem Fisch und *lättöl*? Wie wäre es mit Pizza, kleinen italienisch angehauchten Leckereien und einem Glas Wein im Angesicht eines Barockschlosses? Kronovalls vinslott (zwischen St. Olof und Fågeltofta) bietet genau das. Außerdem einen englischen Park mit Seerosenteichen, Hotel, Restaurant, Wein- und Champagnerproben (Tel 04 17-197 10, Fax 04 17-232 16, kronovall@petripumpa.se).

Stenshuvud Naturum: Tel. 01 14-708 82, tägl. 10–16, Juni–Mitte Aug. 10–20 Uhr; Parkplatzgebühr 25 SEK/PKW und Tag.

Kaffestugan Annorlunda: Stenshuvud, Tel. 704 75. Kuchenbüffet zum Festpeis. Mitte Mai–Aug. tägl. 11–18 Uhr, April und Sept. nur am Wochenende.

Kivik

Südschweden-Atlas: S. 238, C 4
Die idyllische Kleinstadt ist das Zentrum des Apfelanbaus und der Cider-Herstellung in Schweden. Ca. 50% der schwedischen Äpfel werden in Österlen, dem östlichen Teil Skånes, geerntet. Im Frühjahr ist die hügelige Landschaft ein einziges Apfelblütenmeer. Der große Markt, der in Kivik alljährlich am dritten Dienstag und Mittwoch im Juli stattfindet, zieht regelmäßig Tausende Besucher an. Das **Haus des Apfels** (Äpplets

hus) dokumentiert die Geschichte der Mosterei (April tägl. 10–16, Mai/Juni, Sept./Okt. 10–17, Juli/Aug.–Sept. 10–18 Uhr).

Bedeutendste Sehenswürdigkeit in Kivik ist das 3000 Jahre alte **Königsgrab**. Steine bilden einen Hügel von 75 m Durchmesser, in einem Hohlraum im Inneren finden sich acht Steinplatten, deren Ritzungen an bronzezeitliche Felsritzungen erinnern (Mitte Mai–Aug. tägl. 10–18 Uhr). Da der Grabhügel bis zu seiner Restaurierung in den 30er Jahren als Steinbruch genutzt wurde, geht man davon aus, dass das ursprüngliche Grab dreimal so groß war.

Simrishamns Turistbyrå: Tullhusgatan 2, 27280 Simrishamn, Tel. 04 14-81 98 00, Fax 163 64, www.turistbyra.simrishamn.se.

Logi Blåsingsborg: Tel. 702 18, www.blasingsborg.se. Zwischen Stenshuvud und Kivik, Café, Zimmervermietung, Restaurant, Reiten, ab 400–750 SEK/DZ.
STF Vandrarhem Kivik: Tittutvägen, Tel. 711 95, Fax 700 50. Kleine Jugendherberge (40 Betten) direkt am Meer, ab 340 SEK/DZ.

Brösarps Gästgifveri: Brösarp, Tel. 04 14-736 80, Hausmannskost, Fisch, günstig–moderat. Auch Zimmer.
Bei **Buhres Fisk** in Kivik am Hafen erhält man leckere Fischspezialitäten, die auch direkt dort verzehrt werden können.

Museumseisenbahn von St.Olof nach Brösarp: Fahrt mit Dampfzügen auf der ca. 15 km langen Strecke, Draisinefahrten in südlicher Richtung ab St. Olof, www.skanskajarnvagar.se.

Åhus

Südschweden-Atlas: S. 238, C 3
Das heute etwas verschlafene hübsche Städtchen war im Mittelalter ein bedeutender Hafen der Aalfischer. Nachdem es 1617 zugunsten von Kristianstad seine Stadtrechte verloren hatte, stagnierte die Entwicklung. Die Burg verfiel, Teile der Stadtmauer und der mittelalterliche Stadtplan haben sich erhalten. Kopfsteingepflasterte, enge Straßen und niedrige Häuser locken heute zahlreiche Besucher nach Åhus. Wichtigster Wirtschaftszweig ist nicht mehr die Fischerei, sondern die Spirituosenherstellung, hier wird Absolut Vodka hergestellt. Heute herrscht lebhafter Frachtverkehr über die Ostsee ins Baltikum.

 Åhus Turistbyrå: Järnvägsgatan 7, Box 63, 29621 Åhus, Tel. 044-24 00 11, Fax 24 38 98.

 Åhus Gästgivaregård: Gamla Skeppsbron, Tel. 28 90 50, www.ahusgastis.com. 23 Zimmer, teils mit Hafenblick, 700–1400 SEK/DZ.
Åhus Vandrarhem: Stavgatan 3, Tel. 24 85 35. Jugendherberge am Hafen (105–225 SEK/Person), außerdem Bed & Breakfast in einer alten Zigarrenfabrik.
Camping
Åhus Camping: Tel. 24 89 69, Fax 24 35 23, am Meer.

 Åhus Gästgivaregård: s. Unterkunft, Spezialitäten aus Skåne, moderat–teuer.
Gallericaféet Fina Fisken: Västra Hamngatan 4, Tel. 24 36 25, tägl. 12–18 Uhr. Café und Kunstgalerie. Im idyllischen Innenhof werden unter alten Obstbäumen günstige Kleinigkeiten serviert.

Abstecher zur Küste

Die Dünen von **Sandhammaren** an der Südostspitze Schwedens säumen einen schönen, breiten Sandstrand. Hier geht häufig ein kräftiger Wind, was vor allem den Surfern gefällt. Doch die Strömungsverhältnisse an diesem Teil der Küste sind nicht ohne Tücke. Ebenso wie der breite, seicht abfallende Strand der **Hanö-Bucht** südlich von Åhus, der bei Familien mit Kindern sehr beliebt ist: Weht der Wind vom Land, ist hier Vorsicht beim Schwimmen geboten.

Soldäcket: Dependance des Gästgivaregården auf der anderen Seite des Hafens, Holzofenpizza und Livemusik vor malerischer Kulisse, günstig.

Kristianstad

Südschweden-Atlas: S. 238, C 3
Nachdem die Vorgängerstadt Vä zwischen 1452 und 1612 mehrmals niedergebrannt worden war, zuletzt von Gustav II. Adolf, gab Dänenkönig Christian IV. sie 1614 auf und ließ die Bewohner in eine neue, befestigte Stadt umsiedeln, nach Kristianstad. Das an der Grenze zum feindlichen Schweden gelegene Bollwerk wurde nach den Idealen der Renaissance angelegt, was der rechtwinklige Straßenverlauf noch heute zeigt. Die 1617–28 errichtete **Dreifaltigkeitskirche** (Trefaldighetskyrkan) gilt als schönste Renaissancekirche Nordeuropas.

Heute ist Kristianstad vor allem Einkaufsstadt für die gesamte Region. In einem Atelier in der heutigen Fußgängerzone, im Haus Östra Storgatan 53, entstand 1909 der erste schwedische Film, heute befindet sich dort ein **Filmmuseum** (Juni–Aug. Di–Fr 13–16, Sa, So 12–17, sonst nur So 12–17 Uhr).

Von Kristianstad führt die R 19 direkt nach Norden. Bei Knislinge lohnt ein Abstecher (ausgeschildert) zum Skulpturenpark von Wanås (s. S. 143).

Kristianstads Turistbyrå: Stora Torget, 29180 Kristianstad, Tel. 0 44-13 53 35, Fax 12 08 98, www.kristianstad.se.

STF Vandrarhem Immeln: Glimmåkra, Tel. 963 55, www.immeln.nu, Jugendherberge direkt am See Immeln, 140 SEK/Person.

Café Vattentornet: Tel. 13 54 04. Schöne Aussicht aus 53 m Höhe. **Bar B Ko:** Tivoligatan 4, Tel. 21 33 55. Qualitäts-Rindfleisch vom Grill, moderat.

Ausflüge ins wasserreiche Umland: www.vattenriket.kristianstad.se

Zug nach Hässleholm, Malmö, Kopenhagen und Karlskrona, Bus nach Simrishamn und Älmhult.

Blekinge

Blekinge hat eine wechselhafte Geschichte: ab 1101 gehörte es zu Dänemark, war im 16. Jh. heftig umkämpft und kam 1658 im Frieden von Roskilde zu Schweden. Die Landschaft hat einen völlig anderen Charakter als Skåne. Es gibt dichte Wälder, auch vereinzelte rote Holzhäuser sieht man hier bereits. Vor der wild zerklüfteten Küste erstreckt sich der südlichste Schärengarten Schwedens, der einen natürlichen strategischen Schutz bildet. Traditionell befinden sich hier die größten Marinestützpunkte des Landes, und bis Anfang 1997 waren zahlreiche militärische Sperrgebiete für Ausländer tabu. Blekinge bezeichnet sich nicht zu Unrecht als Garten Schwedens, und was für Österlen die Äpfel sind, sind für Blekinge die Erdbeeren, die hier angebaut werden.

Blekinge Turism: Tullgatan 5, 37435 Karlshamn, Tel. 04 54-30 71 20, Fax 30 71 25, www.blekingeturism.com.

Sölvesborg

Südschweden-Atlas: S. 239, D 3
Sölvesborg ist recht hübsch und hat einige mittelalterliche Straßenzüge bewahrt. Wer einen ersten Eindruck vom Charakter der Landschaft bekommen möchte, kann einen Abstecher auf die Halbinsel **Listerland** Richtung Hällevik, einem pittoresken Fischerdorf, unternehmen und sich an Fischräuchereien und schönen Badestränden erfreuen.

Sölvesborgs Turistbyrå: Stadshuset, 29480 Sölvesborg, Tel. 04 56-100 88, Fax 125 05, www.solvesborg.se.

Hälleviks Camping: Tel. 5 27 14, www.hellevikscamping.nu. Schöne Lage an einem Sandstrand neben dem Fischerort Hällevik, auch Hütten.

WANÅS – FREISCHÄRLER UND KÜNSTLER

Wanås (auch Vanås), das heute so friedlich inmitten der schonischen Wälder ruht, lag im 15. Jh. direkt an der Grenze zwischen Skåne und Småland, damit auch an der Grenze zwischen Dänemark und Schweden. Entsprechend umkämpft war die Region, weshalb man im 15. Jh. eine Festungsanlage errichtete, die im Siebenjährigen Krieg von den Schweden niedergebrannt wurde. 1566 erfolgte unter Einbeziehung der Burgreste der Neubau eines Schlosses, 1708 eine umfassende Renovierung, Anfang des 20. Jh. wurde es mehrfach umgebaut und erweitert. Heute befindet sich das Schloss in Privatbesitz.

Zur Zeit der Snapphane-Kriege war Wanås ein Zentrum der dänischen Guerilla – daran erinnert die 500 Jahre alte Snapphane-Eiche im Park, an der die Kriegsgefangenen gehängt wurden. Snapphane (Schnapphähne) nannte man die dänischen Freischärler, die von Sympathisanten Dänemarks zu Freiheitskämpfern hochstilisiert wurden, oft genug aber auch einfach Banditen waren. Nachdem Skåne im Frieden von Roskilde 1658 zu Schweden gekommen war, sollten die Einheimischen schwedisiert werden. Die neuen Machthaber aber waren derart unbeliebt, dass Dänemark bei seinen Versuchen, die verlorengegangenen Provinzen zurückzuerobern, tatkräftige Unterstützung von der Bevölkerung erhielt. Auch 1675 griffen die Freischärler, vor allem im Norden Skånes, wo die unzugänglichen Wälder gute Verstecke boten, zu den Waffen, um die neuen Herren wieder loszuwerden. 1676 gelang ihnen ein großer Schlag, als sie die schwedische Kriegskasse mit 50 000 Reichstalern rauben konnten. Genützt hat es nichts, Skåne blieb schwedisch, und letztlich hat sich mittlerweile der Großteil der Bevölkerung mit den Verhältnissen arrangiert.

Der Park, mit seinen abgebrochenen moos- und pilzbewachsenen Bäumen selbst schon ein Kunstwerk der Natur, beherbergt längst keine Banditen mehr, sondern bietet die glückliche Verbindung eines erquicklichen Spaziergangs durch einen dichten Buchenwald bei gleichzeitigem Kunstgenuss, denn in der Umgebung des Schlosses finden sich nunmehr erlesene Kunstwerke.

Marika Wachtmeister, die Initiatorin des Projekts, knüpft, etwa auf der Biennale in Venedig, auf der documenta in Kassel oder in New Yorker Galerien, Kontakte zu Künstlern und lädt sie ein, nach Wanås zu kommen. Dort haben sie freie Hand, rund um Schloss und Magazin sowie im Park ihre Installationen und Skulpturen aufzustellen. Seit 1987 finden alljährlich von Mai bis Oktober wechselnde Ausstellungen statt, an denen renommierte Künstler wie Stefan Wewerka, Marie-Jo Lafontaine und Per Kirkeby teilgenommen haben. Der Skulpturenpark ist von Jahr zu Jahr besser bestückt, da von jeder Ausstellung einige Exponate stehenbleiben. (Zu erreichen über die R19 von Kristianstad, bei Knislinge Wegweisern folgen, Tel. 0 44-6 60 71, www.wanas.se, Park 8–19, Magazin mit Cafeteria Ende Juni–Mitte Aug. tägl. 11–17 Uhr geöffnet.)

Mörrum

Südschweden-Atlas: S. 239, D 3
Interessant nicht nur für Angler ist der
Besuch der Aufzuchtstation und Ausstellung rund um den Lachs (ausgeschildert: Laxens hus) direkt am Mörrumsån, einem der besten Lachsflüsse
Schwedens. Seit 1231 werden hier die
begehrten Edelfische auf ihrem Weg
vom offenen Meer zu den Laichplätzen
abgefangen.

Die Angelpremiere am 1. April jedes
Jahres ist wohl eines der größten Er-
eignisse im Leben eines Sportfischers.
Für die ersten fünf Tage der Saison, die
bis Ende September dauert, wird der
erfolgversprechendste Platz am Fluss
unter den Unterstützern der Anlage ver-
lost, wobei auch Ausländer, die eine *fis-
kevårdskort* erworben haben, zum Zu-

ge kommen. Selbst der König ist gelegentlich beim Saisonauftakt dabei.

Laxens hus (April–Sept. tägl. 9–17
Uhr, Okt. bis 16 Uhr) dokumentiert die
Geschichte der Lachsfischerei. Die
großen Fenster des Aquariums erlau-
ben Blicke in den Mörrumsån. Angel-
karten über Sportfiskekontoret, Mör-
rums Kronolaxfiske, Box 26, 37521
Mörrum, Tel. 04 54-501 23, Fax 543 49,
www.morrum.com.

Karlshamn

Südschweden-Atlas: S. 239, D 3
Die alte Hafen- und Handelsstadt erhielt ihren Namen 1666 zu Ehren von
Karl X. Gustav, der die große Wassertiefe der Bucht nutzte und eine Mari-
nebasis anlegen ließ. Über diesen Ha-

Laxens hus dokumentiert die Geschichte der Lachsfischerei

fen verließen im 19. Jh. zahlreiche Auswanderer Småland und Blekinge in Richtung Amerika. An sie erinnert eine **Statue am Hamnparken,** die Karl-Oskar und Kristina darstellt, die Hauptfiguren in Vilhelm Mobergs Romanzyklus ›Die Auswanderer‹. Sie blicken auf eine kleine Insel mit dem Kastell, das 1675 zum Schutze Karlshamns vor dänischen Angreifern errichtet wurde.

Sehenswert ist neben den erhaltenen Holzhäusern rund um den Stortorget auch Karlshamns **Kulturkvarter**, das aus mehreren Gebäuden an Vinkel- und Drottninggatan besteht und die ehemalige **Punschfabrik** einbezieht (Mitte Juni–Mitte Aug. 12–17 Uhr). Hier wurde ab 1840 in riesigen Mengen (im Jahr 1914 waren es 500 000 Liter) der berühmte süße Carlshamns Flaggpunsch hergestellt. 1917 ging diese Ära zu Ende, als das staatliche *Spritmonopolet* die gesamte Herstellung von Wein und Alkohol übernahm. Das Museum zeigt originalgetreu erhaltene Büro- und Produktionsräume sowie die Flaschenwäscherei. Die Nebengebäude, alte rote Holzhäuser überwiegend aus dem 18. Jh., beherbergen unter anderem eine Fischerhütte, Schuhmacherwerkstatt und Tabaksladen.

Nicht versäumen sollte man einen Ausflug von Karlshamn in die verzaubert anmutende Landschaft des **Eriksberg Viltreservat** (Ende Juni–Aug. 12–20, Juli bis 22 Uhr, zu erreichen ab Karlshamn über die E 22, an der Abfahrt Åryd ausgeschildert). Hier leben auf einem ca. 1000 ha großen Areal unter anderem Elche, Wildschweine, Wisente, Damwild, Mufflons und andere Tiere. Zu den größten Attraktionen des Wildparkes zählen neben den Tieren die roten Seerosen im Färsksjön, die ab Ende Juni blühen. Sie sind im Gegensatz zu den gelben Seerosen, die in Schweden häufig vorkommen, sehr selten.

Eine alte Sage erzählt, dass der Weltenschöpfer, als er Skåne schuf, alle Steine wegräumte und über die Schulter warf. Sie fielen in Småland und Blekinge auf den Boden. Nach kurzem Nachdenken fand er das Ergebnis dann aber unbefriedigend und beschloss, mit dem Finger zumindest einige steinfreie Rinnen zu ziehen, die man im Wildreservat ganz deutlich ausmachen kann. Eine flache, langgestreckte Wiese in einem kleinen Tal wird von Hängen gesäumt, die mit Steinen übersät sind. Glauben kann man die Geschichte schon, denn überall liegen riesige Granitbrocken, die aussehen, als ob Riesen sie als Kopfkissen benützten, zumal wenn sie von braunem und grünen Moos überwachsen sind.

 Karlshamns Turistbyrå: Ronnebygatan 1, 37481 Karlshamn, Tel. 04 54-812 03, Fax 812 25.

 Hotel Carlshamn: Varvsgatan 1, Tel. 890 00, Fax 891 50. Zentrale Lage, ab 700 SEK/DZ (Sommer), auch gutes Restaurant.

Tjärö Turiststation och Vandrarhem: Bräkne-Hoby, Tel. 600 63, Fax 390 63, mit dem Boot von Karlshamn und Järnavik zu erreichen, Verleih von Kanus und Ruderbooten, Restaurant mit lokalen Produkten. Am Weg zum Eriksberg Viltreservat (s. o.) liegt malerisch an einer Ostseebucht **Guö Värdshus,** wo es sich vorzüglich tafeln (moderat) und wohnen lässt (www.guovardshus.se), Golfpaket 995 SEK/Person.

Guö Värdshus, Trensum, Tel. 603 00, Fax 601 00.

 Bootsausflüge in die Schären: Im Sommer Linienverkehr nach Tärnö und Tjärö, Info Tel. 04 55-569 00, www.blekingetrafiken.se.

Zug nach Malmö, Helsingborg und Karlskrona, Bus nach Ronneby, Göteborg.

04 57-180 90, Fax 174 44, www.ronneby. se/turist.

STF Vandrarhem Ronneby: Övre Brunnsvägen 54, Tel. und Fax 263 00. In einer alten Holzvilla im Kurgelände, 175 SEK/Person.

Zug nach Malmö, Helsingborg und Karlskrona, Bus nach Karlshamn und Karlskrona.

Ronneby

Südschweden-Atlas: S. 239, D 3
Der traditionsreiche Badeort hat sich viel von seinem idyllischen Kleinstadtcharakter erhalten können. Sehenswert ist neben dem alten Kurpark **Brunnsparken** auch das Viertel Bergslagen rund um die **Heliga Kors kyrka**. In der Kirche finden sich Kalkmalereien aus dem 14. und 16. Jh., die Chorfenster gestaltete Erik Olson, Mitglied der Halmstadgruppe.

Ein Rundgang durch das Viertel **Bergslagen** führt über Kopfsteinpflaster vorbei an gut erhaltenen Holzhäuschen zum Mor Oliviagården (Di–Fr 12–18, Sa 10–16, So 13–17 Uhr), direkt am Fall des Flusses Ronnebyån inmitten eines duftenden Kräutergartens. Hier kann man Kunsthandwerk erwerben.

Eine eigene Welt für sich ist **Ronneby Brunnsparken** am Ufer des Ronnebyån: Mehrere große Hotels, Kurpark, Café, Wandelhalle, Bouleplatz schaffen die richtige Umgebung für ein wenig Entspannung.

Ronneby Turistbyrå: Västra Torggatan 1, 37230 Ronneby, Tel.

Karlskrona

Südschweden-Atlas: S. 239, E 3
Die Stadt wurde vor der grandiosen Kulisse des Schärengartens, der früher für Ausländer tabu war, mitsamt einem großen Marinestützpunkt 1680 auf Befehl Karls XI. auf der Insel Trossö, dem heutigen Stadtzentrum, angelegt. Mittlerweile stehen Teile dieser mustergültigen Militärstadt unter Schutz und sind als UNESCO-Weltkulturerbe registriert.

Um ausreichend Raum für Militärparaden zu haben, ließ Karl XI. den bedeutenden Festungsarchitekten Erik Dahlberg breite Straßen und große Plätze anlegen, darunter den **Stortorget**, eine der weitläufigsten Platzanlagen Nordeuropas. In der Mitte erinnert eine Statue an den Stadtgründer, flankiert wird der Stortorget vom Rathaus und zwei Kirchen. Beide, die Trefaldighetskyrka, bis 1846 Gotteshaus der deutschen Gemeinde, und die Fredrikskyrka, entwarf Nicodemus Tessin d. J. im Stil des Barock.

Die Admiralitätskirche **Ulrica Pia kyrka** ist das älteste Gebäude der Stadt, da sie, obwohl aus Holz gebaut, den großen Brand von 1790 überstand. Davor steht die Holzfigur des Bettlers **Rosenbom**. Dieser spielt auch in der wunderbaren Reise des Nils Holgersson eine Rolle: Nils träumt, dass Rosenbom ihn unter seinem Hut versteckt, um ihn vor dem Zorn Karls XI., dessen bronzene Statue Nils durch eine Unverschämtheit zum Leben erweckt hat, zu beschützen.

Geht man von der Kirche hinunter zum Meer, eröffnet sich ein schöner Blick auf die **Bastion Aurora**, ehemals Teil der städtischen Befestigungsanlage. Hier erinnert eine Bronzebüste an Erik Dahlberg.

Auf Stumholmen, der früheren Proviantinsel der Marine, liegt ein **Marinemuseum** (Juni–Aug. 10–18, Sept.–Mai. Di–So 11–17 Uhr). Neben einer großen Sammlung von Galionsfiguren gehört auch ein Unterwassergang zu einem Wrack zu den Attraktionen des Museums. Am Kai liegen diverse Boote vor Anker, unter anderem der Dreimaster ›Jarramas‹ (Café). Wer des Schauens müde ist, kann direkt nebenan an einem schönen Strand ein Bad nehmen.

Karlskrona Turistbyrå: Stortorget 2, 37134 Karlskrona, Tel. 04 55-30 34 90, Fax 30 34 94, www.karlskrona.se/turism.

First Hotell Statt: Ronnebygatan 37–39, Tel. 555 50, Fax 169 09. In der Fußgängerzone, ab 900 SEK/DZ.
STF Vandrarhem Karlskrona: Bredgatan 16 bzw. Drottninggatan 39, Tel. 100 20, trosso.vandrarhem@telia.com. Zwei Häuser in zentraler Lage, das eine (nur im Sommer geöffnet) bietet sogar Dusche/WC auf dem Zimmer, ab 360 SEK/DZ.

Camping
Dragsö Bad & Camping: Karlskrona, Tel. 1 53 54, Fax 1 52 77, direkt am Meer, Vermietung von Hütten, Fahrrädern, Kanus und Ruderbooten.

Ausflüge: Ab Fisktorget verkehren Boote in die Schären, Tickets und Informationen am Anleger.

Zug nach Alvesta, Göteborg, Malmö, Helsingborg und Kalmar, Bus nach Ronneby. www.blekingetrafiken.se.

Karlskrona, Blick auf Stumholmen

VON KALMAR NACH TROSA

Schären über Schären säumen die Küste von Kalmar bis Trosa. Im Norden, in den Landschaften Östergötland und Södermanland, jenseits der Mündung des Göta Kanals, bildet die ›Blaue Küste‹ mit idyllischen Kleinstädten und geschichtsträchtigen Orten bereits den Übergang zum Stockholmer Schärengebiet. Die Insel Öland ist wegen kinderfreundlicher Strände, einzigartiger Natur, spannender Zeugnisse der Vorzeit und der modernen Kunstszene einen Abstecher wert.

Kalmar

Südschweden-Atlas: S. 239, F 2

In der Stadt, die zu den ältesten Schwedens zählt, wurde 1397 mit dem Beschluss der Kalmarer Union unter Führung der dänischen Königin Margarete nordische Geschichte geschrieben. Ort der Handlung war das **Schloss,** das unter Gustav Wasa und seinen Söhnen zu einem der schönsten schwedischen Renaissancepaläste ausgebaut wurde. Man sollte sich die Zeit für einen Rundgang nehmen und die prächtige Innenausstattung besichtigen (Mitte Juni–Mitte Aug. Mo–Sa 10–18, So 12–18 Uhr). Das in der Nähe des Schlosses gelegene **Kunstmuseum** zeigt schwedische Kunst des 19. und 20. Jh. (Juni–Ende Aug. Mo–Fr 10–17, Sa, So 12–17 Uhr).

In direkter Nachbarschaft zum Schloss befand sich das alte Stadtzentrum. Sehenswert in **Gamla Stan** (Altstadt) ist vor allem neben manch idyllischem Gäßchen **Krusenstiernska gården**, ein gut erhaltenes Bürgerhaus des 19. Jh. mit schönem Garten.

Nach dem schwedisch-dänischen Krieg von 1611 bis 1613 errichtete man auf der Insel Kvarnholmen das neue Stadtzentrum, für dessen vorbildliche Erhaltung Kalmar bereits zweimal den Europa Nostra-Preis für Denkmalschutz bekommen hat. Den Mittelpunkt von Kvarnholmen bildet der von Nicodemus Tessin d. Ä. 1660–82 im Stil des italienischen Barock errichtete **Dom** am Stortorget. Ebenfalls am Stortorget befindet sich das barocke **Rathaus**, südlich davon, in der Södra Långgatan 40, Kvarnholmens ältestes Steinhaus. Von den Resten der alten **Stadtbefestigung**, die man zum Teil besteigen kann, eröffnet sich ein schöner Blick über die Insel Kvarnholmen sowie den Hafen.

Dort findet man im **Kalmar Läns museum** eine nicht nur für Wrackfans fesselnde Darstellung der Havarie des Regalschiffs ›Kronan‹, das 1676 während eines dänisch–schwedischen Seegefechts vor Öland sank (Di–Fr 10–16, Sa, So 11–16, Mitte Juni–Mitte Aug. tägl. 10–18 Uhr).

Auch der östliche, **Kattrumpan** genannte Teil von Kvarnholmen besitzt noch Teile der alten Bastionen. Dieser Stadtteil besticht zum einen durch die Aussicht auf die Brücke nach Öland, zum anderen durch die malerischen und liebevoll restaurierten Holzhäuser aus dem 18. und 19. Jh.

Kalmar Turistbyrå/Sverigeresor Sydost: Ölandskajen 9, Box 23, 39231 Kalmar, Tel. 04 80-41 77 00, Fax 41 77 20, www.kalmar.se. Für die g**anze Region inkl. Öland** zuständig: Kalmar Läns turism, Box 762, 39127 Kalmar, Tel. 44 83 30, www.smaland-oland.com.

Slottshotellet: Slottsvägen 7, Tel. 882 60, Fax 882 66. Romantik-Hotel in der Altstadt, 1100 SEK/DZ.

Frimurarehotellet: Larmtorget 2, Tel. 152 30, Fax 858 87, www.frimurarehotellet.gs2.com. Freundliches Hotel am belebten Larmtorget (Zimmer nach hinten nehmen), einige Zimmer ohne Dusche, je nach Komfort 755–845 SEK/DZ.

Mehrere Restaurants und Kneipen am Larmtorget, wo sich abends halb Kalmar trifft.

Calmar Hamnkrog: Tel. 41 10 20. Am ehemaligen Fähranleger nach Öland, Lamm und Feines mit Fisch, moderat.

Salvestaden: Eine hölzerne Sommerstadt ersteht alljährlich Ende Juni bis Anfang August im Schlosspark, mit Gauklern, Ritterspielen und allerhand spannender Unterhaltung für große und kleine Mittelalterfans.

Zug nach Alvesta, Göteborg, Stockholm, Linköping und Karlskrona, Bus nach Oskarshamn, Nybro, Växjö und über die Brücke nach Öland.

Hier wurde 1397 die Union zwischen Dänemark und Schweden beschlossen

Ins småländische Binnenland

Von der Ostseeküste lohnt ein Ausflug ins wilde Innere von Småland. Im gebirgigen Hochland voller Seen, Moore und einsamer Wälder lebt eine alte Handwerkskunst fort, die einst mit Einwanderern ins Land kam und heute dank innovativer Designer zu neuen Höhen findet: Die Glasbläserei.

Für viele erfüllt Småland vollauf den Traum von Wildnis und Abenteuer, und das weit im Süden Schwedens: mit fischreichen Flüssen und Seen, dichten Wäldern, an deren Rändern sich in der Dämmerung, wenn man Glück hat, auch Elche sehen lassen, üppigen Pilz- und Beerenvorkommen und guten Kanugewässern. Småland ist für jene, die Stille und Abgeschiedenheit lieben, ein ideales Urlaubsziel. Eine Holzhütte mieten an einem der zahllosen Seen; davor ein Steg mit einem Boot, mit dem man zum Angeln hinausfahren kann, und des Abends, eingerieben mit einem guten Mückenschutzmittel, auf diesem Steg in der Dämmerung sitzen und den Tag ausklingen lassen, das ist für viele die Erfüllung ihrer Urlaubsträume.

Turism i Kronoberg: Stationen, Norra Järnvägsgatan, 35230 Växjö, Tel. 04 70-74 25 70, Fax 74 25 39, www.visit-smaland.com.

Das Glasreich

Südschweden-Atlas: S. 239, E 1–2
Wer ein Faible für schöne Dinge hat, sollte von Kalmar (s. S. 148f.) aus eine kleine Rundreise ins Glasriket unternehmen. Dort kann man den småländischen Glasbläsern bei der Arbeit zusehen (für gewöhnlich Mo–Fr 7–15 Uhr, im Sommer auch am Wochenende), sich in Museen über die Geschichte der Glasherstellung informieren und natürlich sehr viel Geld loswerden, weil man dem Kauf dieser schönen Dinge, die ab Fabrik und mit kleinen Fehlern oftmals recht günstig zu haben sind, nur schwer widerstehen kann (in der Regel Mo–Fr 9–18, Sa 10–16, So 12–16 Uhr).

Glasherstellung hat eine lange Tradition in Schweden, Gustav Wasa brachte im 16. Jh. einen venezianischen Glasbläser von einer Reise mit. 1742 wurde **Kosta glasbruk**, die älteste der heute noch tätigen Hütten, gegründet. Die zahlreichen Betriebe siedelten sich nicht zuletzt deshalb in den småländischen Wäldern zwischen Kalmar und Växjö an, weil es hier in ausreichender Menge Holz gab, das sie für die Befeuerung ihrer Öfen benötigten.

Die Fahrt geht von Kalmar aus über die R 25/31 Richtung Växjö bis **Nybro**, dann auf der R 31 nach **Orrefors**, von dort nach **Kosta** (dort, schräg gegenüber auf der anderen Straßenseite, auch Verkauf von Kosta Boda Porzellan, Besteck und anderen schönen Dingen), auf der R 28 bis Eriksmåla, dort wieder auf die R25 nach **Boda**, dann über **Pukeberg** bei Nybro zurück nach Kalmar. Die Route kann, folgt man den Schildern ›Glasbruk‹, beliebig erweitert werden, finden sich doch in dieser Region mehr als 15 Glashütten. Den Stil der einzelnen Hersteller zu

Handwerkskunst im Glasreich

charakterisieren ist schwierig, alle fertigen neben ausgefallenen Designerstücken auch Gebrauchsglas. Zwischen Kosta und Eriksmåla bietet sich ein Abstecher nach **Lessebo** an, wo man bei der Herstellung von handgeschöpftem Papier zusehen kann (Mo–Fr 7–17 geöffnet, Papierherstellung nur bis 15.30 Uhr).

In der Sommersaison (Mitte Juni–Mitte Aug.) bieten einige Glashütten (Orrefors, Kosta, Lindshammar, Bergdala) sogenannte *hyttsillsafton* an. Bei diesen abendlichen Veranstaltungen werden Heringszubereitungen, *isterband*, die småländische geräucherte Wurst, gehackene Kartoffeln und småländischer Käsekuchen serviert. (Bergdala Tel. 04 78-316 50, Kosta Tel. 04 78-345 00, Lindshammar Tel. 03 83-210 25, Orrefors Tel. 04 81-341 95). Außerdem hat man Gelegenheit, sich selbst als Glasbläser zu versuchen.

Umfassende Informationen über die Glashütten, Unterkunft, Veranstaltungen u. a.: www.glasriket.se.

Växjö

Südschweden-Atlas: S. 239, D 1

Växjö am Helgasjön ist die Verwaltungshauptstadt von Kronobergs län mitten im Zentrum von Småland. Neben guten Einkaufsmöglichkeiten und einer wunderschönen Umgebung hat die Stadt, deren Name sich aus *väg* (Weg) und *sjö* (See) zusammensetzt und so die Bedeutung der geografischen Lage herausstreicht, einiges zu bieten.

Das Glasreich liegt gewissermaßen vor der Haustür, weshalb das **Smålands museum** die Geschichte der Glasherstellung dokumentiert und zudem die größte Glassammlung Nordeuropas besitzt (Juni–Aug. Mo–Fr 9–17, Sa. So 11–17 Uhr, Sept.–Mai Mo geschl.).

Ein zweites Museum, **Utvandrarnas hus** (das Haus der Auswanderer), beschreibt die Geschichte der schwedischen Auswanderung nach Amerika sowie das Leben ihres Chronisten, des Schriftstellers Vilhelm Moberg, der 1898 in der Nähe von Växjö geboren

151

Xperimenthuset

Nicht nur an einem Regentag lohnt ein Besuch der alten Eisenbahndepots in Växjö. Wer macht die größte Seifenblase der Welt? Was ist Licht? Für experimentierfreudige große und kleine Menschen vergeht hier ein Nachmittag wie im Flug (Ecke Regementsgatan/Oskarsgatan, Juni–Aug. Mo–Fr 10–16, Sa, So 11–16 Uhr, übrige Zeit Mo geschl., www.xperiment.se).

wogegen diese sich heftig wehrten. Der König besiegte die Bauern und ließ die Burg zum Schloss ausbauen, das aber, nachdem es seine strategische Bedeutung verloren hatte, vollständig verfiel.

Nach dem Besuch der Ruine kann man sich im Ryttmästargården bei Waffeln und Kaffee von den Strapazen der Besichtigung erholen. Zwischen Ende Juni und Ende August verkehrt von der Burg aus das Dampfschiff ›Thor‹, Karten im Café.

Växjö Turistbyrå: Stationen (im Bahnhof), Norra Järnvägsgatan, Box 1222, 35112 Växjö, Tel. 04 70-478 10, Fax 478 14, www.turism.vaxjo.se.

wurde. Im Moberg-Raum finden sich das Manuskript der Tetralogie ›Utvandrarna‹ (Die Auswanderer) und der Schreibtisch, an dem Moberg den Romanzyklus am 12. Juli 1959 abschloss (Mai–Aug. Mo–Fr 9–17, Sa, So 11–16, Sept.–April Di–Fr 9–16, Sa 11–16 Uhr).

Seit 1172 ist Växjö Bischofssitz. Die hohen kupfergedeckten Türme des **Doms** wurden durch Blitzschlag im 18. Jh, zerstört und prägen seit der Restaurierung in den 1950er Jahren wieder das Bild der Stadt. Sehenswert im Innern ist der Glasaltar von Bertil Vallien.

Auf einer Insel im Helgasjön 5 km nördlich von Växjö liegt die Ruine **Kronoberg** aus dem 14. Jh. Sie war zunächst Bischofssitz und im 16. Jh. Schauplatz blutiger Kämpfe zwischen den Anhängern Gustav Wasas und dem Bauernheer unter Führung von Nils Dacke, das sich hier verschanzt hatte. Småland war damals selbständig und lag zwischen Dänemark und Schweden. Gustav Wasa verbot den Småländern den Handel mit Dänemark,

Villa Gransholm: Gemla, 15 km westlich von Växjö, Tel. 676 65, Fax 673 37. Countryside-Hotel mit gutem Restaurant, ab 1250 SEK/DZ.
Elite Stadshotellet Växjö: Kungsgatan 6, Tel. 134 00, Fax 448 37. Zentral gelegen, 800–1100 SEK/DZ.
STF Vandrarhem Växjö: Evedal, Tel. 630 70, Fax 632 16. Am Ufer des Helgasjön, 175 SEK/Person. In direkter Nachbarschaft liegt auch ein **Campingplatz** mit Kanuvermietung, Tel. 630 34, Fax 631 22.

 Evedals Värdshus: Tel. 630 03. Im ehemaligen Kurort Evedal am Helgasjön, moderat.
PM & Vänner: Storgatan 24. Populäres Restaurant im Bistro-Sti, moderat–günstig

 Zug nach Stockholm, über Alvesta nach Göteborg, Malmö, Karlskrona und Kalmar, vom Regionalflugplatz regelmäßige Verbindungen nach Stockholm.

Öland

Südschweden-Atlas: S. 239, F 1–3
Seit 1972 dürfte der erste Ort, den man auf Öland erreicht, eigentlich nicht mehr Färjestaden heißen. Damals machte die Einweihung der Öland-Brücke, mit über 100 Pfeilern und 6070 m Länge noch die längste Europas, die zwischen Kalmar und Öland verkehrenden Fähren überflüssig.

Die Insel ist ein wahres Urlaubsparadies, bietet sie doch auf einer Fläche von 140 km Länge und maximal 16 km Breite die unterschiedlichsten Vegetationsformen, dazu zahlreiche frühgeschichtliche Denkmäler und Landkirchen, Windmühlen en masse, kilometerlange Strände sowie ein extrem trockenes Klima. Was des Urlaubers Freud, ist des Einheimischen Leid, denn die Insel leidet im Sommer oft unter extremer Wasserknappheit. Interessant ist die Insel auch für Botaniker und Ornithologen. Der kalkhaltige Boden, viele Sonnenstunden und geringe Niederschlagsmengen lassen hier eine für schwedische Verhältnisse exotische Vegetation gedeihen. Im Süden Ölands dehnt sich die Steppenlandschaft Stora Alvaret aus, die im Frühjahr explosionsartig erblüht. Auch Orchideen ge-

Die unzähligen Windmühlen sind Ölands Wahrzeichen

Blå Jungfrun

Ein lohnender Bootsausflug führt in der Sommersaison von Byxelkrog zur Insel Blå Jungfrun, wo dem Volksglauben nach Blåkulla liegt, der schwedische Blocksberg, auf dem sich in der Nacht zum Gründonnerstag die Hexen treffen. Die 86 m hohe und 66 ha große Insel ist seit 1926 Nationalpark. Sehenswert sind Grotten und im Süden ein aus einzelnen Steinen gelegtes Labyrinth, außerdem die vielfältige Vogelwelt (Informationen im Touristenbüro).

deihen hier. Jedes Jahr im Herbst und Frühjahr passieren Zehntausende von Zugvögeln Ölands Südspitze, darunter auch Graugänse und Kraniche – ein spannendes Schauspiel nicht nur für Vogelfreunde.

Sowohl die Nord- als auch die Südspitze der Insel werden von Leuchttürmen markiert: **Långe Erik** im Norden und **Långe Jan**, mit 41,6 m der höchste Schwedens, im Süden. Im äußersten Nordosten der Insel erstreckt sich der Naturpark **Trollskogen** (Trollwald) mit vom Wind bizarr geformten Bäumen und einem Schiffswrack. Das Naturschutzgebiet **Neptuni åkrar** (die Gefilde des Neptun) an der Westküste besticht durch den Kontrast zwischen grauen Steinen und dem blauen Natternkopf (schwed. *blåeld),* der hier in Mengen blüht. Ebenfalls an der Westküste liegen **Byerums raukar**, von Wind und Wellen geformten Kalk-

steinformationen. Im Norden schließt sich ein herrlicher Sandstrand an. Ein eindrucksvolles Zeugnis aus den Zeiten, in denen Öland sich gegen potentielle Angreifer schützen musste, ist die im 13. Jh. errichtete dreistöckige Wehrkirche von **Källa** an der Ostküste. Ursprünglich bestand sie aus dem Kirchenraum, einer darübergelegenen Wohnung und einem Schutzraum; heute sieht man nur noch die Außenmauern.

Hauptort der Insel ist **Borgholm.** Die gleichnamige Burg hat Ursprünge im 12. Jh. Nach mehreren Ausbauten im Mittelalter entstand unter Johan III. in den Jahren 1572–92 ein prächtiges Renaissanceschloss, das im schwedisch-dänischen Krieg schwer beschädigt wurde. Nicodemus Tessin d. Ä. sollte das Schloss umbauen, die Arbeiten gingen jedoch nur schleppend voran und kamen unter Karl XII. 1709 aus Geldmangel völlig zum Erliegen. Die Baustelle verfiel, und in den Nordflügel zogen 1803 eine Tuchfabrik und eine Färberei ein. Ein Brand im Jahr 1806 zerstörte das Bauwerk schließlich fast bis auf die Außenmauern. Die imposante Ruine ist im Sommer Schauplatz von Konzerten mit internationalen Stars und kann besichtigt werden (April und Sept. tägl. 10–16, Mai–Aug. 10–18 Uhr).

In Sichtweite liegt **Schloss Solliden**, der Sommersitz der schwedischen Königsfamilie, 1903–06 im Stil einer italienischen Villa errichtet und von einem schönen Park umgeben (Mitte Mai–Ende Sept. tägl. 11–18 Uhr). Naturgemäß wird das Schloss besonders von Touristen mit einem Hang zum Monarchistischen sehr stark frequentiert; jeder hofft, einen Blick auf die Königsfamilie erhaschen zu können. Am 14. Juli, dem Geburtstag von Kronprinzessin Victoria, finden alljährlich in Borgholm ein riesiges Fest und ein 9 km-Lauf zu ihren Ehren statt.

Der Süden der Insel, dessen einzigartige Steppenlandschaft zum UNESCO Weltnaturerbe gehört, ist landschaftlich weniger abwechslungsreich als der Norden, dafür aber reicher an Sehenswürdigkeiten. Das Freilichtmuseum **Himmelsberga**, ein typisches öländisches Dorf mit drei Höfen aus dem 18. und 19. Jh. (Mai–Aug. tägl. 10–17.30 Uhr), zählt ebenso dazu wie **Ismantorps borg**, **Gråborg** und Eketorps fornborg, drei von insgesamt ca. 15 Fliehburgen aus der Völkerwanderungszeit. **Eketorp** war zwischen 300 und 1300 bewohnt und wurde anhand von Ausgrabungsfunden rekonstruiert (Mai–Ende Aug. tägl. 10–17, Juli bis 18 Uhr).

Auch ein Zeugnis moderner Kunst findet sich im Süden ungefähr auf halbem Wege zwischen Färjestaden und Ottenby: **Kastlösa kyrka** wurde im 19. Jh. errichtet und erfuhr 1952 einen grundlegenden Umbau. Gleichzeitig erhielt sie ein Chorfresko von Valdemar Lorentzon, Mitglied der Halmstadgruppe.

Eine schöne Aussicht über Ölands Südspitze bietet der fast 42 m hohe **Leuchtturm Långe Jan.** An seinem Fuß im Ottenby Naturum erfährt man Details über die Arbeit der **Vogelwarte Ottenby**, wo Ornithologen das Verhalten von Zugvögeln erforschen (Parkplatzgebühr, April, Sept. u. Okt. Sa, So 12–16, Mai, Juni Mo–Fr 11–16, Sa, So 11–17, Juli–Mitte Aug. 10–19 Uhr).

 Ölands Turist AB: Träffpunkt Öland, 38631 Färjestaden, Tel. 04 85-56 06 00, Fax 56 06 05, www.olandsturist.se.

Halltorps Gästgiveri: s. unten, bestes Haus am Platze.
Ekerums Golf & Resort: Tel. 800 00, www.ekerum.com. Golfhotel mit ausgedehnten Anlagen (auch Wohnungen) und angegliederter Kunsthalle.
Eksgården: Östra Landsvägen, Gårdby, Tel. 334 56, Fax 334 34, www.eksgarden.nu. Die historische öländische Hofanlage bietet Zimmer, B&B 695 SEK/DZ, Hotel 945 SEK/DZ, auch Ferienhäuser.
Im ruhigen Villenviertel von Borgholm werden in der Saison viele **Privatzimmer** vermietet; auf Schilder »Rum« achten.
Camping
Krono Camping Böda Sand: Byxelkrok, Tel. 222 00, Fax 223 76, www.kronocamping-oland.se. Große Anlage, Sandstrand, kinderfreundlich, Hüttenvermietung.
Klinta Camping: Köpingsvik, Tel. 721 56, Fax 721 53, www.klintacamping.se. Am kinderfreundlich flachen Strand von Köpingsvik, auch Hüttenvermietung.

VIDA Konsthall

Die permanente Ausstellung der Glaskünstler Ulrica Hydman-Vallien und Bertil Vallien liegt nahe der Halltorps Gästgiveri. Durch große Glasfronten eröffnet sich ein schöner Blick über den Kalmarsund zum Festland. Wechselausstellungen und Museumsshop mit Glas, Schmuck und Textilien (Mai–Sept. tägl. 10–17, Juli 10–19 Uhr; www.vidamuseum.com).

Döderhultarmuseet

Das Döderhultarnmuseum in Oskarshamn zeigt eine Sammlung der Holzschnitzereien von Axel Petersson (1868–1925), der nach seinem Geburtsort Döderhultarn genannt wird. Die etwa 25–30 cm großen Figuren aus Erlenholz sind häufig zu Szenen aus dem Alltagsleben zusammengestellt und vermitteln in ihrer Grobheit eine Ahnung von den harten Lebensbedingungen in Småland, die die Menschen frühzeitig altern ließen (Döderhultarmuseum im Kulturhaus, Hantverksgatan 20, Juni–Mitte Aug. Mo–Fr 9–18, Sa, So und Feiertage 11–16 Uhr, sonst Di–Fr und So 12–16, Sa 11–15 Uhr).

Kapelluddens Familjecamping: Borgholm, Tel. 56 07 70, Fax 56 07 79. In direkter Nähe zur Inselhauptstadt.
Ekerums Camping: Borgholm, Tel. 56 47 00, Fax 56 47 01, www.ekerum.nu. Golf, Hüttenvermietung.
Krono Camping Saxnäs: Färjestaden, Tel. 357 00, Fax 356 64. Am Tierpark, alle Plätze liegen in Meernähe.

Hotell Borgholm: Trädgårdsgatan 15, Borgholm, Tel. 770 60, Fax 124 66, www.hotelborgholm.com. Das nach einem Brand 2004 völlig zerstörte Hotel-Restaurant wird, neu errichtet, im Mai 2005 eröffnet, teuer.
Halltorps Gästgiveri: 9 km südlich von Borgholm, Tel. 850 00, Fax 850 01. Lammgerichte und andere vorzügliche regionale Spezialität, moderat, auch Zimmer (ab 1000 SEK/DZ).

Guntorps Herrgård: Guntorpsgatan, Borgholm, Tel. 130 00. Gutes Smörgåsbord, moderat.
Sandviks Kvarn: Löttorp, Tel. 261 72. In einer alten, acht Stockwerke hohen Mühle serviert man historische Menüs und die öländische Spezialität *kroppkakor*, Kartoffelklöße, die mit Schweinemett, Zwiebeln und Gewürzen gefüllt sind, moderat.
Lammet & Grisen: Löttorp, Tel. 203 50. Lämmer und Spanferkel am Spieß werden zum Pauschalpreis unters hungrige Volk gebracht, moderat.
Böda Hamns Rökeri: Räucherfisch und Pizza am kleinen Hafen Böda, Ende Juni-Mitte Aug. tgl. 11–20 Uhr, günstig.
Eksgården: Östra Landsvägen, Gårdby, s. Unterkunft, Restaurant mit öländischen Spezialitäten, günstig.

Kunsthandwerk: Cappellagården, Vickleby (10 km südlich Färjestaden), Handwerksschule mit angeschlossener Gärtnerei und Verkauf von Kräutern und Kunsthandwerk.
Paradisverkstan: an der Brückenauffahrt, qualitätvolles Design.
Kastlösa Hantverksgille: eine Gruppe lokaler Künstler mit Laden in Kastlösa 28 km nördlich von Ottenby.

Bus von Stockholm und Kalmar, auf der Insel im Sommer gute Busverbindungen. Info: Kalmar Läns Trafik AB, Tel. 04 91-76 12 00, www.klt.se.

Die småländische Küste zwischen Kalmar und Västervik ist reich an Naturschönheiten, Timmernabben, Mönsterås und Påskallavik sind recht hübsch, aber arm an ausgesprochenen Sehenswürdigkeiten. Vor Västervik soll angeblich der schönste, weil lieblichste Schärengarten Schwedens liegen. Anders als an der Westküste sind die

Idylle in Västervik

ca. 5000 Inseln in dem 300 km langen ostschwedischen Schärengarten, der sich von Västervik bis nördlich von Stockholm erstreckt, meistens bewaldet, da sie weniger rauen Winden und einem geringeren Salzgehalt ausgesetzt sind.

Småland/Küste: s. Kalmar Läns turism, S. 149. **Östergötland:** Östsvenska Turistrådet 60181 Norrköping, Tel. 011-15 50 10, Fax 15 50 76 www.ostsvenskaturistradet.se. **Södermanland:** Sörmlandsturism, Box 58, 61122 Nyköping, Tel. 01 55-24 59 00, Fax 28 83 69, www.sormland.se/turism.

Västervik

Südschweden-Atlas: S. 236, C 4
Der Geburtsort des Tennisstars Stefan Edberg erhielt Stadtrechte im Jahr 1433 und war 1452, 1517 und 1612 Ziel dänischer Angriffe. 1677 zerstörten sie Schloss Stegeholm und die Stadt völlig. Die Stadt wurde wieder aufgebaut; die Schlossruine bildet alljährlich im Juli den stimmungsvollen Rahmen für ein Folkmusikfestival.

Sehenswert ist **St. Gertruds kyrka**, deren Chor 1433 erbaut wurde. Den Altar schuf Burchard Precht 1669. **As-**

pagården an der Västra Kyrkogatan überstand 1677 den Angriff der Dänen und ist heute Arbeitsplatz von Kunsthandwerkern. Das ehemalige **Armenhaus** (Cederflychtska fattighuset) an der Ecke zur Hospitalsgatan wurde in den Jahren 1749 bis 51 mit einem Teil der 100 000 Kupfertaler bezahlt, die eine betuchte Dame für den Hausbau und den Unterhalt von 16 Armen gestiftet hatte. Den Entwurf lieferte Carl Hårleman. Zu dieser Zeit behauptete Volkes Stimme, dass in Västervik die Armen besser lebten als die Reichen.

Einige Jahre früher entstanden die pittoresken Seemannshäuser an der **Båtsmansgatan**. Västervik musste, wie viele andere Küstenstädte, der Königlichen Marine Soldaten und Seeleute zur Verfügung stellen und diesen kostenlosen Wohnraum anbieten. In dem einzigen Raum der winzigen Häuser lebten oft acht bis zehn Personen. Heute präsentiert sich das Ensemble überaus idyllisch, ein Café mit Garten lädt zum Verweilen ein.

Einen schönen Blick über die Stadt hat man vom Freilichtmuseum **Kulbacken** aus, zu erreichen über zwei Brücken vorbei an der im alten Warmbadehaus untergebrachten Touristeninformation und der Schlossruine. Kulbackens kaffestuga ist berühmt für gute Kuchen und *smörgåsar* (Mai–Aug. Mo–Fr 11–16, Sa, So 13–16, sonst Mo–Fr 11–16 Uhr).

Västerviks Turistbyrå: Strömsholmen, 59330 Västervik, Tel. 04 90-889 00, Fax 889 15, www.vaster vik.se/turist.

Lysingsbadets Semesteranläggning: Tel. 889 20, Fax 889 45. Jugendherberge, Campingplatz, Hüttenvermietung, Pool, Wasserrutschen, Golf, Verleih von Kanus, Ruderbooten und Fahrrädern.

Camping
Hammarsbadets Camping: Gamleby, Tel. 04 93-102 21, Fax 126 86. 20 km nördlich von Västervik, Hüttenvermietung, direkt am Meer.

Ausflüge: Mehrmals tägl. Rundfahrten durch die Schären mit ›M/S Freden‹ ab Fiskartorget, Tel. 154 60.

Zug: Linköping und Stockholm, Bus: Oskarshamn, Söderköping, Norrköping.

Vimmerby und Astrid-Lindgren-Land

Südschweden-Atlas: S. 236, B 4
Über die R 33 erreicht man nach ca. 50 km Vimmerby. Die malerische Kleinstadt lebt traditionell vom Handel. Viehmärkte, wie sie Astrid Lindgren in ›Michel aus Lönneberga‹ so schön beschrieben hat, fanden in Vimmerby seit dem Mittelalter statt.

Hauptattraktion des Ortes, wo Astrid Lindgren 1907 auf dem Pfarrhof Näs (Näs Prästgården) geboren wurde, ist **Astrid Lindgrens Värld.** In dem Vergnügungspark finden sich Miniatur-Nachbauten z. B. von Pippi Langstrumpfs Villa Villekulla (Kunterbunt)

und die Mattisburg aus ›Ronja Räubertochter‹. Für Familien mit Kindern ist ein Besuch unerlässlich, allerdings auch ein teures Vergnügen. In der Hochsaison werden Astrid Lindgren-Stoffe aufgeführt. Astrid Lindgrens Värld, Tel. 798 00, Fax 158 85, www.alv.se, Mitte Mai–Anfang Juni und Ende Aug.–Anfang Sept. tägl. 10–17, Juni–Ende Aug. 10–18 Uhr. Im Astrid-Lindgren-Gården, einer Ausstellungshalle auf dem Gelände, geben Filme sowie Bild- und Textdokumente Auskunft über Leben und Werk der Autorin.

Billiger als ein Besuch im Vergnügungspark kommt ein Ausflug in die Orte, die die Vorbilder für Bullerby und Katthult abgegeben haben bzw. in denen Filme gedreht worden sind. **Bullerby** (Sevedstorp) erreicht man über die R 33 Richtung Mariannelund, von der man bei Pelarne links abfährt. Die drei Höfe – auf dem mittleren lebte Astrid Lindgrens Vater als Kind – liegen inmitten einer hügeligen smålandischen Idylle (Mitte Juni–Ende Aug. tägl. 10–20 Uhr).

Nach **Katthult**, eigentlich Gibberyd, fährt man von Vimmerby ebenfalls Richtung Mariannelund und biegt kurz vor dem Ort nach rechts auf die Landstraße Richtung Ydrefors ab. Bei Rumskulla ist der Abzweig nach Katthult ausgeschildert. Der Hof gab 1971/72 die Szenerie für den Film ›Michel aus Lönneberga‹ ab, weil er am ehesten Astrid Lindgrens Vorstellungen von Katthult entsprach. Zu besichtigen

Dass auf diesen Moospolstern Riesen und Trolle schlafen, kann man glauben

Sevedstorp ist die Vorlage für Astrid Lindgrens Bullerby

ist die Hütte, in die Michel regelmäßig verbannt wurde und wo er sich die Zeit durch Schnitzen verkürzte (Mitte Juni–Ende Aug. tägl. 10–19 Uhr). Im Wohnhaus leben sommers zwei Schwestern, die den Souvenirladen betreiben, deshalb ist es nicht zugänglich.

Michel heißt im Schwedischen übrigens Emil, der Name war auf dem deutschen Buchmarkt aber schon durch Kästners ›Emil und die Detektive‹ besetzt, weshalb man sich in Absprache mit der Autorin für Michel entschied. Deutschsprachige Touristen, die des Schwedischen nicht mächtig sind, werden sich über die durchgehend zweisprachige Beschilderung der Astrid Lindgren-Schauplätze freuen.

Liebhaber außergewöhnlicher Bäume sollten noch ein Stück in Richtung Ydrefors fahren und der Beschilderung Norra Kvills Nationalpark bzw. **Kvilleken** folgen. Sie gelangen auf schmalen Straßen durch tiefe Wälder zu einer riesigen tausendjährigen Eiche.

Vimmerby Turistbyrå: Västra Tullportsgatan 3, 59821 Vimmerby, Tel. 04 92-310 10, Fax 130 65, www.tu rism.vimmerby.se.

Björkbacken: Traktorgatan 2, Tel. 153 70, www.bjorkbacken.com. 2 km östlich vom Markt, Camping, Ferienhäuser, Budgethotel, ab 250 SEK/DZ. **Astrid Lindgrens Värld:** Direkt neben dem Themenpark liegt ein Campingplatz mit Hüttenvermietung (günstige Paketpreise incl. Besuch der Attraktionen).

Zug nach Kalmar, Linköping und Stockholm.

Söderköping

Südschweden-Atlas: S. 236, C 2
Für die Strecke Västervik–Söderköping
bietet es sich an, bei Valdemarsvik die
E 22 zu verlassen und auf winzigen Nebenstraßen die Küste von Östergötland
zu erkunden, die die ›Blaue‹ genannt
wird und hervorragende Wassersport-
möglichkeiten bietet. Lohnend ist der
Weg über Gryt, St. Anna und Skällvik
nach Söderköping.

Die kleine Stadt, die zu den schönsten an der Küste zählt, wurde Anfang
des 13. Jh. von Lübecker Kaufleuten
gegründet. Nachdem dänische Angreifer die Stadt 1567 niedergebrannt hatten, beschloss König Johan III. zwar,
sie wieder aufbauen zu lassen, verleg-
te aber gleichzeitig die Verwaltung von
Östergötland nach Norrköping. Die
Bewohner fanden Alternativen im
Fischfang und besaßen ab der Mitte
des 17. Jh. mehrere Jahrzehnte lang
das Monopol dafür.

Anfang des 19. Jh. fand man eine
Mineralquelle, baute Kuranlagen und
hoffte, mit der Eröffnung des **Götakanals** 1832 wieder am wirtschaftlichen
Aufschwung teilhaben zu können. Die
Hoffnung trog, denn 1870 wurde die erste Eisenbahnlinie durch Östergötland
eröffnet, der Kanal war überflüssig geworden.

Heute ist der Kanal mit der Schleu-
senanlage wieder Haupteinnahme-
quelle. Schließlich wollen die Skipper,
die den Götakanal in Richtung Ostsee
oder Motala befahren, und Touristen,
die hierher kommen, um Kanal und
Boote zu bewundern, versorgt sein.
Sehenswert sind auch die bunten Holzhäuser besonders im Viertel um die
Drothems kyrka, die Ursprünge aus
dem Mittelalter hat.

 Valdemarsviks Turistbyrå: Storgatan 16, 61521 Valdemarsvik, Tel.
01 23-122 00, Fax 124 71.
Söderköpings Turistbyrå: Stinsen, Mar-
garetagatan 19, 61480 Söderköping, Tel.
01 21-181 60, Fax 158 33, www.soder
koping.se.

 Söderköpings Brunn: Skönber-
gagatan 35, Tel. 0121-109 00, Fax
139 41, www.soderkopingsbrunn.se. Traditionsreiches Kurhotel mit Wellness-Ab-
teilung, 1155 SEK/Person (Halbpension).
STF Vandrarhem St Anna: Gamla Fär-
jeläget, Tel. 01 21-513 12, Juni–Aug. Am
Wasser, Bootsverleih, ab 125 SEK/Person.
Camping: Eköns Camping, Gryt, Tel.
01 23-402 83, Fax 408 71. Hütten.

 Café: Smultronstället, Kanalgatan,
angeblich Schwedens größte Eis-
diele.

Norrköping

Südschweden-Atlas: S. 236, B 2
Ein Besuch der alten Industriestadt, die
früher wegen der zahlreichen Textilfa-
briken und Baumwollspinnereien auch
Schwedens Manchester genannt wurde, lohnt sich nicht zuletzt wegen der
zahlreichen architektonischen Zeugnisse ihrer industriellen Vergangenheit. Am
Fluss Motala ström liegen alte Fabrik-
gebäude, die zum größten Teil im 18.
und 19. Jh. entstanden und eine Indus-
trielandschaft von einer beeindruckenden Geschlossenheit darstellen, wie
man sie heute nur noch selten findet.

Das Museum der Arbeit in Norrköping, dem früheren ›Manchester Schwedens‹

In der Mitte des Flusses, auf der Insel Laxholmen, liegt das **Museum der Arbeit**. Das sogenannte Bügeleisenhaus wurde im Jahr 1917 für eine Weberei errichtet. Um den Platz optimal auszunutzen, entwarf der Architekt ein siebeneckiges Gebäude, das die gesamte Insel einnimmt. Das Museum dokumentiert mit didaktisch außerordentlich gut aufbereiteten Wechsel- und Dauerausstellungen die Geschichte der Lebens- und Arbeitsbedingungen in der Industriegesellschaft (tägl. 11–17, Di bis 20 Uhr). Vom Restaurant Lax & Strömming im sechsten Stock hat man eine herrliche Aussicht auf die umliegenden alten Fabriken (tägl. 11–16 Uhr).

Andere Sehenswürdigkeiten sind dünn gesät, lohnend ist ein Rundgang durch Norrköpings **Konstmuseet** am Kristinaplatsen, das eine der größten Sammlungen schwedischer Kunst des 20. Jh. besitzt (Mitte Mai–Mitte Aug. Di, Do–So 12–16, Mi 12–20, sonst Mi, Fr–So 11–17, Di, Do 12–20 Uhr). 1 km südwestlich der Stadt liegt in der Nachbarschaft von Himmelstalunds fritidsområde eine große Ansammlung bronzezeitlicher **Felsritzungen**.

Destination Norrköping: Holmentornet, Dalsgatan 9, 60181 Norrköping, Tel. 0 11-15 50 00, Fax 15 50 74, www.destination.norrkoping.se.

Mauritzbergs slott: 61031 Vikbolandet, Tel. 01 25-501 00, Fax 501 04, www.mauritzberg.se. Schloss 36 km östlich von Norrköping (teils 16. Jh.), Aussicht über Bråviken, Restaurant, ab 1900 SEK/DZ.
Elite Grand Hotel: Tyska Torget 2, Tel. 36 41 00, Fax 36 41 01. Großes Haus direkt am Motala ström, 975–1285 SEK/DZ.
Camping
Kolmårdens Camping: Tel. 39 82 50, Fax 39 70 81. 22 km nördlich von Norrköping am Bråviken.

Gudskelov: Dalsgatan 13, Tel. 13 44 00. Schwedische Hausmannskost und Mittelmeerküche.

Värdshuset Löfstad slott: Tel. 33 51 65. Schwedische Hausmannskost, moderat. **La Mansion:** Södra Promenaden 116, Tel. 16 70 20. Gute traditionelle Küche, moderat.

 Züge nach Stockholm, Malmö, Helsingborg, Linköping, Västervik, Kalmar und Västerås.

Risinge Gamla kyrka

Südschweden-Atlas: S. 236, B 2
Ca. 6 km südöstlich von Finspång liegt die hübsche, aber unscheinbare Kirche Risinge gamla kyrka, ein Kleinod unter den zahlreichen schwedischen Landkirchen, macht sie doch die Entwicklung des Christentums in Schweden auch baulich sichtbar.

Eine rosafarben gestrichene Tür an der Längsseite führt zurück in die Anfänge der Christianisierung der Wikinger. Links neben der Tür liegt ein ausgehöhlter Stein, mit dem es eine besondere Bewandtnis hat. Die Nordmänner verehrten Odin, den Gott der Weisheit, Frey, den Gott der Fruchtbarkeit, und den starken Thor mit seinem Hammer. Gemeinschaftlich beschützten die Götter die Menschen vor den Riesen, die die Welt bedrohten. Konfrontiert mit dieser starken Göttertriade, fiel es den Mönchen nicht leicht, die wackeren Nordländer vom christlichen Glauben zu überzeugen, beantwortete doch deren Religion bereits alle wichtigen Fragen. Die Mönche gestatteten daher den Bekehrten zunächst, die alten Rituale beizubehalten, und so brachten sie im 12. Jh. besagten Stein nach Risinge, damit die Wikinger ihren

alten Göttern opfern konnten, bevor sie die christliche Kirche betraten und die neuen Götter anbeteten. Über die Jahrhunderte brachte diese Strategie den erwünschten Erfolg; das Christentum begann sich auszubreiten.

Im Inneren zeigt die Kirche Wand- und Deckenmalereien aus dem 15. Jh. Als die Bilder im Zuge der Reformation übermalt werden sollten, setzte sich die Gemeinde mit allen Kräften dagegen zur Wehr. Für die Gläubigen, die meist weder lesen noch schreiben konnten, waren die Malereien die einzige Möglichkeit, Bibeltexte zu erfas-

Zoo und mehr

Kolmårdens Djurpark wurde 1965 eingeweiht und ist mit 250 ha der größte Zoo Nordeuropas: Auf dem urwüchsigen Gelände eines ehemaligen Marmorsteinbruchs mit Blick auf den Bråviken-Fjord fühlen sich Pinguine und Giraffen, Elefanten und Zebras in ihren geräumigen Gehegen wohl, und nebenan in Schwedens einzigem Safaripark kann man Löwen durcho Autofenster betrachten. Wer auf Nummer Sicher gehen will, schwebt mit der Seilbahn übers Gelände oder nimmt den Safaribus. Höhepunkt des nicht ganz preiswerten, aber tagfüllenden Vergnügens ist die Delfinshow (Kolmårdens Djurpark, 27 km östlich von Norrköping am Nordufer des Bråviken, Juni–Aug. tägl. 9–18, Mai u. Sept. Sa, So 10–17 Uhr, www.kolmarden.com).

sen; hier hatten sie die Legenden und Heiligengeschichten bildlich vor sich. Und so kann man die eindrucksvollen Darstellungen noch heute sehen, wenngleich die Mineralfarben im Laufe der Jahrhunderte verblasst sind.

Nyköping

Südschweden-Atlas: S. 236, C 2
Nyköping, das früher nach Norrköping wichtigster Textilproduzent Schwedens war, wird durch den Fluss Nyköpingsån in einen östlichen und einen westlichen Part geteilt, deshalb tragen viele Straßen den Zusatz *västra* (westlich) oder *östra* (östlich). Vom Zentrum aus führt ein lauschiger Fußweg (Åpromenaden) am Fluss entlang bis zum Hafen. Hier legen die Ausflugsboote ab, die auch nach Trosa fahren, Imbissbuden bieten Essbares an, und im alten Hafenmagazin präsentieren ortsansässige Kunsthandwerker ihre sehr geschmackvollen Erzeugnisse.

In der sehenswerten Schlossruine **Nyköpingshus**, einem ehemals prachtvollen Renaissanceschloss, das bei einem großen Brand im Jahr 1655 zerstört wurde, wird alljährlich im Juli das Historienspiel ›Nyköpings Gästabud‹ aufgeführt. Es erinnert an ein Ereignis im Jahre 1317, als König Birger seine Brüder zu einem Versöhnungsfestmahl auf das Schloss einlud, dort gefangennahm und im Kerker verhungern ließ.

An der Landstraße 219 liegt zwischen Nyköping und Trosa am Rundbosjön das alte Gut **Nynäs.** Das Herrenhaus erhielt seine heutige Form im 17. Jh. und zeigt, weil es sich bis 1985

in Familienbesitz befand, noch originale Einrichtungsgegenstände vom Anfang des 19. Jh. im spätgustavianischen Stil. Im Park finden im Sommer Skulpturenausstellungen statt, in der Orangerie gibt es ein Café (Ende Juni–Mitte Aug. tägl. 12–16 Uhr).

Nyköpings Turistbyrå: Stadshuset, Stora Torget, 61183 Nyköping, Tel. 01 55-24 82 00, Fax 24 81 36.

Mickes Skafferi: Västra Storgatan 29, Tel. 26 99 50. Restaurant und Bar, regionale, verfeinerte Küche, günstig–moderat.

Zug nach Malmö, Stockholm, Linköping, Västervik und Kalmar, Bus nach Norrköping und via Södertälje nach Stockholm.

Trosa

Südschweden-Atlas: S. 237, D 1
Carl von Linné hat die Kleinstadt als »Världens ände«, das Ende der Welt, bezeichnet. Ganz falsch lag er nicht, auch wenn heute zahlreiche Touristen das Ende der Welt beleben, zumal in der Hochsaison. Was sie finden, ist Idylle pur, denn ca. 80 km südlich von Stockholm scheint die Zeit stehengeblieben zu sein: Der Marktplatz wirkt mit seinen kleinen Geschäften anheimelnd altmodisch. Ein schmales Flüsschen namens Trosaån durchquert den Ort, an beiden Ufern gesäumt von einer Promenade. Pastellfarbene Holzhäuschen besitzen, wenn sie am Trosaån liegen, fast alle einen eigenen Anleger für Ruder- und Motorboote, die

Die Promenade am Trosaån

anderen sind aufgereiht an ruhigen Kopfsteinpflasterstraßen und umgeben von wunderschönen Gärten.

An den Busen der Natur geht es auf der kleinen Insel **Öbolandet**, die über eine Straße zu erreichen ist. Hier findet sich außer Felsen, Birken und Kiefern sowie zahlreichen Sommerhäusern, um die man die Bewohner beneiden möchte, auch Trosa Havsbad mit Camping- und Badeplatz.

Trosa Turistbyrå: Rådhuset, Torget, 61922 Trosa, Tel. 01 56-522 22, Fax 522 23, www.trosa.com.

Bomans Hotell: Östra Hamnplan, Tel. 525 00, Fax 525 10., www.bomans.se Kleines feines Hotel in Familien-besitz mit 32 Zimmern, ab 1150 SEK/DZ.

Camping

Trosa Havsbad: Tel. 124 94, Fax 124 95. Badeplatz, Camping, Hütten- und Boots-vermietung, Kiosk.

Bomans Hotell: s. o., direkt am Hafen, regionale Küche, teuer bis moderat.

Café Garvargården: Västra Långgatan 40, Tel. 122 20. Wunderbarer Garten.

Kunsthandwerk (Silberschmiede, Töpferei und Galerie) in der alten Mühle Trosa kvarn.

Zug von Stockholm nach Vagnhä-rad. Bootsverbindung über Söder-tälje nach Stockholm. Bus von Nyköping und Södertälje.

Die großen Seen

Blick über den Vättersee

Südschweden-Atlas S. 231, 232, 234–236

VÄNERSEE

Kontraste kennzeichnen die Route von Uddevalla nach Lidköping: Auftakt in der Küstenregion, Stille und Einsamkeit in einer schwedischen Bilderbuchlandschaft mit unendlichen Wäldern, glitzernden Wasserläufen und Seen und zum Abschluss in die alte Kulturlandschaft am Ostufer des Vänern mit ihren zahlreichen Sehenswürdigkeiten.

Uddevalla

Südschweden-Atlas: S. 234, C 3
In Uddevalla, dem industriellen Zentrum Bohusläns, ist das **Bohusläns museum** unbedingt sehenswert. Gemälde und Textilien sowie Nachbauten von Konservenfabriken und Wohnstuben dokumentieren Geschichte und Kultur der Provinz. In der John Johnsson-Halle werden Werke flämischer und holländischer Meister des 15. Jh. sowie der Düsseldorfmaler des 19. Jh. gezeigt, die der Kaufmann John Johnsson 1951 dem Museum vermachte (Di–Do 10–20, Fr–So 10–16 Uhr, ausgezeichnetes Museumscafé).

Vor den Toren Uddevallas, direkt am Byfjord, liegt **Gustafsberg,** der nach Gustav III. benannte älteste Badeort Schwedens. Hier wurde 1774 das erste Badehaus eröffnet, mit angewärmtem Salzwasser, denn Baden im kalten Wasser galt als gesundheitsschädlich. Noch heute kann man sich gut vorstellen, wie um die Jahrhundertwende die Damen nach dem Bade mit langen Kleidern und Sonnenschirmchen zwischen den pastellfarbenen Holzvillen lustwandelten.

ℹ️ **Uddevalla Forum/Turistbyrån:** Kungstorget 4, 45181 Uddevalla, Tel. 05 22-977 20, Fax 997 10.

🛏️ **STF Vandrarhem Uddevalla:** Gustafsberg, Tel. 152 00, Fax 386 58. Im alten Badehaus, Mitte Juni–Mitte Aug., 155 SEK/Person.

⊘ **Ausflüge:** Gegenüber dem Bohusläns museum starten Ausflugsboote nach Smögen, Tickets über das Turistbyrå.

⇄ Zugverbindungen nach Vänersborg, Herrljunga, Göteborg und Strömstad, Bus nach Vänersborg.

Trollhättan

Südschweden-Atlas: S. 234, C 3
Die Straße nach Trollhättan verläuft parallel zum Göta älv. Da der Fluss durch ein tiefes Tal fließt, kann man ihn nur dann und wann erspähen. Hauptattraktion von Trollhättan, dessen wich-

tigster Arbeitgeber ein Autohersteller ist, sind die Schleusen des Göta älv (ausgeschildert mit ›Slussarna‹). Er stellt die Verbindung zum Vänersee und damit zum Götakanal her, ein System von Seen, Flüssen und künstlich angelegten Wasserwegen, welches das Kattegat mit der östlichen Ostsee verbindet. Bevor man sich dieser Sehenswürdigkeit widmet, sollte man zunächst Richtung Energiehaus gehen und einen Blick auf den Göta älv werfen, der seit 1910 zwecks Energiegewinnung durch Wehre gestaut wird. Im Sommer darf der mächtige Strom zumindest zeitweise ungebändigt durch sein altes Bett rauschen, dann werden nämlich zu bestimmten Terminen die Wehre geöffnet (Mai–Juni Sa, So, Juli–Aug. Mi, Sa und So jeweils um 15 Uhr). Mitte Juli dauert das unter großer Anteilnahme der Touristen durchgeführte Spektakel sogar drei Tage.

Der Wasserfall des Göta älv war jahrhundertelang ein unüberwindliches Hindernis für Schiffe, die vom Vänern aus das offene Meer erreichen wollten. Im Jahr 1800 wurde dann endlich die erste Schleuse eröffnet, und die Boote mussten nicht länger entladen und um den Fall herumgetragen werden. Bereits Mitte des 19 Jh. waren die Anlagen, die zur Zeit ihrer Inbetriebnahme als Weltwunder galten, zu klein, und so baute man 1844 eine neue Schleuse neben der alten. 1916 folgte die letzte Erweiterung. Auf einem kleinen Spaziergang kann man das gesamte Areal erkunden.

 Visit Trollhättan AB: Åkersjövägen 10, 46129 Trollhättan, Tel. 05 20-48 84 72, Fax 48 84 24.

 Albert Kök Hotel: Tel. 129 90, Fax133 11, www.alberthotell.com. Bestes Haus am Platz mit schöner Aussicht über den Göta älv, 995–1250 SEK/DZ.
Ronnums Herrgård: Vargön, Tel. 05 21-26 00 00, Fax 26 00 09. Alter Herrenhof zwischen Trollhättan und Vänersborg mit sehr gutem Restaurant, 1150–1350 SEK/DZ.

Zug nach Göteborg, Oslo und Karlstad, Bus nach Vänersborg und Lidköping.

Dalsland

Dalsland – *ett Sverige i miniatyr,* Schweden im Kleinformat –, so präsentiert sich diese Provinz in der Tourismuswerbung. Und das nicht zu Unrecht, denn hier begegnet dem Reisenden das, was man sich gemeinhin unter einer schwedischen Bilderbuch-Landschaft vorstellt: bewaldete Hügel, ungezähmte Wasserläufe und Seen, die in der Sonne glitzern. Die Landschaft ist es auch, weshalb man nach Dalsland reist, hier findet man Platz, um sich in der Natur und auf dem Wasser zu erholen; beliebtestes touristisches Fortbewegungsmittel ist das Kanu. Die Provinz ist mit ca. 56000 Einwohnern äußerst dünn besiedelt, und Åmål, der größte Ort, wirbt damit, keine Ampeln zu benötigen.

Västsvenska Turistrådet: Kungsportsavenyn 31–35, 41136 Göteborg, Tel. 031- 81 83 00, Fax 81 83 01, www.vastsverige.se oder www.dalsland.com.

Håverud

Südschweden-Atlas: S. 234, C 2
In Håverud, das man via Mellerud (R45) erreicht, findet sich ein Meisterwerk schwedischer Ingenieurskunst, das Aquädukt: Eine 32 m lange Brücke führt den Dalslandkanal über den Fluss Upperrudsälven, darüber verlaufen eine Eisenbahn- sowie eine Straßenbrücke. Errichtet wurde der Dalslandkanal 1864–68 von Nils Ericson (der auch für zahlreiche Eisenbahnprojekte und den Trollhättekanal verantwortlich zeichnete), um das Eisenerz aus den värmländischen Gruben in die dalsländischen Hütten transportieren zu können. Nur ca. 10 km der Gesamtstrecke zwischen dem See Stora Le nahe der norwegischen Grenze und Köpmannebro am Vänern sind künstlich angelegt, sie verbinden die vorhandenen natürlichen Wasserwege und Seen miteinander. Den Höhenunterschied von insgesamt 66 m überwinden 29 Schleusen. Heute ist der 254 km lange Kanal nur noch Touristenattraktion, die wichtigste der Provinz, und kann im privaten Boot und mit Ausflugsschiffen ganz oder etappenweise befahren werden. Ein Kanalmuseum informiert über die Geschichte des Dalslandkanals.

Håveruds Turistbyrå: Dalsland Center, 46472 Håverud, Tel. 05 30-305 80, Fax 308 80 (nur im Sommer).

Håveruds Hotell & Konferens: Upperudsvägen 12, Tel. 350 00, Fax 303 51, www.haveruds hotell.se. In Aquäduktnähe, 16 Zimmer, alle mit Blick auf den See, Restaurant, 900–1150 SEK/DZ.

STF Vandrarhem Håverud: Museivägen 3, 46472 Håverud, Tel. 3 02 75, Fax 309 66. Direkt am Kanal gelegen, 165 SEK/Person.

Ausflüge: Tägliche Rundfahrten zum Aquädukt und den Felsritzungen bei Tisselskog; 6-stündige Fahrt von Köpmannebro nach Bengtsfors, Rückfahrt mit dem Bus möglich, das Schiff befährt die Strecke in Gegenrichtung jeweils am nächsten Tag: Rederi Dalslandia, Köpmannebro 960, 46490 Mellerud, Tel. 310 01; Håverud und Bengtsfors, Tel. 05 31-108 71.

Nach Bengtsfors

Südschweden-Atlas: S. 234, C 1
Von Håverud führt eine sehr schöne, kurvenreiche und bergige Straße Richtung Dals Långed und Bengtsfors. Südwestlich von Tisselskog lohnen beim Hof Högsbyn am See Råvarpen bronzezeitliche **Felsritzungen** einen kurzen Zwischenstopp. Hinter Dals Långed erreicht die Straße den **Laxsjön**, den zahlreiche Industriebetriebe (Papierherstellung und Holzverarbeitung) säumen. Bis Mitte des 19. Jh. lebte die Provinz überwiegend von den Eisenhütten, die jedoch wegen Rohstoffmangels nicht konkurrenzfähig waren. Gegen Ende des 19. Jh. begann man den großen Wasser- und Holzreichtum anderweitig zu nutzen, und die Zelluloseherstellung wurde der wichtigste Wirtschaftszweig.

Am Ende der letzten Eiszeit entstanden die Gletschermühlen (Jättegrytorna) bei **Steneby kyrka** an der Straße 172, die heute unter Naturschutz stehen und bis zu 7 m Tiefe und 10 m Durchmesser erreichen.

Eine überaus gelungene Kombination von Naturschönheit, Kulturgeschichte und leiblichen Genüssen bietet die nächste Etappe der Route: **Baldersnäs Herrgård**. Inmitten eines englischen Landschaftsgartens, den Carl Fredrik Waern, Initiator des Dalslandkanals und Besitzer des Anwesens, Anfang des 19. Jh. anlegen ließ, liegt das alte Herrenhaus, das heute ein vorzügliches Restaurant beherbergt, umgeben von Trödel- und Kunstgewerbeläden, Wirtschaftshäusern und einer Freilichtbühne. Ein Badeplatz fehlt ebensowenig wie ein Bootsanleger, und Kinder können Freundschaft mit Schaf und Ziege schließen.

Von dort sind es noch gut 10 km bis **Bengtsfors**. Das Städtchen, selbst ohne bedeutende Sehenswürdigkeiten, bietet sich als Standort für Ausflüge an. Wer allerdings einen neuen Strohhut braucht, kann im Halmens hus im Freilichtmuseum Gammelgården fündig werden (März–Sept. tgl. 10–18 Uhr).

Bengtsfors Turistbyrå: Tingshustorget, Box 24, 66630 Bengtsfors, Tel. 05 31-52 63 55, Fax 52 60 18.

Hotel Dalia: Karlsbergsvägen 3, Tel. 727 00, Fax 127 89, www.ho telldalia.com. Am See Lelång, 895–995 SEK/DZ.
STF Vandrarhem Bengtsfors: Gammelgården, Tel. und Fax 610 75. Hoch oben auf einem Berg gelegen, Teil eines Freilichtmuseums, Aussicht über den See Lelång, 155 SEK/Person.
Camping
Dalsland Camping- & Kanotcentral: Tel. 100 60, Fax 100 70. Campingplatz, Hütten und Kanuverleih.

Baldersnäs Herrgård: 66010 Dals Långed, Tel. 05 31-412 44, Fax 401 17, www.baldersnas.com, tägl. Mai–Ende August, moderat. Liebevoll gestaltete Gasträume, ambitionierte Wein- und Speisekarte mit regionaltypischen Gerichten wie Biber, Wild und Fisch, von der Terrasse schöner Blick über den Park; neun komfortable Zimmer im Herrenhaus. Weitere mit einfacher Ausstattung in einem Annex, 600–995 SEK/DZ.

Kanalvillan: Dals Långed, Tel. 411 16, www.kanalvillan.com. An der Südspitze des Laxsjön, frühere Dienstvilla der Direktoren der Kanalgesellschaft, Vermietung von Kanus und Fahrrädern, Organisation von kombinierten Draisine- und Kanutouren.
Ausflug: Wen es ins värmlandische Årjäng, das ultimative Paradies der Outdoorfans und Kanuten, zieht, der kann von hier aus per Draisine auf dem Weg von Bengtsfors aus per Draisine auf der 52 km langen, stillgelegten Eisenbahnlinie Dal Västra Värmlands Järnväg zurücklegen. Das Kürzel DVVJ steht nicht zu Unrecht auch für ›De vackra vyernas järnväg‹, die Bahnlinie der schönen Aussichten. Informationen über: Dal Västra Värmlands Järnväg, Box 14, 66621 Bengtsfors, Tel. 526801, ww.dvvj.com. Årjängs Turistbyrå, Torget, Box 906, 67229 Årjäng, Tel. 05 73-71 1/ 90.

Värmland

Värmland bietet schon relativ weit im Süden einen Eindruck von der Weite und Wildheit Nordschwedens. Wer sich seine Zeit mit Angeln, Floßfahrten auf dem Klarälven, Draisinentouren, Riverrafting oder Wandern vertreiben und Elch und Biber beobachten möchte, ist in dieser dünn besiedelten Landschaft, der Selma Lagerlöf in ihren Romanen ein Denkmal gesetzt hat, genau richtig.

Värmlands Turiståd: Tage Erlandergatan, 65220 Karlstad, Tel. 054-22 25 50, Fax 10 16 22, www.varmland.org.

Arvika

Südschweden-Atlas: S. 231, D 4
Arvika erreicht man entweder über die 172 via Årjäng oder mit dem reizvolleren Umweg über Åmål und Säffle. Dort biegt man auf die 175 ab, die am Byälven und am Glafsfjorden entlangführt. Åmål wurde bekannt durch Lukas Moodyssons Film ›Raus aus Åmål‹ (1999), Säffle durch den Krimi ›Das Ekel von Säffle‹ von Maj Sjöwall und Per Wahlöö. Dabei sind die Städtchen am Ufer des Vänern recht hübsch und bieten gute Einkaufsmöglichkeiten.

Nördlich von Arvika liegt am See Racken das **Rakstad Museet**, das Gemälde und Kunsthandwerk der Künstlergruppe Rakstadkolonin zeigt. Auf dem Hof, zu dem das Museum gehört, wuchs der Bildhauer Christian Eriksson auf, der z. B. die Innenausstattung des Stockholmer Theaters Dramaten schuf und um die Jahrhundertwende seine Künstlerfreunde hierher lockte. Zum Museum gehört auch eine Caféteria, in der man vorzüglichen selbstgebackenen Kuchen und Eis verzehren kann (April, Mai, Sept. Di–So 11–17 Uhr, Juni–Aug. tägl. 11–17, Okt.–März Do, Sa, So 11–16 Uhr).

Arvika Turistbyrå: Storgatan 22, 67131 Arvika, Tel. 05 70-8 17 90, Fax 8 17 20. Organisiert auch Elchsafaris.

In Mårbacka lebte und arbeitete Selma Lagerlöf

Ingestrands Camping: Tel. 148 40, Fax 123 38. Direkt am Glafsfjorden 4 km südlich von Arvika.

 Arvika Kanot & Turistcenter: Box 1 91, 67125 Arvika, Tel. 182 45, Fax 157 23. Kanuverleih.

 Bahnverbindung mit Oslo, Karlstad und Stockholm.

Rottneros und Mårbacka

Südschweden-Atlas: S. 231, D 4
Die Route führt nun von Arvika auf die 61 bis Finnebäck, wo man auf die 238 Richtung Västra Ämtervik einbiegt. Von den Anhöhen eröffnen sich wunderschöne Ausblicke auf unendliche Kiefern- und Birkenwälder, die durch ihre verschiedenen Grüntöne faszinieren. Wenn sich dann darüber noch ein typisch skandinavischer Himmel spannt, blitzeblau und durchsetzt mit weißen und grauen Wolken, die das Licht noch klarer und durchsichtiger erscheinen lassen, und am Aussichtspunkt Frykdalshöjden der See Mellan Fryken ins Bild kommt, dann muss man sich rettungslos in diese Landschaft verlieben.

Weiter Richtung Sunne liegt direkt am See Fryken Rottneros, ein einzigartiger, in den 1950er Jahren angelegter Park mit Skulpturen, u. a. von Gustav Vigeland und Carl Milles. Das Herrenhaus (nicht zu besichtigen) lieferte Selma Lagerlöf die Vorlage für Ekeby in ›Gösta Berling‹; die Statue der Schriftstellerin selbst findet sich im Park. Die Anlage, in der auch Wölfe und Luchse in Gehegen leben, zählt zu den beliebtesten touristischen Zielen Värmlands

Leinen aus Klässbol

In der Umgebung von Klässbol südlich von Arvika führt eine ausgeschilderte Route (›Hantverksrundan‹) zu zahlreichen Kunsthandwerkern, die hier leben und arbeiten, natürlich auch ihre Erzeugnisse zum Verkauf anbieten. In Klässbol befindet sich zudem Schwedens einzige Damastweberei (Klässbol Linneväveri, Mo–Fr 8–18, Sa 10–15 Uhr).

(Mitte Mai–Ende Juni Mo–Fr 10–16, Sa, So 10–17, Juli–Ende Aug. 10–18 Uhr).

Fast genau gegenüber von Sunne liegt am anderen Ufer des Fryken **Mårbacka,** wo am 20. November 1858 die spätere Schriftstellerin und Nobelpreisträgerin Selma Lagerlöf geboren wurde. Das Haus, in seiner heutigen Form 1923 fertiggestellt, kann nur im Rahmen geführter Touren besichtigt werden. Die Familie Lagerlöf war nach dem Tod des Vaters verarmt und hatte Mårbacka 1907 verlassen müssen. Mit Hilfe des Nobelpreisgeldes (1909) und den Honoraren für ihre Bücher konnte Selma Lagerlöf das elterliche Haus aber bereits 1910 zurückkaufen und lebte hier bis zu ihrem Tod im Jahr 1940 (Führungen Mai–Aug. tägl. 10–16, Juli 10–17 Uhr).

 Sunne Turistbyrå: 41 Kolsnäsvägen, 68680 Sunne, Tel. 05 65-164 00, Fax 164 60.

 Länsmansgården: Ulfsby Herrgård, Tel. 140 10, Fax 71 18 05, www.lansman.com. Echt värm-

173

ländisches Herrenhaus (ab 940 SEK/DZ) mit ebensolcher Küche, moderat.

 Bahnverbindung mit Kil und Karlstad.

Karlstad

Südschweden-Atlas: S. 235, E 1
Die Hauptstadt Värmlands liegt im Delta des Klarälven, mit 500 km einer der längsten Flüsse Schwedens. In Karlstad wurde 1905 die Union mit Norwegen aufgelöst; ein Ereignis, an das die **Friedensstatue** auf dem Stora Torget erinnert. Eine weitere Statue vor dem Stadshotellet stellt die in ganz Schweden bekannte **Sola** dar, eine Kellnerin des Hotels, deren heitere Gemütsart sprichwörtlich wurde: »Du skiner som Sola i Karlstad« (Du strahlst wie Sola in Karlstad), sagt man zu einem Menschen, der besonders froh aussieht.

Sehenswert in der umtriebigen Einkaufsstadt sind einige Gebäude, die den großen Brand von 1865 überstanden haben wie **Dom** und **Bischofssitz** sowie **Östra Bron,** mit zwölf Bögen Schwedens längste Steinbrücke.

Malerisch auf einer Halbinsel im Klarälv liegt **Värmlands museum,** das die Geschichte Värmlands präsentiert (Di–So   8.30–17, Sa, So   11–17, Juli/Aug. tägl. 10–17 Uhr; gutes Museumscafé).

 Karlstad Turistbyrå: Bibliotekshuset, Västra Torggatan 26, 65220 Karlstad, Tel. 0 54-29 84 00.

 Elite Stadshotellet Karlstad: Kungsgatan 22, Tel. 29 30 00, Fax 29 30 31. Stadthotel im Zentrum direkt

am Fluss Klarälv, Jugendstilcafé, 795–1395 SEK/DZ.
STF Vandrarhem Hammarö: Djupsundsvägen, Tel. 51 04 40, Fax 51 81 58, Mitte Juni–Aug., 6 km südlich, 155 SEK/Pers.
Camping
Skutbergets Camping: Tel. 53 51 39, Fax 53 51 70. Am Vänern, mit eigenem Strand.

 Radverleih (›Solacykeln‹); **Kanu**verleih in Hammarö: www.vanerkajak.se

 Züge nach Oslo, Stockholm, Göteborg, Bus nach Säffle, Ludvika.

Kristinehamn

Südschweden-Atlas: S. 235, E 1
Die verschlafene Kleinstadt besitzt ein beschauliches Altstadtviertel, wo man nette Kunsthandwerksläden und Galerien findet, und – einen echten Picasso. Die 15 m hohe **Skulptur,** die der Künstler der Stadt 1965 schenkte, steht 2 km südlich am Vänerufer in einer idyllischen Schärenlandschaft.

 Kristinehamns Turistbyrå: S. Torget 3, 68184 Kristinehamn, Tel. 881 87, Fax 881 96, www.kristinehamn.se

 Züge nach Oslo, Stockholm, Hallsberg, Kil und Karlstad.

Auf der Südseite des Vänern

Kinnekulle

Südschweden-Atlas: S. 235, E 2
Parallel zum Ostufer des Vänern fährt man die R 64 von Kristinehamn nach

Sjötorp und entlang dem Götakanal nach Lyrestad. Dort trifft man auf die E 20 und erreicht über Mariestad und Götene schließlich den **Kinnekulle**, einen für die Region typischen Plateauberg mit einzigartiger Flora und Fauna. Er entstand vor ca. 500 Mio. Jahren, als durch Erdbebenspalten flüssige Lava aus dem Erdinneren austrat und sich auf den mit versteinerten Pflanzen, Muscheln und Fischen bedeckten Meeresgrund ergoss. Durch Landhebung und Erosion wurden spätere Ablagerungen abgelöst, übrig blieb nur der harte Diabas, der sich heute über der Ebene erhebt und unter dessen harter Schale Jahrmillionen alte Zeugnisse der Erdgeschichte ruhen.

Der ausgeschilderte, 45 km lange Kinnekulleleden (Straße und Wanderweg) führt rund um den Berg – wohin sich schon Selma Lagerlöf und August Strindberg auf der Suche nach Entspannung und Inspiration zurückzogen. Zu den wichtigsten Sehenswürdigkeiten zählen neben den eindrucksvollen Naturschönheiten ein stillgelegter Steinbruch und einige Kirchen, deren bedeutendste die von **Husaby** ist. Die Anfang des 12. Jh. errichtete Sandsteinkirche war zeitweise Bischofssitz. In einer nahegelegenen Quelle soll um 1000 König Olof Skötkonung getauft worden sein. Gekrönt wird der Berg von einem Aussichtsturm mit atemberaubendem Blick über die Ebene und die Halbinsel Kållandsö, auf der Schloss Läckö liegt.

Kinnekulle Turistbyrå: Pilgrimsgården, Husaby, Tel. und Fax 05 11-34 32 60 (Mai–Aug.).

STF Vandrarhem Hällekis/Falkängen: Tel. 0510- 54 06 53, Fax 54 00 85, www.falkangen.nu. Jugendherberge und Handwerkerdorf, ab 300 SEK/DZ.

Lidköping

Südschweden-Atlas: S. 235, D 2
Die größte Stadt am Ostufer des Vänern wird durch den Fluss Lidån in einen alten und einen neuen Teil geteilt. Das einstige **Rathaus**, Wahrzeichen Lidköpings und ehemaliges Jagdschloss von Magnus Gabriel de la Gardie, beherbergt heute einen Kunstgewerbeladen. In den umliegenden (autofreien) Straßen kann man sehr gut shoppen. Schöne alte Häuser finden sich abseits des Zentrums am Limtorget.

Am Vänern liegt ein sehenswertes **Museum**, das sich der Geschichte und der Ökologie des Sees widmet. Es zeigt Treibgut, Fischereigerätschaften, aber auch Ergebnisse von künstleri-

Kinnekulleleden

Der 45 km lange Rundwanderweg Kinnekulleleden führt durch eine historisch interessante Landschaft am Vänersee, vorbei an mittelalterlichen Kirchen und Mühlsteingrotten. Höhepunkt und bester Ausgangspunkt für Autowanderer ist der Aussichtsturm Högkullen. Die Strecke lässt sich bequem in Etappen aufteilen. Wandertipps und eine Karte mit Sehenswürdigleiten am Wege sind beim Turistbyrå Lidköping oder in Husaby erhältlich.

Schloss Läckö krönt die Spitze der
Halbinsel Kållandsö

schen Auseinandersetzungen mit dem
Thema Wasser, etwa Glasboote von
Bertil Vallien. Eine besondere Attrakti-
on sind die Klangskulpturen (Juni–Aug.
Mo–Fr 10–17, Sa, So 12–17, übrige
Zeit Di–Fr 10–17, Sa, So 12–17 Uhr,
Restaurant mit Blick auf den Vänern).

In der nahegelegenen **Rörstrand
Porzellanmanufaktur** zeigt eine Ausstellung Produkte aus der Geschichte
des Hauses, ein Café bietet Stärkun-
gen, ein Laden Geschirr zu günstigen
Preisen (Mo–Fr 10–18, Sa 10–14, So
12–16 Uhr).

Von Lidköping lohnt ein Ausflug an
die Spitze der Halbinsel Kållandsö zum
Schloss Läckö. Seine heutige Gestalt
verdankt es vor allem Magnus Gabriel
de la Gardie, der den Besitz 1652 erb-
te. Er beauftragte u. a. einen deutschen
Baumeister mit den Umbauarbeiten,
musste aber aus Geldmangel auf die
vollständige Ausführung seiner Pläne
verzichten. Auf der kleinen Insel im Vänern hatte sich bereits im Mittelalter eine Bischofsburg befunden, die im Zuge der Reformation eingezogen worden war. Auch de la Gardie wurde das
imposante Bauwerk abgenommen,
weil der Staat durch den Dreißigjährigen Krieg in Geldnot gekommen
war. Heute finden hier sommers The-
menausstellungen statt (Führungen
Mai–Sept. stdl. 11–15, Sa, So 11–16
Uhr), es gibt ein ausgezeichnetes Restaurant, und am Anleger starten Ausflugsboote in die Inselwelt des Vänern.

Wer auf der Väner-Halbinsel Kållandsö ein Picknick plant, kann sich im
Hafen Spiken an deren Nordende mit
geräuchertem Fisch versorgen.

Lidköping/Götene Turistbyrå:
Stationshuset, Bangatan 3, 53132
Lidköping, Tel. 05 10-77 05 00, Fax
77 04 64.

Stadt Lidköping: Gamla Stadens
Torg 1, Tel. 220 85, Fax 215 32,
www.stadtlidkoping.se. Nettes Stadthotel, auch Restaurant, 700–1200 SEK/DZ.

Hotell Rådhuset: Nya Stadens torg 8, Tel. 222 36, www.hotellradhuset.se. Zentral gelegen, 23 Zimmer, 695–1195 SEK/DZ.
Camping
Krono Camping Lidköping/Vänern: Lidköping, Tel. 268 04, Fax 211 35. Eigener Strand.

 Restaurang & Café Sjöboden: Spiken, Tel. 05 10-104 08. Regionale Küche, Fisch, Terrasse mit Aussicht über den Vänern, günstig–moderat.

Zug nach Laxå und Herrljunga, Bus nach Trollhättan, Mariestad.

Skara und Varnhem

Südschweden-Atlas: S. 235, E 3
Wer etwas Zeit hat, sollte es nicht versäumen, einen Abstecher in Richtung Vättersee (s. S. 179ff.), zum kleineren Nachbarsee des Vänern, zu unternehmen. Kinder werden darauf beste-

hen, **Skara Sommarland** zu besuchen, einen Vergnügungspark, der östlich von Skara neben einer Trabrennbahn an der R 49 liegt. Meiden sollte man die Wochenenden, dann ist hier jede Menge Trubel (Ende Mai–Mitte Aug. tägl. 10–17, im Juli bis 18 Uhr).

Ornithologen werden eher ein anderes Ziel wählen, das Vogelschutzgebiet **Hornborgasjön**. Mehrere Projekte, die Teile des Sees zwecks Gewinnung von Ackerland trockenlegten, zerstörten zeitweise den Lebensraum von Singschwänen und Gänsen, Naturschutzmaßnahmen haben die größten Schäden beseitigt, und so kann man hier im April den Tanz der Kraniche beobachten.

Lohnend ist ein Besuch der Klosterkirche von **Varnhem** an der R 49 allein schon wegen des Anblicks. Breit und behäbig, Gelassenheit ausstrahlend mit dem hellen Sandstein und dem schwarzen Holzdach, liegt sie zwischen alten, sattgrünen Bäumen und Wiesen. Gegründet wurde das Kloster um 1150 von Zisterziensern aus Alvastra. 1566 brannten die Dänen die Klostergebäude nieder (Fundamente wurden bei Grabungen Ende der 1920er Jahre freigelegt); nur die Kirche entging der Zerstörung. Sie wurde 1654–74 von Magnus Gabriel de la Gardie, dem Besitzer von Schloss Läcko, restauriert und als Grablege für sich und seine Frau bestimmt (Mai–Ende Aug. 9–19 Uhr). Im Klostergården gibt es Kaffee und Kuchen.

 Skara Turistbyrå: Skolgatan 1, 53288 Skara, Tel. 05 11-325 80, Fax 325 84.

 Bus nach Uddevalla, Örebro, Lidköping und Trollhättan.

Die Klosterkirche von Varnhem

VÄTTERSEE

Entlang dem Ostufer des Vättersees führt eine der schönsten Touristenrouten Schwedens: Am Wege liegen spektakuläre Ausblicke auf den See mit seinen Steilufern, außergewöhnliche Natursehenswürdigkeiten und eine Fülle von Attraktionen, die die Bedeutung der Region für die Geschichte Schwedens belegen.

Der Vättersee – nach dem Vänern Schwedens zweitgrößter Binnensee – ist eine tiefe, wassergefüllte Grabensenke im Urgestein, die durch Verwerfungen entstand. Der See misst an seiner tiefsten Stelle im Nordteil bis zu 100 m und wird durch Quellen unter der Wasseroberfläche gespeist. Nicht nur deshalb gilt er – trotz seines auffallend klaren Wassers – als geheimnisumwoben. Dramatische Schiffsunglücke haben sich schon auf dem schmalen, maximal 31 km breiten Vättersee ereignet.

Smålands Turism AB: Box 1027, 55111 Jönköping, Tel. 036-35 12 70, Fax 35 12 89, www.visit-smaland.com. **Östergötland:** Ostsvenska Turlstrådet 60181 Norrköping, Tel. 011-15 50 10, Fax 15 50 76 www.ostsvenska turistradet.se.

Jönköping

Südschweden-Atlas: S. 235, E 4
Bekanntestes Exportprodukt der Stadt an der Südspitze des Vättern sind die Sicherheitszündhölzer, die nach der Pariser Weltausstellung 1855 einen Siegeszug ohnegleichen antraten. Hersteller der Weltneuheit waren die Brüder Johan und Carl Lundström, die zunächst mit den gefährlichen Phosphorstreichhölzern ihr Geld verdienten. Die Geschichte der Zündholz-Produktion dokumentiert das **Tändsticksmuseet** (Streichholzmuseum). Es residiert in einem Holzhaus, in dem sich ab 1848 die erste Streichholzfabrik befand. Sie wurde 1971 stillgelegt. Weil es bis zu 38 schwedische Streichholzfabriken gab, die sich gegenseitig in den Konkurs trieben, kam es 1917 zur Fusion, aus der der Konzern Svenska Tändsticksaktiebolaget hei vorglng. Unter Führung von Ivar Kreuger erlangte er das Weltmonopol für Zündhölzer. (Tändsticksgränd 27, Juni–Aug. Mo–Fr 10–17, Sa, So 10–15, Sept.–Mai Di–Sa 11–15 Uhr).

Das auch architektonisch sehenswerte **Jönköpings Läns museum** besitzt die größte schwedische Sammlung von Werken des Malers John Bauer (1882–1918), die auf eine unvergleichliche, von manchen auch als

Der nachgebaute Königshof Gyllene Uttern ist bei Brautpaaren sehr beliebt

kitschig empfundene Weise Geschichten von Trollen, Elfen, Wichteln und Zwergen erzählen, weshalb der Künstler noch heute in Schweden ungeheuer beliebt ist (Dag Hammarskjölds plats Di–So 11–17, Mi bis 20 Uhr).

An der E 4 nördlich von **Huskvarna,** der durch die Produktion von Waffen, Motorrädern und Nähmaschinen bekannten Nachbarstadt Jönköpings, steht eine 9 m hohe Holzskulptur von Calle Örnemark. Sie stellt den Riesen Vist dar, der für die Entstehung des Sees Unden und der Insel Visingsö verantwortlich gemacht wird. Er war gemeinsam mit seiner Frau eines Abends bei einem befreundeten Riesenpaar auf der anderen Seite des Vättern zu einem Fest eingeladen. Da beide so lange Beine hatten, konnten sie den See mit einem Schritt überqueren. Auf dem Rückweg war Vista, die Gattin, etwas müde und schaffte den großen Schritt nicht mehr. Deshalb riss Vist ein großes Stück Erde heraus und warf es in den See, damit Vista darauf treten konnte. In dem Loch bildete sich der See Unden, das hingeworfene Stück Land wurde die Insel Visingsö.

Jönköpings Turistbyrå: Juneporten, Västra Storgatan 16, 55189 Jönköping, Tel. 0 36-10 50 50, Fax 10 77 78, www.jonkoping.se.

Stora Hotellet: Hotellplan, Tel. 10 00 00, Fax 71 93 20. Direkt am Vättern gelegenes Stadthotell, ca. 1200 SEK/DZ.

Camping
Villa Björkhagen Rosenlund: Tel.
12 28 63, Fax 12 66 87. Am Vättern, nahe
dem großen Abenteuerbad.

 Krogen Svarta Börsen: Kyrkogatan 4, Tel. 71 22 22. Französische
Küche und regionale Spezialitäten wie
vätternröding (Vättern-Saibling), moderat–teuer.
Hemma: Smedjegatan 36, Tel. 10 01 15.
Junge, fantasievolle Küche, moderat.

 Züge nach Stockholm, Fal-
köping/Skövde, Nässjö, Vagge-
ryd/Halmstad, Bus nach Malmö, Gränna,
Linköping, Norrköping, Vadstena, Motala,
Medevi, Askersund, Örebro, Stockholm.

Gränna

Südschweden-Atlas: S. 235, F 3
Kinder werden an Gränna vor allem eines lieben: die *polkagrisar* genannten
Zuckerstangen. Sie werden hier seit
1859 hergestellt. Damals erhielt die Witwe Amalia Eriksson die Erlaubnis, für
sich und ihre minderjährige Tochter mit
der Produktion von feinem Backwerk
ihren Lebensunterhalt zu verdienen. 40
Karamellfabriken wie in den 1930er
Jahren gibt es heute nicht mehr, aber
genug, um Eltern auf dem Weg über die
Hauptstraße, wo sich ein Laden an den
anderen reiht, an den Rand der Ver-
zweiflung zu bringen. Heute werden
nicht mehr nur die ursprünglich rot-weiß
gestreiften Stangen mit Pfefferminzge-
schmack hergestellt, sondern zahlreiche Farb- und Geschmacksvarianten.
Lohnend ist auch ein Besuch des
Grenna Kulturgård mit dem Andrée-

museet (Mitte Mai–Mitte Sept. 10–19
Uhr). Salomon August Andrée
(1854–97) versuchte 1897 zusammen
mit zwei Begleitern, den Nordpol mit einem Ballon zu überqueren. Drei Tage
nach dem Start auf Spitzbergen mussten sie notlanden, irrten drei Monate
durch die Eiswüste und kamen allesamt ums Leben. Das Museum zeigt
neben einer Ausstellung zur Lokalgeschichte die 1930 gefundenen Überreste der Expedition wie Fotos, Tagebücher und Ausrüstungsgegenstände.
Andrée zu Ehren findet alljährlich im
Februar ein Ballonwettbewerb statt,
um den 11. Juli (dem Tag, an dem Andrée auf Spitzbergen startete) begeht
Gränna mit Ballonfahrten die Andrée-
Tage.
Da Gränna nie von verheerenden
Stadtbränden heimgesucht worden ist,
zählt es zu den besterhaltenen schwedischen Holzstädten. Es lohnt in jedem
Fall, dem Trubel der **Brahegatan**, über
die sich im Sommer eine endlose Ka-
rawane von Autos auf Parkplatzsuche
schiebt, zu entfliehen und sich in die
Nebenstraßen zu begeben. Etwa in
den **Hallska Gården,** wo Kunsthandwerker arbeiten und zudem im lauschi-
gen Innenhof ein schönes Café lockt.
Man mag meinen, dass die in 20
Min. mit der Fähre zu erreichende Insel
Visingsö, mit 25 km^2 die größte im Vättern, eine Art Vorort von Gränna bildet.
Tatsächlich verhält es sich genau um-
gekehrt: Die Grafen des Geschlechtes
Brahe, das Titel und Lehen 1561 erhalten hatte, errichteten auf Visingsö mit
Steinen aus der Klosterruine Alvastra
eine Burg und gründeten 1652 auf dem
Festland den Ort Gränna als Haupt-

stadt der Grafschaft Visingsborg. 1680 verlor die Familie aufgrund der Reduktion ihren Besitz. Zur Schlossruine gehört heute wieder ein Kräutergarten, der nach barocken Vorbildern des 17. Jh. angelegt wurde.

Die Insel verfügt über ein sehr mildes Klima, weshalb hier z. B. auch Maulbeerbäume wachsen, auf denen man Mitte des 19. Jh. Seidenraupen züchtete. Einer der größten Eichenwälder des Landes wurde 1831 im Zentrum der Insel angelegt, weil man errechnet hatte, dass der Eichenholzbedarf für die Fachwerkhäuser zukünftiger Generationen nicht ausreichen würde. Beliebtestes Verkehrsmittel auf Visingsö sind die *remmalag* genannten Pferdewagen, die ca. 25 Menschen Rücken an Rücken sitzend gemächlich über die Insel kutschieren.

Für den Weg von Gränna Richtung Norden sollte man die kleine, direkt am Vättern entlangführende Landstraße nach Ödeshög auf jeden Fall der E4 vorziehen. Falls man sich genötigt fühlt, die landschaftliche Idylle auf dem einen oder anderen Foto festzuhalten, gibt es an der Strecke auf jeden Fall genügend Parkplätze.

Gränna Turistbyrå: Box 105, Grenna Kulturgård, 56322 Gränna, Tel. 03 90-410 10, Fax 102 75, www. grm.se.

Gyllene Uttern: An der E4, 3 km südlich Gränna, Tel. 108 00, Fax 118 80, www.gyllene-uttern.com. Das in einem nachgebauten Königshof gelegene Hotel bietet einen wunderbaren Blick über den Vättern und ist bei Brautpaaren sehr beliebt, die sich gern in der hausei-

Alvastra gehörte einst zu den mächtigsten Klöstern Schwedens

genen Kapelle trauen lassen, 800–1900 SEK/DZ.

Camping

Getingaryds Familjecamping: Tel. 210 15. Am Vättern, Hüttenvermietung.

Grännastrandens Familjecamping: Tel. 107 06, Fax 412 60. Auch Hüttenvermietung.

 Strandgården: Visingsö, Tel. 403 59. Gerichte nach Per Brahes Kochbuch aus dem 16. Jh., Spezialität Vätternforelle, moderat.

 Bus nach Stockholm, Jönköping, Linköping, über Vadstena und Motala nach Örebro.

Omberg

Südschweden-Atlas: S. 235, F 3

Der Omberg war bereits in der Steinzeit besiedelt. Drei Fliehburgen aus der Völkerwanderungszeit lassen auf eine wechselvolle Geschichte der Region schließen. Im 14. und 15. Jh. gehörte das Waldgebiet zu den Klöstern Alvastra und Vadstena, 1527 wurde es von Gustav Wasa eingezogen und diente bis 1805 als königliches Jagdrevier.

Wanderwege und schmale, gewundene Straßen, von denen sich immer wieder wunderbare Ausblicke auf den Vättern eröffnen, erschließen das Naturschutzgebiet zwischen Alvastra und Borghamn. Rotwild, das heute nicht mehr gejagt wird, fühlt sich anscheinend wohl in diesem Refugium, weshalb man langsam fahren sollte, denn es kommt immer wieder vor, dass auch Hirsche die Straßen benutzen.

Französische Zisterzienser gründeten 1143 am südlichen Ausläufer des

Vogelsee Tåkern

Östlich des Ombergs liegt der flache See **Tåkern**, ein Vogelschutzgebiet. Seine großen Schilfflächen bieten rund 250 Vogelarten einen idealen Lebensraum. Von rund um den See postierten Türmen aus kann man die Vögel beobachten. Vom Turm in Glänås auf der Südseite starten April–Mitte Okt. vogelkundliche Wanderungen (Sa, So 9.30 Uhr).

Omberges **Alvastra**, das 400 Jahre lang zu den mächtigsten Klöstern Schwedens zählte. Im Verlauf der Reformation wurde es eingezogen, Ende des 16. Jh. diente es als Steinbruch für die Bauarbeiten am Schloss in Vadstena.

Ganz in der Nähe liegt **Ellen Keys Strand**. Dieses Haus erwarb die Frauenrechtlerin, Schriftstellerin und Sozialästhetin Ellen Key (1849–1926) 1910 mit den Verkaufserlösen ihrer Bücher und lebte dort bis zu ihrem Tod. Testamentarisch verfügte Ellen Key, dass ihr Haus Strand regelmäßig Frauen zur Verfügung gestellt werden soll, die weder das Geld noch die Muße haben, Urlaub zu machen, und die hier ungestört schriftstellerisch oder künstlerisch tätig werden oder sich weiterbilden können. Ein folgerichtiger Schritt für eine Frau, die die Auffassung vertrat, dass nur gleiche Ausbildungschancen für alle die Voraussetzung für eine bessere Gesellschaft schaffen können (Führungen Mai–Aug. Di–So 11, 14, 15 und 16 Uhr).

Das Haus liegt wunderschön oberhalb des Vättern, eine gewundene Steintreppe führt hinunter ans Ufer und zu einem kleinen Pavillon, von dem aus man sich in die Fluten des Sees stürzen kann.

Vom Wanderparkplatz an der Jugendherberge Stocklycke führt eine Panoramastraße gen Norden, die nur in diese Richtung befahren werden kann, bis zum Steinbruch von **Borghamn**. Er lieferte den Baustoff für das Kloster Alvastra, Kloster und Schloss in Vadstena, den Götakanal und die Festung Karlsborg am anderen Ufer des Vättern. Auf dem Weg von Borghamn zur R 50 liegt die Kirche von **Rogslösa**, die einen Halt lohnt. Ihr heute durch einen Vorbau geschütztes schweres Holzportal bedecken gusseiserne Figuren, die in altnordischem Stil christliche Inhalten wiedergeben: Dargestellt ist die Hubertuslegende.

Naturum Omberg: Stocklycke, neben der Jugendherberge (s. u.) Tel. 01 44-332 45. Ausstellung über Omberg und Tåkern, Wandertipps und -karten.

STF Vandrarhem Borghamn: Borghamnsvägen 1, Tel. 01 43-203 68, Fax 203 78. Schöne Lage am kleinen Hafen von Borghamn, 175 SEK/Person.
STF Vandrarhem Omberg: Stocklycke, Tel. 01 44-330 44. Ausgezeichnet als Ausgangspunkt für Wanderungen, 175 SEK/Person.

Gyllenhammars Värdshus: Tel. 01 43-2 02, Borghamn. Tafeln in einer geschmackvoll renovierten Villa im Stil der 1920er Jahre, einfallreiches Menü, moderat.

Vadstena

Südschweden-Atlas: S. 235, F 2
In der wohlhabenden und properen Stadt herrscht eine ganz besondere Atmosphäre, eine wahrhaft himmlische Ruhe und Gelassenheit. Pilger und Nonnen bevölkern Kirchen und Straßen. Dazu kommt die wunderschöne Lage am Vättern mit seinen guten Bademöglichkeiten und dem großen Angebot an Bootsausflügen.

Seine Bedeutung (und einen Papst-Besuch im Jahre 1989) verdankt Vadstena der Beharrlichkeit der heiligen Birgitta, einer der bemerkenswertesten Frauen der schwedischen Geschichte. Birgitta lebte als Hofdame bei König Magnus Eriksson, mit dem sie auch weitläufig verwandt war, und hatte acht Kinder. Als sie 1344 im Alter von 42 Jahren Witwe wurde, zog sie sich fünf Jahre lang in das Kloster Alvastra zurück, wo ihr in Visionen aufgetragen wurde, in Vadstena ein Kloster zu errichten. 1346 schenkte ihr König Magnus Eriksson den früheren Palast des Geschlechtes Bjälbo, angeblich der älteste Profanbau Schwedens und um 1250 von Birger Jarl erbaut. Für ihre revolutionäre Idee, hier ein Kloster für Mönche und Nonnen zu gründen, brauchte sie jedoch noch die Erlaubnis des Papstes, weshalb sie sich 1349 auf den Weg nach Rom machte. Erst 1370 erhielt sie vom in Avignon residierenden Gegenpapst die Erlaubnis, erlebte aber die Einweihung des Klosters nicht mehr, denn sie starb 1373 in Rom. Da sie jedoch genaue Instruktionen bis hin zu den Maßen der Kirche gemacht hatte, entsprach das sechs Jahre nach ihrem Tod geweihte

Kloster genau ihren Vorstellungen. Die erste Äbtissin war ihre Tochter Katharina. Birgitta wurde 1391 heiliggesprochen. Sie gilt als erste schwedischsprachige Schriftstellerin, da sie ihre Offenbarungen, die zunächst in lateinischer Sprache niedergeschrieben worden waren, später selbst übersetzte.

Die **Blaue Kirche** (Blå kyrka) wurde im Jahr 1430 eingeweiht und beherbergt Birgittas Reliquien sowie eine große Sammlung mittelalterlicher Skulpturen. Da Mönche und Nonnen keinen Blickkontakt haben durften, saßen die Nonnen auf einer Empore über dem Hochaltar, die heute allerdings nicht mehr vorhanden ist (Mai tägl. 9–17, Juni, Aug. 9–19, Juli 9–20 Uhr).

Auch Vadstena wurde im Zuge der Reformation eingezogen, die Nonnen durften noch bis 1595 bleiben, wurden dann aber brutal vertrieben. Das Nonnenkloster wurde zunächst Königshof, später Lazarett, dann Irrenhaus, bis Mitte des 20. Jh. der gesamte Gebäudekomplex restauriert wurde. Heute beherbergt es das renommierte Klosterhotel. Mittlerweile sind auch Birgittinerinnen nach Vadstena zurückgekehrt, sie leben in einem neu errichteten Kloster.

Die Besichtigung des unter Gustav Wasa 1545 errichteten **Schlosses** (Juni, Aug. Mo–Fr 10–18, Sa, So 11–18, Juli tägl. 10–19, Mai, Sept. Mo–Fr 11–16 Uhr) vermittelt einen guten Eindruck vom trutzigen Charme eines typischen Wasa-Schlosses. Seit 1654 werden hier regelmäßig Opern aufgeführt. Die 1864 gegründete Vadstena Akademien führt die Tradition weiter und ermöglicht jungen Musikern jeden Sommer im Juli und August öffentliche Auftritte. Informationen: Vadstena Akademien, Tel. 01 43-122 29, www.vadstena-akademien.org, Karten Vadstena Kulturcentrum Tel. 150 37.

In der Nähe des Schlosses liegt das **Rathaus**, das zu den ältesten des Landes zählt und Ende des 15. Jh. errichtet wurde. Das Kloster hat immer auch wohlhabende Pilger angezogen, die sich in der Stadt ein Domizil errichteten, so z. B. der Pelzhändler Mårten Skinnare im 16. Jh., dessen Haus in der Lastköpingsgatan steht.

Vadstena Turistbyrå: Slottet, 59280 Vadstena (im Schloss), Tel. 01 43-315 70, Fax 315 79.

Vadstena Klosterhotel: Klosterområdet, Tel. 3 15 30, Fax 1 36 48, www.klosterhotel.se. Freundliches Hotel, ab 950 SEK/DZ.
Camping
Vätterviksbadets Camping: Tel. 1 27 30, Fax 1 41 48. 3 km nördlich von Vadstena am Ufer des Vättern, Hüttenvermietung.

Restaurant Munkklostret: s. Klosterhotel, Tel. 130 00, Spezialität: Vättern-*röding* (Saibling), moderat.
VadstenaValven: Storgatan 18, Tel. 1 23 40, Bistro-Restaurant in der Fußgängerzone, günstig–moderat.

 Bus nach Jönköping, Motala, Linköping, Örebro.

Motala

Südschweden-Atlas: S. 235, F 2
Die Stadt zwischen Vättern und Boren bietet so ganz andere Attraktionen als

Kanaltour per Rad

Motala ist Ausgangspunkt der 300 km langen Vättern-Radrundfahrt, die alljährlich Mitte Juni ca. 15 000 Teilnehmer anlockt. Auch weniger Sportliche können erquickliche Radtouren unternehmen – am bequemsten auf den ebenen Treidelpfaden am Götakanal entlang, zum Teil kombiniert mit Schiffspassage über den See Roxen bis nach Söderköping. Buchung von Fahrradpaketen incl. Radmiete, Unterkunft und Verpflegung beim Turistbyrå Motala oder Söderköping.

Vadstena: Hier beginnt der durch Östergötland führende Teil des Götakanals, der Motala und Mem bei Söderköping miteinander verbindet und 1832 eingeweiht wurde. Leitender Ingenieur war Baltzar von Platen. Er entwarf auch den fächerförmigen Stadtplan für das direkt an der Vättern-Bucht gelegene Stadtviertel. Das **Kanal- och Sjöfartsmuseum** an der Mündung des Kanals in den Vättern informiert über die Geschichte des Bauwerks, sehr beliebt bei alt und jung ist das Schleusenmodell (Mitte Mai–Mitte Juni u. Aug. Mo–Fr 9–16, Mitte Juni–Juli Mo–Fr 8–18, Sa, So 9–13, 14–19 Uhr). Das Grabmal von Baltzar von Platen liegt östlich des Museums direkt am Kanal.

15 km nördlich von Motala liegt **Medevi brunn,** Schwedens ältester Kurort, der 1678 nach der Entdeckung des radioaktiven Heilwassers gegründet wurde. Schon bald kam die Stätte nach einem Besuch von Königin Hedvig Eleonora bei der Gesellschaft in Mode und erlebte einen Aufschwung. Heute präsentiert sich die kleine Ansammlung alter Häuser inmitten eines ausgedehnten Parkes als absolute Idylle, der ideale Ort zur Entspannung nach anstrengenden Besichtigungstouren.

Motala Turistbyrå: Hamnen, 59186 Motala, Tel. 01 41-22 52 54, Fax 21 45 57.
Medevi Brunn: Tel. 01 41-911 00, Fax 915 32. Auch Unterkunft und Restaurant.

Z-Parkens Camping Varamon: Tel. 21 11 42, Fax 21 70 42. Direkt am Vättern mit einem wunderschönen Strand, Hüttenvermietung.

Zug nach Mjölby, Linköping und über Hallsberg nach Örebro, Bus nach Vadstena, Jönköping, Linköping, Örebro.

Linköping

Südschweden-Atlas: S. 236, B 2
Ein lohnender Ausflug, nicht zuletzt wegen der schönen Fahrt von Motala über Borensberg entlang dem Götakanal, führt nach Linköping. Nordwestlich der Stadt überbrücken bei **Berg** sieben Schleusen einen Höhenunterschied von 18 m zwischen dem Kanal und dem See Roxen.

In der alten Bischofsstadt, die im 13. Jh. mehrfach Schauplatz von Königskrönungen war, stellt das Freilichtmuseum **Gamla Linköping** mit Holzhäusern aus dem 18. und 19. Jh. die größte Sehenswürdigkeit dar. Die ca. 90

Häuser entstammen der Wiederaufbauphase nach dem großen Brand von 1700 und wurden ab den 50er Jahren ins Freilichtmuseum versetzt. Eine der beliebtesten Attraktionen ist das Fenomenmuseum, wo physikalische und naturwissenschaftliche Phänomene anschaulich und sinnlich erfassbar erklärt werden (tägl. 11–16 Uhr).

Das Gelände von Gamla Linköping ist immer zugänglich, Häuser, Museen, Läden und Werkstätten sind Mo–Fr 10–17.30, Sa, So und feiertags 11–16 Uhr geöffnet, Mo keine Handwerkervorführungen.

Rund um den **Stora Torget** im Zentrum von Linköping liegen der gotische Dom aus dem 15. Jh., das Rathaus, die ehemalige Residenz des Dompropstes und stattliche Bürgerhäuser. Schmuckstück des Platzes ist der von Carl Milles geschaffene Folkungarbrunnen.

 Linköpings Turistbyrå: c/o Quality Hotel Ekoxen, Klostergatan 68, 58223 Linköping, Tel. 0 13-20 68 35 Fax 12 19 03, www.linköping.se.

 STF Vandrarhem Linköping: Klostergatan 52, Tel. 14 90 90. Mitten im Zentrum gelegen, fast Hotelstandard.

Camping
Glyttinge Camping: Tel. 17 49 28, Fax 17 59 23. Kinderfreundlich, großer Spielplatz.

 Stångs PM & Co: Södra Stånggatan, Tel. 31 21 00. Gourmetküche in einem alten Getreidespeicher am Fluss, moderat–teuer.

 Zugverbindung mit Stockholm, Malmö, Helsingborg, Norrköping, Västervik, Kalmar, Busverbindung mit Jönköping, Norrköping, Vadstena, Motala.

Askersund und Tiveden

Südschweden-Atlas: S. 235, F 2
Das hübsche und beschauliche Städtchen an der Nordspitze des Vättern bietet sich an als Ausgangspunkt für Ausflüge in den aus rund 50 Inseln bestehenden Vättern-Schärengarten, aber auch für einen Abstecher von ca. 20 km an das Westufer des Vättern zu Schwedens südlichstem Urwald, dem **Tiveden**. Hier sieht man besonders deutlich, welche Kräfte am Ende der Eiszeit die Oberfläche dieses Landes geformt haben. Dass auch dem Volksglauben zwischen den riesigen, moosbewachsenen Findlingen Trolle leben, versteht sich von selbst.

Eine weitere Attraktion im Gebiet des Tiveden ist der See **Fagertärn**, die Heimat der seltenen roten Seerose, die als erste Pflanze in Schweden 1905 unter Naturschutz gestellt worden ist und von Mitte Juli bis August blüht.

 Askersunds Turistbyrå: Torget 69630 Askersund, Tel. 05 83- 810 88, Fax 100 68.

 Aspa Herrgård: Aspa bruk, Tel. 05 83-502 10, Fax 501 50, www.edbergs.com. Hotel und Restaurant (teuer) 13 km südlich von Askersund wunderschön am Westufer des Vättern inmitten alter Holzhäuser gelegen, kleines Bellman-Museum, ca. 1000 SEK/DZ.

Bus nach Örebro, über Medevi, Motala, Vadstena nach Jönköping.

HJÄLMARSEE UND MÄLARSEE

Diese Route führt von Örebro entlang dem Hjälmaren bis ans Ufer des Mälaren durch eine Landschaft voller Geschichte, zu den Schlössern berühmter Generäle und Staatsmänner, zu traditionsreichen Eisenhütten, die die Grundlagen für den Reichtum des Landes schufen, und nicht zuletzt zu einsamen Buchten am See, die zum Baden und Picknicken einladen.

Nördlich des Vättersees durchquert die E20 Schwedens kleinste Provinz, **Närke,** eine wald- und erzreiche Region, traditionell ein wichtiger Verkehrsweg zwischen den großen Seen nach Örebro an Hjälmaresee, an der Nahtstelle zwischen Süd- und Mittelschweden, am Übergang zur mittelschwedischen Senke mit dem Mälarsee: Die in den Jahrtausenden nach der Eiszeit langsam einsetzende Landhebung gab fruchtbares Ackerland frei, an den Ufern des Mälaren ließ es sich schon damals gut leben. Seine Ufer bestechen durch die zahlreichen Sehenswürdigkeiten, durch manchmal verschlafene, manchmal lebhafte Städte, aber auch durch landschaftliche Schönheit. Wer Zeit mitbringt, kann immer wieder auf kleine Nebenstraßen einbiegen und zu einer der Halbinseln fahren, die, oft mit einem Schloss bebaut, in den Mälaren hineinragen und meistens hervorragende Badestrände bieten.

Närke: Länsturismen i Örebro Län, Box 88, 71122 Lindesberg, Tel. 05 81-120 50, Fax 811 69, www.orebroll.se/turism

Örebro

Südschweden-Atlas: S. 236, A 1
Das **Schloss**, das vom Zeitpunkt seiner Erbauung an bis 1860 stets auch als Gefängnis diente, wurde im 13. Jh. als Festung errichtet und ab 1570 im Stil der Wasa-Renaissance mit den vier typischen runden Ecktürmen ausgebaut. Sehenswert sind auch die Prachtsäle aus jener Zeit. Hier wurde 1810 Jean Baptiste Bernadotte, der Marschall Napoleons und spätere König Karl XIV. Johan, zum schwedischen Thronfolger gewählt. Eine lauschige Promenade führt vom Schloss entlang dem Flüsschen Svartån zum Freilichtmuseum **Kulturreservat Wadköping**, in das Anfang der 60er Jahre zahlreiche Häuser aus der Altstadt versetzt worden sind. Die zentral gelegenen Stadtteile mit ihren engen, verwinkelten Gässchen und niedrigen Holzhäuschen zogen bereits in den 30er und 40er Jahren die begehrlichen Blicke der Stadtplaner auf sich, die Platz brauchten, um Neubauten errichten zu können. Statt die alten Häuser abzureißen, baute

man sie Stück für Stück ab und setzte sie im Freilichtmuseum wieder zusammen. Wadköping erhielt seinen Namen nach einem Roman von Hjalmar Bergman, der einige Jahre seiner Kindheit in Örebro verbrachte. Die Hauptstraße Bertil Waldéns gata ist benannt nach dem Denkmalschützer, der das Projekt initiiert hat (Mai–Aug. tägl. 11–17 Uhr).

Auf der Insel Stora Holmen im Svartån liegt **Barnens Ö** (die Insel der Kinder) mit einer Miniaturbimmelbahn, Tretautos, Verkehrsschule und Minizoo. Zu erreichen ist die Insel mit einer Fähre ab dem Stadtpark (Juni–Aug. Mo–Fr 10–16, Sa, So 11–16 Uhr).

Der außerhalb des Zentrums gelegene 58 m hohe Wasserturm **Svampen** (›der Pilz‹) wurde Mitte der 50er Jahre erbaut und hat weltweit viele Nachfolger gefunden. Vom Restaurant in 50 m Höhe hat man einen weiten Blick über die Stadt (April/Mai und Mitte Aug.–Anfang Sept. 10–18, Juni–Mitte Aug. 10–20 Uhr).

Destination Örebro: Slottet, Box 32800, 70135 Örebro, Tel. 0 19-21 21 21, Fax 10 60 70, www.orebro.se/turism.

STF Vandrarhem Örebro: Kaptensgatan 1, Tel. 31 02 40, Fax 31 02 56. In einer früheren Kaserne nordöstlich vom Stadtzentrum, ab 280 SEK/DZ.
Camping
Gustavsvik Camping: Tel. 19 69 50, Fax 19 69 61, 1 km südlich des Zentrums mit

Das Schloss in Örebro diente lange auch als Gefängnis

Erlebnisbad, Badesee und Hüttenvermietung.

 Zug über Eskilstuna und Västerås nach Stockholm, nach Borlänge, Hallsberg, Bus nach Askersund, Arboga, Eskilstuna.

Arboga

Südschweden-Atlas: S. 236, B 1
Für den Weg von Örebro nach Eskilstuna gibt es zwei Möglichkeiten. Die erste verläuft nördlich des Sees Hjälmaren und führt nach **Arboga**, das lange Schwedens zweitwichtigste Stadt war. Hier wurde Engelbrekt Engelbrektsson 1435 zum schwedischen Reichshauptmann gewählt. Die Versammlung gilt gemeinhin als Schwedens erster Reichstag. Arboga verlor später durch die Verleihung von Stadtrechten an Nora und Lindesberg sowie die Eröffnung des Hjälmare kanal im 17. Jh. seine Bedeutung als Handels- und Umschlagsplatz für das Eisen aus Bergslagen.

Heute lohnt ein Besuch im überaus idyllischen Arboga vor allem wegen der außerordentlich gut erhaltenen Holzbebauung an **Storgatan** und **Västerlånggatan**, die man entweder auf einem Spaziergang oder von einem der Cafés am Arbogaån aus betrachten kann. Zwischen den Höfen am Ufer führen schmale Pfade zum Fluss. Sie wurden angelegt, um im Brandfall schnell Zugang zum Wasser zu haben.

Sehenswert ist auch die **Heilige Dreifaltigkeitskirche**, ein ehemaliges Franziskanerkloster, dessen mittelalterliche Kalkmalereien Szenen aus dem Leben des hl. Franziskus zeigen. Probieren sollte man auch das Bier, das in Arboga gebraut wird. Vielleicht hatte Carl XVI. Gustaf zuviel davon konsumiert, als er eine Rede mit den Worten begann: »Liebe Bürger von Örebro...«.

Arboga Turistbyrå: Arboga station, Box 45, 73221 Arboga, Tel. 05 89-871 51, Fax 126 60.

 Zug nach Västerås, Eskilstuna, über Frövi nach Örebro, Bus nach Örebro, Eskilstuna und Västerås.

Julita herrgård

Südschweden-Atlas: S. 236, B 1
Die zweite Möglichkeit, von Örebro nach Eskilstuna zu gelangen, führt am Südufer des Hjälmaren entlang zum Freilichtmuseum **Julita** am Ufer des Öljaren. Unter den zahlreichen schwedischen Freilichtmuseen nimmt Julita eine Sonderstellung ein, denn es ist ein vollständig erhaltenes Gut aus Södermanland mit Landwirtschaft, Wald, Fischfang, Handwerksbetrieben, Bauern- und Tagelöhnerhäusern sowie einem stattlichen Herrenhaus mit einer Einrichtung aus der Zeit der Jahrhundertwende (nur im Rahmen von Führungen zu besichtigen). In den schönen Gartenanlagen werden Obstbäume und regionaltypische Pflanzen gezogen, um auf lange Sicht eine Gendatenbank aufbauen zu können.

Ab 1180 befand sich hier ein Zisterzienserkloster. Das kleine, fast quadratische Haus am Ufer des Öljaren diente im 13. Jh. als Wohnung des Abtes.

Julita herrgård

Ein Besuch in Julita ist ein Vergnügen für die ganze Familie

1527 kassierte Gustav Wasa das Kloster und ließ fast alle Gebäude abreißen, um Baumaterial für seine Schlösser zu bekommen. In der alten Abtwohnung traf sich Gustav Wasas jüngster Sohn, der spätere König Karl IX., mit seiner Geliebten Karin Nilsdotter, und als diese ihm 1573 einen Sohn gebar, schenkte er ihr das Gut.

Spätere Besitzer bauten auf dem Gelände Tabak an, errichteten eine Meierei, eine Ziegelei, eine Feuerwehrstation und eine Schmiede. Der letzte Privatbesitzer Leutnant Arthur Bäckström, ein kulturhistorisch überaus interessierter Mann, trug Häuser in der Umgebung ab, stellte sie hier wieder auf, errichtete eine Kirche, legte den Park an und sammelte Alltagsgegenstände, die er seinem Museum einverleibte, bevor alles 1941 per Schenkung

an das Nordiska museet (Stockholm) gelangte.

Julita lohnt den Ausflug mit der ganzen Familie: Außer in der Spielstube (Lekstuga) können sich die Kleinen in der Hütte von Pettersson und Findus vergnügen, die so aussieht, als sei sie einem von Sven Nordqvists Büchern entsprungen – kein Wunder, wurde sie doch vom Kinderbuchautor persönlich autorisiert (Mai, Sept. Sa, So 11–17, Juni, Aug. tägl. 10–18, Juli 10–19, Okt.–April Fr–So 12–16 Uhr).

STF-Vandrarhem Julita: Tel. 0150-912 90, Fax 912 50. Direkt neben dem Museumsgelände, 195–235 SEK/Person

Julita Värdshus: Tel. 910 50. So Smörgåsbord, schöne Terrasse am Seeufer, moderat.

191

Tom Tits, Södertälje

Rund 400 spannende Experimente verteilen sich über die vier weiträumigen Stockwerke einer ehemaligen Fabrik mit Innenhof und Garten in Södertälje. Von der Maschinenhalle im Erdgeschoss bis zum Thema menschlicher Körper unterm Dach werden alle erdenklichen naturwissenschaftlichen Phänomene verständlich dargestellt und manchmal buchstäblich am eigenen Leib erfahrbar gemacht. Tom Tits Experiment, Storgatan 33, Södertälje, www.tomtit.se, Ende Juni–Ende Aug. tägl. 10–17, übrige Zeit Mo–Fr 10–16, Sa, So 10–17 Uhr.

Eskilstuna

Südschweden-Atlas: S. 236, C 1
Sehenswert in der alten Handelsstadt, die auch auf eine lange Tradition der Eisenbearbeitung zurückblickt, ist die idyllische **Altstadt** rund um die Köpmangatan. Am Flüsschen Eskilstunaån liegt malerisch der **Tingsgården** aus dem 18. Jh., heute ein Zentrum für Glashandwerker mit Glashütte, Gravierwerkstatt, Schleiferei und Glasmalerei sowie einem populären Restaurant.

Die andere Attraktion von Eskilstuna sind die **Rademachersmedjorna** (Rademacherschmieden, 1658), benannt nach dem Livländer Reinhold Rademacher, der durch Privilegien von Karl X. Gustav nach Schweden gelockt worden war und Messer, Scheren,

Steigbügel und Schlösser herstellte. Jean de la Vallée, der auch den rechtwinkligen Stadtplan entwarf, baute die Schmiede (Juni–Aug. tägl. 10–17, Sept.–Dez., März–Mai Di–Fr 10–16, Sa, So 12–15 Uhr).

Im 19. Jh. entwickelte sich Eskilstuna zu einem wichtigen Zentrum des Maschinenbaus. Im **Munktellmuseet,** untergebracht in der ehemaligen Werkshalle der Firma Bolinder-Munktell, heute Volvo, stehen die Original-Traktoren in Reih und Glied, die seit 1913 hier gefertigt wurden. Interessant ist neben der Vorführung alter Schiffsmotoren ein Blick ins ›Herz‹ eines Traktors: In Bewegung gesetzt, zeigt das Modell, wie die Teile millimetergenau ineinander greifen (Munktellstorget 6, Mo–Fr 10–15, So 13–15 Uhr).

Nahe dem Schloss Sundbyholm am Ufer des Mälaren liegt in einem für diese Breitengrade untypischen Buchenwald **Sigurdsristning,** ein interessantes Zeugnis der Wikingerzeit (ausgeschildert). Die eigentümliche Mischung aus Felsritzung und Runenstein besteht aus einem Schriftband, das an einen Verstorbenen erinnert, und Bildern, die Sigurds Kampf mit einem Drachen darstellen.

Eskilstuna Turistbyrå: Rademachergatan 50, 63220 Eskilstuna, Tel. 0 16-10 70 00, Fax 51 45 75.

Sundbyholms slott: Tel. 42 84 00, Fax 965 78. 11 km nördlich von Eskilstuna. Wohnen in modernen Holzhäusern neben dem Schloss von 1648, heute Restaurant, in wunderschöner Lage am Mälarsee, Badeplatz und Yachthafen vor der Tür, ca. 2000 SEK/DZ.

Tingsgården: Rådhustorget (Altstadt), Tel. 51 66 20. Populäres Lokal mit Terrasse über dem Fluss, moderat.

 Zug nach Stockholm, Örebro, Flen und Västerås/Sala, Busverbindung nach Arboga, Örebro und Strängnäs.

Strängnäs

Südschweden-Atlas: S. 232, C 4
Die Stadt, in der Gustav Wasa 1523 zum König gewählt wurde, war bereits im 12. Jh. ein wichtiges geistliches Zentrum. Auf der Anhöhe rund um den Dom, der Ende des 15. Jh. im wesentlichen sein heutiges Aussehen erhielt, erstreckt sich die malerische Altstadt. Der für eine so kleine Stadt etwas überdimensioniert erscheinende **Dom** beherbergt neben einer unbedingt sehenswerten Innenausstattung die sterblichen Überreste von König Karl IX.

In direkter Nachbarschaft der Kirche liegt die nach Bischof Kort Rogge benannte ehemalige **Residenz Roggeborgen**, entstanden um 1480 und von 1626 bis in die 1930er Jahre Gymnasium. Auf einem weiteren Hügel direkt am Ufer des Mälaren befindet sich das zweite Gebäude, das die Silhouette von Strängnäs prägt: eine stattliche **Windmühle**, von deren Fuß aus sich ein schöner Blick eröffnet.

 Strängnäs Turistbyrå: Grassagården, Kvarngatan, 64530 Strängnäs, Tel. 0152-296 94, Fax 296 95.

 Zug nach Stockholm und Eskilstuna/Örebro, Bus nach Eskilstuna und Stockholm.

Västerås

Südschweden-Atlas: S. 232, C 4
Die Stadt der Gurken wird Västerås noch immer genannt, obwohl die Zeiten, als hier die meisten schwedischen Gurken angebaut und eingelegt wurden, lange vergangen sind. Noch früher war die Stadt am Mälarsee ein wichtiges kirchliches und weltliches Zentrum. Ab 1120 residierte in Västerås ein Bischof, hier wurden auch Münzen geprägt. Der Reichstag von 1527, auf dem die Einführung der Reformation beschlossen wurde, fand im Dominikanerkloster statt. Heute ist Västerås in erster Linie eine Industriestadt, größter Arbeitgeber ist der schwedisch-schweizerische Konzern Asea Brown Boveri. Wegen der zahlreichen Sehenswürdigkeiten in der Umgebung und der landschaftlich reizvollen Lage am Ufer des Mälaren lohnt sich ein Besuch aber trotzdem.

Sehenswert ist der **Dom**, mit dessen Bau um 1240 begonnen wurde. Die Statue von Carl Milles auf dem Vorplatz stellt Johannes Rudbeckius dar, der 1623 in Västerås das erste schwedische Gymnasium gründete.

Dahinter erstreckt sich **Kyrkbacken**, eines der ältesten Stadtviertel, das vom großen Brand 1714 verschont blieb. Kopfsteingepflasterte Straßen winden sich, gesäumt von liebevoll gepflegten Häusern des 17. und 18. Jh., den kleinen Hügel hinauf. Malerische Holzhäuser finden sich ebenfalls am Flüsschen Svartån.

Das im **Schloss** untergebrachte Länsmuseum zeigt neben Grabfunden aus der Wikingerzeit auch den Silberschatz, der bei Bauarbeiten am Stora Torget gefunden wurde (2005 vorübergehend geschlossen).

Anundshögen, eine der größten vorgeschichtlichen Stätten Schwedens, liegt rund 5 km östlich der Stadt bei Badelunda. Um einen riesigen Grabhügel, der vermutlich aus dem 6. Jh. stammt, gruppieren sich kleinere Gräberfelder, zwei Schiffssetzungen und ein ungewöhnlicher Runenstein aus der Mitte des 11. Jh.

Die Umgebung von Västerås

Seit 1607 wird 13 km nördlich von Västerås in **Skultuna** Messing hergestellt und verarbeitet; hier entstand auch der Kronleuchter der Domkirche zu Västerås. Zu der Fabrikanlage gehören außer einem Museum auch Café und Verkaufsräume (Mo–Fr 10–18, Sa, So 10–16 Uhr).

25 km südöstlich von Västerås bietet sich ein Abstecher auf die Halbinsel Ängsö an. Sie steht mitsamt etwa 60 vorgelagerten Inseln unter Naturschutz. Auf der Halbinsel liegt **Engsö** (Ängsö) slott, ein quadratisches, um 1740 von Carl Hårleman im Stil des Rokoko errichtetes Schloss, um das sich allerlei Spukgeschichten ranken (Mai/Juni Sa, So 13–17 Uhr, Juli–Mitte Aug. Sa–Do 13–17 Uhr).

Ein weiterer Abstecher führt zum ca. 15 km südlich von Västerås am Mälaren gelegenen **Tidö slott**. Axel Oxenstierna, der mächtige Reichskanzler, ließ es ab 1625, zum Teil nach Plänen von Nicodemus Tessin d. Ä., errichten. Die prächtige Innenausstattung mit wertvollen Intarsienarbeiten ist noch

weitgehend im Originalzustand erhalten. Außerdem beherbergt das Schloss ein großes Spielzeugmuseum mit ca. 30 000 Exponaten, zu denen auch Spielsachen des heutigen Königs gehören (Mai Sa, So 12–17, Juni–Mitte Aug. Di–So 12–17 Uhr).

Strömsholms slott an der Mündung des Strömsholms kanal in den Mälarsee wurde von Gustav Wasa um 1560 als Festung errichtet. Eine seiner Witwen, Katarina Stenbock, lebte hier bis zu ihrem Tod im Jahre 1621. Um 1670 ließ Karl X. die Festung durch Nicodemus Tessin d. Ä. im Stil des Barock für seine Gattin Hedwig Eleonora umbauen. Das Schloss, dessen Inneneinrichtung vorwiegend aus der Zeit Gustavs III. stammt, beherbergt eine große Sammlung von Gemälden David Klöcker Ehrenstrahls, unter anderem zahlreiche Pferdebilder (Juni und Aug. tägl. 12–16, Juli 12–17).

Gustav Wasa gründete seinerzeit hier ein Gestüt und legte damit den Grundstein für eine Tradition, die noch heute gepflegt wird. Alljährlich zu Pfingsten findet hier das Swedish Grand National statt.

Västerås Turistbyrå: Utflyktsbutiken, Stora Gatan 40, 72187 Västerås, Tel. 0 21-10 38 30, Fax 10 38 50.

Stadshotellet: Stora Torget, Tel. 10 28 00, Fax 10 28 10. Großes Haus in zentraler Lage, 137 Zimmer, 800–1300/DZ.
Lövuddens Konferens och Fritidscenter: Tel. 18 52 30, Fax 12 30 36, www.lovudden.nu, Jugendherberge und Hotel 4 km außerhalb direkt am Ufer des Mälaren, 650–890 SEK/DZ.

Strömsholms slott bildet alljährlich die Kulisse für das Swedish Grand National

Camping

Johannisbergs Camping: Tel. 14 02 79, Fax 14 07 28. 5 km südlich von Västerås am Mälaren, Hüttenvermietung.

Kohlswa Herrgård: Tel. 02 21-5 09 00, Fax 5 11 80. Sehr gutes Restaurant mit Hotel nördlich von Köping, moderat.

Sky Bar: Hotel Aros, Kopparbergsvägen 16, Tel. 10 10 99. Vom 24. Stock des Hotel eröffnet sich ein schöner Blick über die Stadt.

Ausflüge: Im Sommer Bootsausflüge zu den Schlössern Tidö und Engsö, nach Birka, dem großen Handelsplatz der Wikinger auf einer Insel im Mälaren, sowie nach Mariefred zum Schloss Gripsholm. Karten über Touristeninformation oder Tel. 18 96 85.

Zug nach Stockholm, Örebro, Eskilstuna, Norrköping, Sala, Fagersta, Ludvika, Busse über Enköping nach Uppsala und Stockholm, über Köping nach Arboga, nach Surahammar, innerskandinavische Flüge.

195

ZUM SILJANSEE

Nirgendwo in Schweden sind Volksmusik und traditionelles Handwerk noch so lebendig wie am Siljansee. Für die hier stattfindenden sommerlichen Folklorekonzerte könnte es keinen schöneren Rahmen geben: dicht bewaldete Berge, rote Holzhäuser und von Wildblumen übersäte Wiesenhänge überm Seeufer – Bilderbuchschweden par excellence.

Bergslagen

Ein lohnender Weg zum Siljansee führt von Västerås durch die Bergwerksregion Bergslagen, deren Erzreichtum seit dem 17. Jh. ausgebeutet wurde. Hier wurden die Grundlagen für den Reichtum Schwedens gelegt und das Geld verdient, mit dem das Land eine Militärmacht aufbauen, zur Großmacht aufsteigen und entscheidend in den Dreißigjährigen Krieg eingreifen konnte. Einige der heute stillgelegten traditionsreichen Gruben, in denen neben Eisen auch Kupfer und Silber gefördert wurden, können besichtigt werden. Zwei davon, Ängelsbergs bruk und die Kupfergrube in Falun, zählen gar als einzigartige Industriedenkmale zum Weltkulturerbe der UNESCO.

Da das in den Hütten von Bergslagen produzierte Eisen transportiert werden musste, bauten zwischen 1777 und 1795 vorwiegend Kriegsgefangene den **Strömsholms kanal.** Nur 12 km des Wasserweges mussten gegraben werden, der Rest der insgesamt 110 km langen Strecke besteht aus natürlichen Wasserläufen und Seen. Zwischen Smedjebacken in Dalarna und dem Mälarsee überbrücken 26 Schleusen einen Höhenunterschied von ca. 100 m.

Mit dem Bau der Eisenbahn nahm die Bedeutung des Kanals zusehends ab, im Jahr 1945 stellte man den Frachttransport völlig ein. Nach einer umfangreichen Restaurierung ist der Kanal seit 1970 offen für Freizeitboote; zwischen Ende Juni und Mitte August bedient ein Passagierschiff, die ›M/S Strömsholm‹, die gesamte Strecke von Hallstahammar bis Smedjebacken. Die geruhsame Fahrt dauert drei Tage. Information über die Touristenbüros an der Strecke oder Strömsholms kanal AB, Box 506, 73427 Hallstahammar, Tel. 100 11.

Wie alle Orte in Bergslagen blickt auch **Hallstahammar** auf eine lange Tradition der Erzförderung und Eisenverarbeitung zurück. Die Trångfors-Schmiede war ab 1628 in Betrieb, sie kann besichtigt werden (Öffnungszeiten über Turistbyrå). Das Kanalmuseum an der alten Verteidigungsanlage

Skantzen dokumentiert die Geschichte des Strömsholms kanal, der hier über eine sogenannte Riesentreppe (Jättetrappan) mit sechs Schleusen einen großen Höhenunterschied überwindet (Juni–Ende Aug. tägl. 13–17 Uhr).

Västmanland: Westmanna Turism, Stora Gatan 40, 72187 Västerås, Tel. 021-10 38 00, Fax 10 38 09, www.turism.vastmanland.se.

Ängelsberg

Südschweden-Atlas: S. 232, B 3
Seinen Namen erhielt der Ort am See Åmänningen von dem aus Deutschland eingewanderten Bergmann Englika (daher die ältere Schreibweise Engelsberg), dem Großvater des Volkshelden Engelbrekt Engelbrektsson, der zu Beginn des 15. Jh. in Bergslagen einen Aufstand gegen die dänische Vorherrschaft anführte. **Engelsbergs bruk**, eine nahezu vollständig erhaltene Eisenhütte, die zu ihrer heutigen Größe wohl 1779 ausgebaut wurde, steht seit 1993 auf der World Heritage List der UNESCO. Bereits 1681 entstand an dieser Stelle eine Schmiede; die erhaltenen Hochöfen sind heute zum größten Teil noch funktionstüchtig. Die Anlage, zu der ca. 50 Gebäude gehören, war ein funktionierendes kleines Dorf mit Herrenhaus, Direktorenvilla, Arbeiter- und Dienstbotenwohnungen, Hochöfen und Stallungen. Führungen Ende Juni–Aug. 3 x tägl., Juni, zweite Aug. hälfte Di–Do, Mai, Sept. Sa, So 10.30, 13 Uhr.

Auf der Insel **Barrön** (oder Oljeön) wurde zwischen 1873 und 1927 eine Raffinerie betrieben, die aus den USA und Russland importiertes Öl zu Petroleum weiterverarbeitete, das die umliegenden Hütten für Lampen benötigten. Führungen Mai–Mittsom-

Die alte Eisenhütte Ängelsberg ist heute UNESCO Weltkulturerbe

Silbergrube von Sala

Ca. 40 km nördlich von Västerås lohnt Sala mit seiner Silbergrube einen Besuch. Zwischen 1501 und 1570 wurden hier insgesamt 200 t Silber gewonnen. Danach waren die Vorkommen fast vollständig erschöpft; der Erlös jedoch brachte Gustav Wasa die finanziellen Mittel für seine militärischen und städtebaulichen Projekte. Heute kann man sich in einem Museum über die Geschichte des Bergbaus informieren und im Rahmen von Führungen bis auf 60 m in einen 257 m tiefen Stollen absteigen (Mai–Aug. tägl. 10–17 Uhr).

mer Sa, So 10.30 und 13 Uhr ab Anleger Oljeön.

📖 **Vandrarhemmet Tallbacka:** Tallbacksvägen 8, Ängelsberg, Tel. 02 23-303 20, 0 70-367 30 96. Direkt gegenüber Oljeön, einfache Zimmer in einer Jahrhundertwendevilla, 130 SEK/Person.

Norberg

Südschweden-Atlas: S. 232, B 3
In Norberg, der ältesten Stadt in Bergslagen, wurde vermutlich seit dem 12. Jh. Eisenerz gefördert. Die letzte Grube legte man 1981 still. Hier wurde Engelbrekt Engelbrektsson geboren, und hier begann 1434 der von ihm angeführte Aufstand der Dalekarlier.

Sehenswert sind **Klackberg**, ein westlich des Zentrums gelegenes Abbaugebiet, durch das ein beschilderter Spazierweg führt, und **Kärrgruvan** nördlich des Ortes. Besucher des Grubenmuseums können sich über die harten Arbeits- und Lebensbedingungen der Bergleute informieren (Mitte Juni–Mitte Aug. tägl. 11–16 Uhr).

Einige weitere Kilometer nördlich findet sich ein riesiges, nach Entwürfen des Ingenieurs Christopher Polhem gebautes **Wasserrad** (Polhemshjul) von 15 m Durchmesser, mit dem zwischen 1877 und 1920 das immer wieder eindringende Grundwasser aus den Gruben gepumpt wurde. Der Volksglaube machte für Grubenunglücke wie Grundwassereinbrüche und Bergschlag die Grubentrolle und Gnome verantwortlich. Sie halfen zwar, wenn sie gut aufgelegt waren, den Menschen, das wertvolle Erz zu fördern, doch gelegentlich bereitete es ihnen auch unbändige Freude, die Arbeiter durch einstürzende Stollen oder Wassereinbrüche in Panik zu versetzen.

Auch wer sich in Norberg nicht mit der Geschichte des Bergbaus beschäftigen will, sollte doch zumindest eine Kaffeepause in Elsa Andersons Konditori einlegen und ein Stück der legendären Tangotorte versuchen (Fagerstavägen 1), bevor man über Hedemora mit seinen hübschen Holzhäuschen nach Borlänge gelangt.

📋 **Norbergs Turistbyrå:** Engelbrektsgatan 73, 73831 Norberg, Tel. 02 23-2 91 30, Fax 2 91 33.

📖 **Camp Norberg:** Tel. und Fax 2 23 03. Direkt am Norensee gelegen, Hüttenvermietung.

Kunsthandwerk von hoher Qualität findet man im Abrahamsgården im Zentrum.

Borlänge

Südschweden-Atlas: S. 232, A 2

In der Industriestadt Borlänge, in der der Tenor Jussi Björling geboren wurde, lohnt sicher kein längerer Aufenthalt, zumal rund um den Siljansee so viele Attraktionen warten. Für einen Zwischenstopp empfiehlt sich aber ein Besuch des **Zukunftsmuseums** (Framtidsmuseet) im Folkets hus. Es zeigt unter anderem einen populärwissenschaftlich, aber sehr gut aufbereiteten Querschnitt durch die Geschichte der Naturwissenschaften, die anhand zahlreicher interessanter Beispiele nachvollzogen wird. Man darf vieles anfassen und verändern, spielerisch mit den Dingen umgehen (Jussi Björlings väg 25, Mo 13–17, Di–Fr 10–17, Sa, So 12–17 Uhr, Planetarium Sa, So 13 und 14 Uhr).

Am Weg nach Falun liegt ca. 8 km hinter Borlänge **Ornässtugan,** ein Holzgebäude aus dem 15. Jh., in dem sich Gustav Wasa auf der Flucht vor den Dänen versteckt haben soll. Seit 1750 dokumentiert ein Museum die Geschichte Gustav Wasas (Juni–Aug. Mo–Sa 10–18, So 12–16 Uhr).

 Borlänge Turistbyrå: Sveagatan 1, 78433 Borlänge, Tel. 02 43-6 65 66, Fax 6 60 06.

Ulfshyttans Herrgård: Tel. 25 13 00, Fax 25 11 11, www.ulfshyttan.se. Countryside-Hotel ca. 20 km südlich von Borlänge, Wild- und Fischgerichte, auch Hotel, ab 1460 SEK/DZ.

Züge nach Stockholm, Hallsberg, Falun/Gävle, Mora und Malung, Busse nach Uppsala, Västerås und Falun, mehrere Flüge tägl. nach Stockholm vom Flughafen Dala.

Falun

Südschweden-Atlas: S. 232, B 2

Die wichtigste Touristenattraktion in Falun und inzwischen Weltkulturerbe ist die **Kupfergrube.** Bevor man sich zur Besichtigung in die Tiefe begibt, kann man sich schon mit deren Geschichte im **Museum** vertraut machen (Mai–Sept. tägl. 10–17, sonst Mo–Fr 11–17 Uhr). Das angeblich größte Loch der Welt, Stora Stöten, entstand 1687, als unzählige Stollen den Berg so ausgehöhlt hatten, dass er einstürzte. Die Katastrophe leitete das Ende der Kupferförderung ein, Eisenerz wird allerdings nach wie vor in riesigen Mengen gewonnen.

Vermutlich wird hier seit dem Ende der Wikingerzeit Kupfer abgebaut; im 16. Jh. kamen zwei Drittel der gesamten Weltkupferproduktion aus Falun. Besichtigt werden kann ein Teil der Schächte, in dem vom Mittelalter bis ins 19. Jh. Bergbau betrieben wurde. Die Grube hat auch blaublütige Besucher angezogen, die sich namentlich an den Wänden verewigt haben.

Gelebt haben die Bergarbeiter, die durch ihre harte körperliche Arbeit den Reichtum Schwedens entscheidend mehrten, zunächst in planlos errichteten Siedlungen im direkten Umfeld der

199

Grube. Als 1646 die Stadt auf der Grundlage eines rechtwinkligen Straßennetzes ausgebaut wurde, siedelte man die Bergleute in den Stadtteil Elsborg um, dessen auf Abraumhalden errichtete Holzbebauung heute zur ältesten Bausubstanz Faluns gehört.

Im Zusammenhang mit den Kupfergruben in Falun stehen auch zwei weitere Erscheinungen, die aus dem schwedischen Alltagsleben nicht wegzudenken sind: **Faluröd**, die rote Farbe, mit der viele Holzhäuser angestrichen werden, ist ein Abfallprodukt der Kupferförderung. **Falukorv** aber, die typische schwedische Fleischwurst, wurde von deutschen Bergleuten erfunden. Um das Kupfer in Körben ans Tageslicht befördern zu können, brauchte man starke Lederseile, die aus Ochsenhaut hergestellt wurden. Die armen Tiere kaufte man übrigens in Småland und trieb sie den ganzen langen Weg nach Falun hinauf. Da naturgemäß ein Ochse nicht nur aus Leder, sondern auch aus Fleisch besteht und zudem die Bergleute mit kräftiger Nahrung versorgt werden mussten, schlugen die Deutschen die Verarbeitung zu Fleischwurst vor.

Das Wintersportgebiet **Lugnet** war bereits mehrmals Austragungsort für Weltmeisterschaften. Von der 90 m-Schanze, deren Turm man mit einem Fahrstuhl erreichen kann, hat man einen weiten Blick über die ganze Stadt (Anfang Juni–Anfang Aug. Mo-Fr 10–21, Sa, So 10–17 Uhr).

 **Falu Turistbyrå:** Trotzgatan 10–12, 79183 Falun, Tel. 0 23- 830 50, Fax 833 14, www.welcome.falun.se.

 Park Inn Borgmästaren: Bergskolegränd 7. Tel. 70 17 00, Fax 70 17 90. 88 äußerst komfortable Zimmer, Sauna und Solarium im Haus, 790–1390 SEK/DZ.

First Hotell Grand: Trotzgatan 9–11, Tel. 79 48 80, Fax 141 43. Große Zimmer im Stadtzentrum, Pool und Sauna, ab 780 SEK/DZ.

Camping

Lugnets Camping och Stugby: Tel. 835 63, Fax 833 22, ganzj., www.camping.se/w20. 2 km vom Zentrum bei der Wintersportanlage Lugnet, auch Hüttenvermietung

 Banken Bar & Brasserie: Åsgatan 41, Tel. 71 19 11. Im französischen Bistro-Stil, moderat

Rådhuskällaren: Stora Torget, Tel. 2 54 00. Gehobene schwedische Küche, moderat.

Züge nach Stockholm, Gävle, Hallsberg, Bus nach Borlänge, Flughafen Dala.

Sundborn

Südschweden-Atlas: S. 232, B 2
Ca. 13 km nordöstlich von Falun liegt das Örtchen Sundborn, wo Carl Larsson (s. S. 35) 1888 mit seiner Familie die Sommermonate verbrachte und ab 1889 das ganze Jahr über lebte. Die Einrichtung des Hauses Lilla Hyttnäs wurde nicht zuletzt durch das Buch ›Das Haus in der Sonne‹ stilbildend für die schwedische Innenarchitektur. Carl Larsson war zwar derjenige, der diese neue Wohnkultur durch seine Aquarelle einer breiten Öffentlichkeit zugänglich machte, zahlreiche Entwürfe zu

Möbeln, Stoffen und Tapeten stammen jedoch von seiner Frau Karin. Die Bilderserie zeigt zum einen die familiäre Idylle, zum anderen jene bewusst gestalteten Räume mit ihren bemalten Schränken und Wänden, die sowohl Motive der dalekarlischen Bauernmalerei als auch des Jugendstils schmücken (Mai–Sept. tägl. 10–17 Uhr).

Auch das nebenan liegende Haus Stora Hyttnäs zeigt eine vollständig erhaltene Inneneinrichtung eines bürgerlichen Haushalts aus dem 19. Jh. Carl Larsson liegt in der Kirche von Sundborn begraben, für die er auch einige Gemälde schuf.

Rund um den Siljansee

Von Borlänge aus folgt der Weg zum Siljansee dem Verlauf des mit über 500 km längsten Flusses Schwedens, dem Dalälven, der sich bei Djurås aus dem Zusammenfluss von Västerdalälven und Österdalälven bildet. Auf dem Fluss wurde bis in die 60er Jahre Holz geflößt, außerdem ist er ein gutes Fischgewässer.

Wer die Landschaft um den Siljansee einmal bei Sonnenschein erlebt hat, wird für immer von ihr fasziniert sein. Die unvergleichliche Komposition der unterschiedlichsten Farben, die durch das besondere Licht des Nordens fast durchsichtig erscheinen, hat noch jeden, der sie erlebt hat, in ihren Bann gezogen. Die Bäume präsentieren sich jeder mit seinem eigenen Grünton. Die Holzhäuser zeigen sich mal kräftig rot, oder, wenn der Anstrich bereits verwittert ist, leicht bräunlich.

Die weiter entfernt liegenden Berge schimmern manchmal in einem unwirklichen Blau; der Himmel changiert je nach Wetterlage von Blitzeblau bis Tiefschwarz. Durch die Bäume der kleinen, wie zufällig ins Wasser geworfenen Inseln lugen rote Holzhäuschen, und die Farbe des Sees variiert je nach Himmel und Wassertiefe von Tiefschwarz bis Knallblau.

Ob der Schönheit dieser Landschaft wundert es nicht, dass die Region gemeinhin als Inbegriff Schwedens gilt und zu den touristisch besterschlossenen Gegenden des Landes zählt. Überall sieht man Hotels, Hüttendörfer, Restaurants, Cafés, Souvenirshops und Kunsthandwerkerläden. Dennoch wirkt diese auch bei Schweden überaus beliebte touristische Hochburg nie gestylt. Die Architektur der Hotels und Restaurants ist fast immer der traditionellen Holzbauweise angepasst. Und wie überall im Lande, selbst da, wo es für schwedische Verhältnisse sehr voll ist, hat auch der von seiner dicht besiedelten Heimat gestresste Zentraleuropäer immer noch das Gefühl, sehr viel Platz und – wenn gewünscht – auch Ruhe zu haben.

Die an Sehenswürdigkeiten und Naturschönheiten so reiche Region um den Siljansee bietet sommers wie winters unendlich viele Betätigungsmöglichkeiten. Sie alle zu beschreiben würde jeden Rahmen sprengen, weshalb im folgenden nur ein kleiner Ausschnitt gezeigt werden kann. Den siebtgrößten See Schwedens, der bis zu 133 m tief ist, kann man nicht nur mit dem Auto, sondern auf dem gut markierten Siljansleden (Siljansweg) auch hervorragend zu Fuß oder mit dem Fahrrad umrunden.

🛏 **Siljanturism AB:** Storgatan 17B, 79530 Rättvik, Tel. 02 48-79 72 00, Fax 79 72 21, www.siljan.se. Buchung von Unterkünften und Veranstaltungen für die gesamte Siljan-Region.

🎭 Um den Siljansee wird am Samstag in der Zeit 20.–26. Juni noch sehr traditionell **Midsommar** gefeiert. Höhepunkt der Saison ist das Festival **Musik vid Siljan,** zu dem in der ersten Juliwoche hunderte Volksmusiker Konzerte geben, Info: www.musikvidsiljan.se.

Leksand

Südschweden-Atlas: S. 231, F 2
Die kleine Stadt zu beiden Seiten des Österdalälven, der hier den Siljansee verlässt, mit der zwiebelturmgekrönten **Kirche** (älteste Teile frühes 13. Jh.) war der Sommersitz des Kunstsammlers und Schriftstellers Axel Munthe. Das nobel eingerichtete Haus **Hildasholm,** das er 1910/11 für seine englische Frau Hilda bauen ließ, steckt voller Kunst aus ganz Europa (Juni–Mitte Sept. Mo–Fr 11–17, So 13–17 Uhr). Zum Ortsteil **Tällberg** mit seinen vielen Hotels fährt man direkt am See entlang auf einer kleinen gewundenen Straße durch eine wiesenreiche Bilderbuchlandschaft.

🛏 **Siljan Turism Leksand:** Norsgatan 40, 79330 Leksand, Tel. 02 47-79 61 30, Fax 79 61 31.

🛏 **Hotell Dalecarlia:** Tällberg, Tel. 8 91 00, Fax 5 02 40, www.dalecarlia.se. Bestes Hotel am Platze, ab 1050 SEK/DZ, Wochenendpakete.

Romantik Hotel Åkerblads Gästgiveri: Sjögattu, Tällberg, Tel. 508 00, Fax 508 52, www.akerblads-tallberg.se. Im ältesten Bauernhof von Leksand (1500) wurde ein Nobelhotel eingerichtet; dazu gehört auch Tällbergsgården Pensionat, ab 900 SEK/DZ.
Klockargården Tällberg: Tel. 5 02 60, Fax 5 02 16, www.klockargarden.com. Ca. 20 Blockhäuser, ab 990 SEK.
STF Vandrarhem Leksand: Parkgården, Tel. 1 52 50, Fax 1 01 86, www.vandrarhemleksand.se. Fast ein Freilichtmuseum, ab 130 SEK/Person.
Camping
Västanviksbadets Camping: Tel. 3 42 01, Fax 1 31 33, am See Richtung Siljansnäs.

🍴 **Björkbergets Turist & Konferens:** Björkberget, Siljansnäs, Tel. 231 22, Fax 222 70. Regionaltypische Spezialitäten, rustikale Einrichtung, herrliche Aussicht, günstig–moderat.

🚆 Züge nach Mora und Borlänge, Bus nach Borlänge. Außerdem verkehrt im Sommer die ›M/S Gustaf Wasa‹, ein traditionsreiches Passagierschiff, auf der Strecke Leksand–Rättvik–Mora.

Rättvik

Südschweden-Atlas: S. 231, F 2
Hier befindet sich eines der traditionellen Zentren der schwedischen Volkskultur: Das Sprichwort »Wenn sich zwei Rättviker treffen, spielen drei von ihnen Geige« charakterisiert dieses Phänomen sehr treffend. Wie in Leksand finden auch hier im Rahmen des Volksmusikfestivals im Juli zahlreiche Veranstaltungen statt.

Besondere Attraktion ist ein anderes Element der Traditionspflege: Von Mid-

Früher konnte die Kirche von Rättvik nur mit Booten erreicht werden

sommar bis August werden, wenn das Wetter es zulässt, sonntags um 10 Uhr die mit Blumen und Birkenzweigen geschmückten Kirchenboote vom Anleger in der Nähe des Kulturhauses zur Kirche gerudert. Die 20 m langen Boote waren früher, als die Straßen schlecht oder nicht vorhanden waren, ein wichtiges Transportmittel für den Weg zum sonntäglichen Gottesdienst. Sie konnten maximal 60 Menschen aufnehmen und wurden von bis zu 24 Ruderern bewegt. Zwischen Midsommar und dem Ende der ersten Juliwoche finden auf dem gesamten Siljansee spektakuläre Ruderwettbewerbe der Kirchenboote statt.

In direkter Nachbarschaft der Kirche, die im 13. Jh. entstand und im 18. Jh. umgebaut und durch einen Turm ergänzt wurde, liegen 89 Kirchenställe aus dem 16. und 17. Jh., in denen früher während des Gottesdienstes die Pferde eingestellt wurden. Der Wasa-Stein südlich des Gotteshauses erinnert an Gustav Wasa, der hier im Dezember 1520 Schutz vor seinen dänischen Verfolgern suchte.

Musikveranstaltungen einen etwas größeren Rahmen bietet der zu einer Open-Air-Bühne umgestaltete ehemalige Kalksteinbruch 5 km nördlich von Rättvik: **Dalhalla** ist im Sommer alljährlich Schauplatz von hochkarätigen Opernaufführungen und Rockkonzerten. Auch ohne Musikuntermalung ist die Kulisse beeindruckend (Juni–Aug. tägl. 10–16, Juli 9–17 Uhr).

Siljan Turism Rättvik: Riksvägen 40, 79532 Rättvik, Tel. 02 48-79 72 10, Fax 79 72 11 (im Bahnhof).

Aktiv in Eis und Schnee

Die hohe Beteiligung am Vasaloppet von Mora nach Sälen in Dalarna beweist, dass Langlauf und Skiwandern in Schweden nach wie vor Volkssport sind. Allein in Sälen im westlichen Dalarna, das von November bis Mai schneesicher ist, warten 50 km präparierte Loipen. Rasanter geht es auf den über 100 Alpinski-Pisten in Dalarna zu.

 Gärdebygården/Hotell Vidablick: Hantverksbyn, Tel. 302 50, Fax 306 60, www.hantverksbyn.se. Sommerhotel mit Blick über den Siljan, auch Selbstversorgerhütten, ab 850 SEK/DZ.
STF Vandrarhem Rättvik: Centralgatan, Tel. 1 05 66, Fax 5 61 13. 155 SEK/Person.
Camping
Siljansbadet: Tel. 5 16 91, Fax 5 16 89, Campingplatz direkt am See.

Aussichtspunkt: Vidablick, südlich des Zentrums, Aussichtsturm und Café, Juni/Juli 11–21, Mitte– Ende Mai und Aug. tägl. 11–16 Uhr.

Züge nach Stockholm, Mora und Borlänge.

Wer von Rättvik nach Mora nicht den direkten Weg über die R 70 nehmen, sondern in die urwüchsige Landschaft in der Umgebung des Sees eintauchen möchte, biegt auf die Landstraße 301 ein und erreicht nach ca. 10 km **Boda kyrkby**. Wie in Rättvik gruppieren sich um eine Kirche einige (diesmal rote) Holzhäuser.

Von hier ist es nicht mehr weit zum **Styggforsen**, einem geologisch interessanten, 36 m hohen Wasserfall, um den sich zahlreiche Sagen und Volksmärchen ranken. Ein gut präparierter Spazierweg leitet mit Steigen und Treppen sicher durch das Gelände. Der Styggforsen verdankt seine Entstehung ebenso wie der Siljansee einem Meteoriten, der hier vor 360 Mio. Jahren einschlug. Die gewaltige Energie verformte das Gestein – Schiefer, Kalkstein und Granit – und brachte die übereinanderliegenden Schichten in eine mehr oder weniger senkrechte Lage zueinander. Gewaltige Wassermassen haben den Fels im Laufe der Zeit ausgewaschen und einen tiefen Canyon gebildet.

Die dramatischen Gesteinsformationen und der umgebende Wald wirkten von jeher anregend auf die menschliche Fantasie: Auf einem Felsvorsprung (Fogdeklippan) oberhalb des Falles soll 1712 ein Landvogt versucht haben, sich mit seinem Pferd in die Tiefe zu stürzen. Das Pferd verweigerte jedoch den Absprung, machte kehrt und brachte den Lebensmüden nach Haus. Der Volksmund behauptet auch, dass der Felsvorsprung abbrechen wird, wenn sich drei alte Jungfrauen darauf versammeln. Im Trollhålet, einer Grotte am Fuß des Wasserfalles, leben kleine freundliche Trolle mit roten Zipfelmützen, die allerdings, wenn man sie stört oder reizt, sehr ungemütlich werden können.

Orsa besticht vor allem durch seine zahlreichen Freizeiteinrichtungen. Absoluter Höhepunkt ist Orsa/Grönklitts Björnpark, ca. 15 km nördlich des Ortes. Auf dem 90 000 m² großen Gebiet leben Bären und Wölfe, die man aus sicherer Entfernung beobachten kann (Mai–Ende Sept. tägl. 10-15, Juni–Anfang Aug. bis 17 Uhr).

 Siljan Turism Orsa: Dalagatan 1, 79430 Orsa, Tel. 02 50-55 25 50, Fax 55 25 51.

 Pensionat Strandvillan: Älvgatan 6, Tel. 408 73, Fax 4 31 33, www.strandvillan.com. Nettes, gemütliches Pensionat am Flussufer in zentraler Ortslage. Zimmer mit Dusche/WC 750 SEK/DZ.

Mora

Südschweden-Atlas: S. 231, F 1/2
Verknüpft man mit Leksand und Rättvik eher Traditionen und Volkskunst, so sind es im Zusammenhang mit Mora Politik und Kunst, auch wenn der Künstler sich seiner Heimat sehr verbunden fühlte und bei der Wiederbelebung alter Traditionen mitwirkte. Die Rede ist von **Anders Zorn** (1860–1920), einem der bekanntesten Maler Schwedens, der in Mora lebte und arbeitete. Sein beachtliches Vermögen investierte er in eine kunst- und kulturhistorische Sammlung, wobei ihm seine guten internationalen Kontakte zu Künstlerkollegen bei der Beschaffung hochrangiger Kunstwerke halfen.

Bevorzugtes Motiv des Malers Anders Zorn, der sich im übrigen auch gern selbst porträtierte, sind üppige Frauen, die sogenannten *dalkullor*. Beispiellos ist seine Wiedergabe von Lichtreflexen, und so zählen zu Zorns schönsten Werken Bilder von Frauen, auf deren nackter Haut sich der Widerschein des Feuers spiegelt. Diese Gemälde sind im von Ragnar Östberg errichteten **Zornmuseum** an der Vasagatan zu besichtigen. Im Kellergeschoss findet sich Zorns Sammlung von Einrichtungsgegenständen und älterer Malerei sowie archäologische Funde, die der Künstler selbst bei Ausgrabungen in der Nähe von Mora in den 1890er Jahren zusammengetragen hat (Vasagatan 36, am Ufer des Österdalälven, Mitte Mai–Mitte Sept. Mo–Sa 9–17, So 11–17, sonst Mo–Sa 12–17, So 13–17 Uhr).

Zu der Stiftung Zornsamlingarna gehören außerdem **Zorngården,** das Wohnhaus von Anders und Emma Zorn (Vasagatan, gegenüber der Kirche, nur geführte Touren Mitte Mai–Mitte Sept.

Inlandsbanan

In Mora startet von Mitte Juni bis Mitte September der Schienenbus (Rälsbussen) der Inlandsbana zu einer gut siebenstündigen Fahrt Richtung Norden, nach Östersund in Jämtland. Diese Tour auf der eingleisigen Strecke gen Norden ist ein ganz besonderes Erlebnis, denn sie führt durch eine Landschaft von urwüchsiger Schönheit – Begegnungen mit Rentieren sind nicht ausgeschlossen. In Östersund kann man am nächsten Tag in Richtung Gällivare in Lappland weiterfahren. Im Angebot sind auch Kombipakete; Informationen: www.inlandsbanan.se.

Mo–Sa 10–16, So 11–16, sonst Mo–Sa stdl. 12–15, So 13–16 Uhr), und **Zorns Gopsmor,** das 20 km nördlich Richtung Älvdalen am Fluss Österdalälven gelegene Atelier des Künstlers (Öffnungszeiten im Zorngården erfragen).

In **Zorns Gammelgården,** einem Freilichtmuseum mit von Zorn zusammengetragenen Holzhäusern und Alltagsgegenständen (Juni–Ende Aug. tägl. 12–17 Uhr, Führungen Di–So), findet alljährlich am Donnerstag vor Midsommar nachmittags eine Feier statt, bei der der Maibaum aufgestellt, gesungen, musiziert und getanzt wird.

Der andere Mann, dessen Name eng mit Mora verknüpft ist, ist **Gustav Wasa.** Der wollte hier 1522 die Bauern zur Unterstützung gegen die Dänen aufrufen. Als diese sich weigerten, verließ Gustav Wasa auf Skiern verbittert den Ort. Die Bauern aber bereuten ih-

re Absage und schickten ihm zwei Boten nach, die ihn bei Sälen einholten. In Rekordzeit eilte Gustav Wasa die 85 km lange Strecke zurück. Zum Gedenken an Wasas Marsch findet seit 1922 alljährlich am ersten Märzsamstag der Wasalauf von Sälen nach Mora statt, ein Spektakel, an dem Zehntausende von Skiläufern, gelegentlich auch blaublütige wie der schwedische König, teilnehmen. Deutsche Mitläufer liegen nach den Norwegern auf Platz zwei bei den ausländischen Teilnehmern.

Direkt gegenüber dem Ziel in Form eines Holztors mit der Aufschrift »I fäders spår för framtids segrar« (Auf den Spuren der Väter zu künftigen Siegen) dokumentiert Vasaloppets hus in einer Ausstellung die Geschichte des Volkslaufes (Mitte Juni–Mitte Aug. tägl. 10–17, sonst Mo–Fr 10–17 Uhr).

Nördlich des Siljansees wird die Landschaft merklich karger

Den Weg nach **Nusnäs**, dem südlich von Mora gelegenen Zentrum der Holzschnitzerei am Siljansee, weist ein Schild mit der Aufschrift ›Dalahäst tillverkning‹. Hier gibt es zwei Betriebe, die sich der Herstellung der bemalten Dalapferdchen widmen. Vermutlich bereits im 18. Jh. schnitzten die Holzfäller nach getaner Arbeit am Feuer Holzfiguren, vorwiegend Pferde, die ihre wichtigsten Regleitor boi der Arbeit waren. Ab dem 19. Jh. wurden die Figuren mit Motiven der Dalamalerei, floralen Ornamenten, die sich auch auf Tapeten und Schränken wiederfinden, verziert. Sie entwickelten sich im Lauf der Zeit zu einem begehrten Verkaufsartikel, dienten zeitweise sogar als Zahlungsmittel.

Was ursprünglich ein Zeitvertreib für die Wintermonate war, hat sich seit den 30er Jahren zu einem bedeutenden Wirtschaftszweig ausgewachsen. Das Sortiment wurde im Laufe der Jahre um andere Tiere wie Schweine und Hähne erweitert. Bis auf die Herstellung der Rohlinge, die maschinell ausgesägt werden, erfolgt die Bearbeitung in Handarbeit.

Den krönenden Abschluss einer Umrundung des Siljansees bildet eine Besteigung des 501 m hohen **Gesundaberget**, einem der wichtigsten Wintersportzentren mit vier Schleppliften, neun Abfahrten und gespurten Loipen. Faule können auch die (offene) Seilbahn benutzen (Ende Juni–Mitte Aug. tägl. 11–18, an Midsommar 19–3 Uhr). Von hier oben eröffnet sich ein fantastischer Blick über den Siljansee und auf **Sollerön**, die größte Insel des Sees, die über Brücken mit dem Festland verbunden ist. Hier wurden früher die meisten Boote hergestellt, mit denen die Kirchgänger sonntags zum Gottesdienst ruderten. Zu Beginn des Jahrhunderts fand man hier im Zuge der Brückenbauarbeiten ein riesiges Gräberfeld aus der Wikingerzeit.

Den Weihnachtsmann und seine Helfershelfer trifft man auch im Sommer im Vergnügungspark Tomteland am Fuße des Gesundaberget. (Mitte Juni–Mitte Aug. tägl. 10–17 Uhr, im Winter eingeschränkte Öffnungszeiten).

 Siljan Turism Mora: Stationsvägen 3, 79232 Mora, Tel. 02 50-59 20 20, Fax 59 20 21.

 Zug von Stockholm, Inlandsbana nach Östersund (Sommer).

REISEINFOS VON A BIS Z

Alle wichtigen Informationen rund ums Reisen auf einen Blick – von A wie Anreise bis Z wie Zeitungen

Extra: Ein Sprachführer mit Hinweisen zur Aussprache, wichtigen Redewendungen, einem Überblick über die schwedische Speisekarte und Zahlen

Bootshäuser in Smögen
an der Westküste

REISEINFORMATIONEN VON A BIS Z

Anreise

... mit Auto und Fähre

Die 16 km lange **Öresundsbron** führt von Kastrup südlich von Kopenhagen nach Lernacken bei Malmö. Die Brücke ist für Fußgänger und Radfahrer gesperrt, PKW zahlen Maut. Trotz dieser Alternative kann eine Anreise per Fähre durchaus ein schöner Urlaubsauftakt sein. Wenn man nicht aufs Geld schauen muss, ist eine Nachtfahrt eine bedenkenswerte Alternative. Informationen im Reisebüro oder bei den Fährgesellschaften:

Kiel–Göteborg (ca. 13 $^1/_2$ Std.) Auto inkl. aller Pers. ab 212 € (hin und zurück, Kabine 43–200 €). **Frederikshavn (DK)–Göteborg** (2 bzw. ca. 3 $^1/_2$ Std.) oder **Grenå (DK)–Varberg** (ca. 4 Std.) Auto inkl. aller Pers. ab 118 € (hin und zurück). Stena Line Scandinavia AB, Schwedenkai 1, 24103 Kiel, Tel. 04 31-90 99, Fax 90 92 00, www.stenaline.de.

Travemünde–Trelleborg (7 $^1/_2$ Std.) und **Rostock–Trelleborg** (ca. 5–7 Std.), TT-Line: Hin- und Rückfahrt für 5 Pers. und Auto ab 171 €. TT-Line/TR-Line, Mattentwiete 8, 20457 Hamburg, Tel. 0 40-360 14 42, Fax 360 14 07, www.tt-line.de.

Puttgarden–Rødby (DK) bzw. **Rostock–Gedser** (DK), **Helsingør (DK)–Helsingborg**, für 9 Pers. und PKW ab 75 bzw. 87/98 € (einf. Fahrt). **Sassnitz–Trelleborg** (3 $^1/_2$ Std.; ab 90 €), **Rostock–Trelleborg** (ca. 6 Std.; ab 115 €). Scandlines, Puttgarden Tel. 0 43 71-86 51 61, Rostock Tel. 03 81-673 12 17, Sassnitz, Tel. 03 83 92-644 20, Service-Tel. 01805-7226354637, www.scandlines.de.

... mit dem Flugzeug

Direktflüge nach Stockholm-Arlanda tägl. von Düsseldorf, Frankfurt, Hamburg, München, Stuttgart und Berlin. Direktflüge nach Göteborg-Landvetter ab Hamburg, Düsseldorf, Frankfurt und München. Zusätzliche Verbindungen via Kopenhagen.

Nach Arlanda fliegen SAS (www.scandinavian.net) ab Berlin-Tegel, München, Frankfurt und Düsseldorf sowie Germania Express (www.gexx.de) von Düsseldorf und München, Germanwings (www.germanwings.de) von Köln-Bonn und (ab März 2005) Hapag Lloyd Express (www.hlx.com) von Hannover. Ryanair (www.ryanair.com) fliegt den Flughafen Skavsta (ca. 110 km entfernt, bei Nyköping) ab Frankfurt-Hahn, Niederrhein und Lübeck an sowie Göteborg-City (15 km vom Zentrum). Info: www.ryanair.com.

... mit der Bahn

Europaweite Angebote machen Bahnfahren zu einer lohnenden Alternative zur Anreise per Flugzeug oder Auto, zumal die Brücke über den Öresund eine bequeme 5 $^1/_2$-stündige Fahrt von Hamburg nach Malmö ermöglicht.

Der **ScanRail-Pass** gilt für alle Züge in Dänemark, Schweden, Norwegen und Finnland (50% Ermäßigung für einige Fähren und Buslinien). Für Kinder, Jugendliche und Senioren ab 60 Jahren gibt es Ermäßigungen. Informationen im Reisebüro, bei der DB oder unter www.scanrail.com.

Das **EuroDomino-Ticket** der DB bietet freie Fahrt im schwedischen Bahnnetz und Rabatt auf die Anreise. Aktuelle Preise: www.bahn.de

... mit dem Bus

Von zahlreichen Städten in Deutschland verkehren regelmäßig Busse nach Schweden. Deutsche Touring GmbH, Am Römerhof 17, 60486 Frankfurt am Main, Tel. 069-79 03-50, www.deutsche-touring.com. Von Berlin gibt es außerdem eine Verbindung nach Stockholm mit Swebus (s. S. 219).

Apotheken

Apotheken (*apotek*) bieten neben den gängigsten Medikamenten ein ausgezeichnetes Körperpflegesortiment für Allergiker. Wer auf die regelmäßige Einnahme von Medikamenten angewiesen ist, sollte einen Vorrat mitnehmen, denn sowohl bei homöopathischen Erzeugnissen als auch bei starken verschreibungspflichtigen Arzneien kann es Probleme bei der Beschaffung geben.

Ärztliche Versorgung

Bei akuten Gesundheitsproblemen begibt man sich zur nächsten *akutmottagningen* oder *vårdcentral*. Das sind kommunale Einrichtungen der Gesundheitsversorgung mit Allgemeinmedizinern, Fachärzten und Krankenschwestern.

Niedergelassene Ärzte gibt es nur wenige in Schweden. Vor der Behandlung ist in jedem Fall eine Selbstbeteiligung von 140–280 SEK zu entrichten.

Autofahren

Eine im Gegensatz zu Deutschland sehr entspannende Angelegenheit: Es herrscht ein generelles **Tempolimit** von 90 km/h auf Landstraßen und 110 km/h auf Autobahnen und autobahnähnlichen Straßen, für PKW mit Wohnwagen grundsätzlich max. 70 km/h. Innerhalb geschlossener Ortschaften darf man 50 km/h, in Wohngebieten 30 km/h fahren. Es besteht **Anschnallpflicht** auf allen Plätzen und für den Fahrer eine **0,2-Promille-Grenze**. Grundsätzlich muss auch am Tage mit **Abblendlicht** gefahren werden. Im WInter (1. Dez.–31.März) sind **Winterreifen** Pflicht. Für Kinder bis zum siebten Lebensjahr sind Kindersitze vorgeschrieben.

Verstöße gegen die Straßenverkehrsordnung werden mit hohen Strafen belegt, bei Geschwindigkeitsüberschreitungen von mehr als 30 km/h kann das Auto beschlagnahmt werden, Bußgelder sind an Ort und Stelle zu bezahlen, gelegentlich werden auch Kreditkarten akzeptiert.

Die **Straßen** sind im allgemeinen gut ausgebaut, wenn auch nicht so landschaftszerstörend wie in anderen Ländern Europas. Es gilt die Devise, nur soviel Platz zu verbrauchen wie unbedingt nötig. Den Streifen neben der eigentlichen Fahrbahn benutzen diejenigen, die langsamer fahren wollen. Sollte also von hinten ein schnelleres Auto kommen, hält man sich rechts und lässt es vorbei.

Bei **Benzin** (*bensin*) wird immer die Oktanzahl angegeben: *Normal*: 95 Oktan, *super*: 98 Oktan, **Diesel** (*diesel*) ist nicht an allen Tankstellen erhältlich. Für **Tankautomaten** (*sedelautomat/konto*), die vor allem in dünnbesiedelten Regionen hilfreich sind, benötigt man 20-,

50- und 100-Kronen-Scheine oder eine Kreditkarte.

Das **Parken** folgt in manchen Städten einem System namens *datoparkering*: Beispielsweise an Tagen mit geradem Datum wird auf der rechten Straßenseite, an Tagen mit ungeradem auf der linken geparkt. Gelegentlich herrscht auch an bestimmten Wochentagen Parkverbot. Schilder am Straßenrand informieren über das angewandte System. Das Ganze ist sinnvoll, erleichtert es doch die Arbeit der Straßenreinigung. Halteverbot wird durch eine durchgehende gelbe Linie am Fahrbahnrand angezeigt, eine gestrichelte oder Zick-zack-Linie bedeutet eingeschränktes Halteverbot.

ADAC-Mitglieder können sich an die Partnerorganisation **Motormännens Riksförbund** wenden, Tel. 020 - 21 11 11, www.motormannen.se.

Die großen **Autovermieter** sind auch in Schweden mit Niederlassungen vertreten.

Behinderte und Allergiker

Im Umgang mit Behinderten sind die skandinavischen Länder im Vergleich zum übrigen Europa absolut vorbildlich. Das gilt sowohl, was die Zugänglichkeit von Sehenswürdigkeiten, Verkehrsmitteln und Unterkünften für Rollstuhlfahrer als auch, was die Ausstattung von Hütten und Hotelzimmern für Allergiker angeht. Informationen erhalten Behinderte über De Handikappades Riksförbund, Katrinebergsvägen 6, 10074 Stockholm, Tel. 08-685 80 00, Fax 6 45 65 41, www.dhr.se.

Diplomatische Vertretungen

Deutsche Botschaft,
Skarpögatan 9, 11527 Stockholm, Tel. 08-6 70 15 00, Fax 6 70 15 72, www.german-embassy.se
Österreichische Botschaft, Kommendörsgatan 35, 11458 Stockholm, Tel. 08-6 65 17 70, Fax 6 62 69 28, www.algonet.se/~austria
Schweizerische Botschaft, Birger Jarlsgatan 64, 10041 Stockholm, Tel. 08-6 76 79 00, Fax 21 15 04, vertretung@sto.rep.admin.ch

Einkaufen und Souvenirs

Glas, Haushaltswaren, alles, was im weitesten Sinne unter das Stichwort schwedisches Design fällt, darf auf keiner Einkaufsliste fehlen. Auch kunsthandwerkliche Erzeugnisse von geschnitzten Holzpferden aus Nusnäs am Siljansee bis zu Steingut und Keramik sollte man als Souvenirs in Betracht ziehen. Ein Glas *hjortronsylt* (Multebeermarmelade) sowie Fischzubereitungen, Elchschinken und Rentierwurst sind andere Mitbringsel, über die sich die Lieben daheim freuen werden.

Einreise- und Zollbestimmungen

Bei einem Aufenthalt von bis zu drei Monaten reicht ein gültiger Personalausweis. Kinder bis 16 Jahre können, im Pass ihrer Eltern eingetragen sein. Die Mitnahme einer grünen Versicherungskarte wird Autofahrern empfohlen.

Seit 2004 gibt es bei Alkohol und Tabak für EU-Bürger keine Einfuhrgrenzen mehr. Bürger aus Nicht-EU-Staaten dürfen 200 Zigaretten oder 250 g Tabak, 2 l Bier sowie 1 l Wein und 1 l Spirituosen oder 2 l Wein einführen.

Genehmigungspflichtig ist die Einfuhr von CB-Funkgeräten ohne CEPT-Zulassung, Jagdwaffen und Munition. Informationen: Tullverket, Box 12654, S-11298 Stockholm, Tel. 07 71-52 05 20, Fax 08-20 80 12, www.tullverket.se. Zur Einfuhr von Haustieren s. unten.

Feiertage

Arbeitsfrei sind 1. Januar, 6. Januar, Karfreitag, Ostermontag, 1. Mai, Christi Himmelfahrt, 6. Juni (Nationalfeiertag), Midsommar, Allerheiligen, 24.–26. und 31. Dezember.

Geld und Geldwechsel

Währungseinheit ist die schwedische Krone (SEK), 1 Krone besteht aus 100 Öre, kleinste Münze ist das 50-Öre-Stück, in Geschäften wird entsprechend gerundet. Günstige Kurse beim Geldwechsel erhält man bei FOREX an den großen Flug- und Fährhäfen, Bahnhöfen sowie in Stockholm im Sverigehuset an der Hamngatan. Gängige Kreditkarten werden überall akzeptiert und sind viel weiter verbreitet als bei uns. Mit EC-Karte und Geheimnummer bekommt man an ausgewiesenen Geldautomaten Bargeld.

Schweden ist bislang noch kein Euro-Land, dennoch akzeptieren manche Geschäfte, Hotels und Restaurants auch diese Währung. Zu erkennen sind sie an einem gelben Euro-Zeichen auf dunkelblauem Grund mit dem vier-sprachigen Hinweis »Wir akzeptieren Euro«. Umrechnungskurse:

100 SEK = 11 € (17,13 CHF)
1 € = 9,02 SEK
1 CHF = 5,84 SEK

Gesundheitsvorsorge

Die Bundesrepublik, Österreich und Schweden haben ein Sozialversicherungsabkommen getroffen, es reicht die Mitnahme eines Auslandskrankenscheines (E 111). Da die Krankenkassen Rücktransporte nicht bezahlen, empfiehlt sich der Abschluss einer Auslandsreisekrankenversicherung. Für Campingurlauber und Wanderer wird eine Zeckenschutzimpfung empfohlen.

Haustiere

Seit Juli 2004 ist die langwierige und kostspielige Prozedur für Urlauber, die ihre Hunde und Katzen mitnehmen möchten, vereinfacht worden. Hundehalter sollten daran denken, dass die Tiere nicht frei im Gelände herumlaufen dürfen und stets an der Leine geführt werden sollten. Besonders an Stränden sind Hunde (und noch weniger ihre Hinterlassenschaften) nicht unbedingt gern gesehen

Eingeführt werden dürfen Hunde (keine Kampfhunde) und Katzen, die durch Tätowierung oder Mikrochip eindeutig zu identifizieren und gegen Tollwut geimpft sind. Die Tollwutimpfung muss nach frühestens 120 Tagen durch eine von einem anerkannten Labor durchgeführte Blutprobe noch einmal überprüft werden. Ein offizieller Impfpass (Hunde: Tollwut, Leptospirose und Staupe; Katzen: Tollwut) und ein frühestens 10 Tage vor der Einreise ausgestelltes Gesundheitszeugnis sowie eine Kur gegen Zwergbandwürmer müssen ebenfalls nachgewiesen werden. Bei weiteren Fragen wende man sich an: Statens Jordbruksverk, 55182 Jönköping, Tel. 0 36-15 55 33 (deutschsprachig Mo–Fr 9.30–11.30 und 13–15 Uhr), www.sjv.se.

Information

Das Info-Büro der Schweden-Werbung für Reise und Touristik verschickt auf Anfrage Regionalprospekte sowie Broschüren zu Aktivurlaub und reisepraktischen Dingen: **Visit Sweden,** Box 90, S-88122 Sollefteå, Tel. 069-22 22 34 96 (aus Deutschland), 01 92-867 02 (Österreich), 04 45 80 62 94 (Schweiz); Fax 00 46-62 01 50 11, www.visit-sweden. com oder www.auf-nach-schweden.de **www.sweden.se** – Die offizielle Website des Landes bietet (auch in deutscher Sprache) aktuelle Infos zu Land und Leuten, Kunst und Kultur, Wirtschaft und Politik; viele nützliche Links.

Karten

Autofahrer kommen in Süd- und Mittelschweden mit vier Kartenblättern (1:250 000) aus, auf denen auch touristisch Interessantes wie Sehenswürdigkeiten und Campingplätze verzeichnet sind (Verlage: Kümmerly & Frey oder freytag & berndt). Wanderer sollten sich topografische Karten der Region besorgen. Karten und Wanderkarten sind im Buchhandel erhältlich.

Lesetipps

Carl Michael Bellman, Fredmans Episteln, Stuttgart 1994. Die zugleich melancholischen und sinnenfrohen Trink- und Liebeslieder des größten schwedischen Troubadours mit den Noten der Originalausgabe von 1790.

Jonas Gardell, Die lustige Stunde, Leipzig 1994. Die Geschichte einer Kindheit im schwedischen Wohlfahrtsstaat der 1970er Jahre (vergriffen).

Selma Lagerlöf, Wunderbare Reise des kleinen Nils Holgersson mit den Wildgänsen, München 1990. Noch immer der schönste Reiseführer durch Schweden.

Jan Guillou, Die Frauen von Götaland u.a. 2000–02. Drei spannende historische Romane aus der Kreuzfahrer-Zeit, in denen die Gegend um Kloster Varnhem eine wichtige Rolle spielt.

Henning Mankell, Die fünfte Frau u. a., 1998. Die Bestseller-Krimis um Kommissar Wallander aus Ystad sind auf rund ein Dutzend angewachsen – eine gute Einstimmung für Südschwedenreisende, die sich nicht bange machen lassen wollen ….

Vilhelm Moberg, Der Roman von den Auswanderern. Eine schwedische Chronik, 4 Bde., Hildesheim 1993–95. Auf rund 1900 Seiten erzählt Moberg die Geschichte von Karl Oskar und Kristina Nilsson, die 1850 vor dem Hunger in ihrer småländischen Heimat nach Amerika fliehen und in Minnesota sesshaft werden (vergriffen).

Liza Marklund, Olympisches Feuer u. a., Hamburg 2000. Die schwedische ›Queen of Crime‹ lässt ihre Reporterin Annika Bengtzon weiter recherchieren.

215

Jan Myrdal, Eine Kindheit in Schweden, Marburg 1990. Der Sohn der Nobelpreisträger Alva und Gunnar Myrdal, das mittlerweile selbst in die Jahre gekommene *enfant terrible* der schwedischen Gesellschaft, holt in diesem autobiografischen Roman seine Eltern von dem Sockel, auf den die schwedische Gesellschaft sie gestellt hat, indem er seine von Kälte und Gleichgültigkeit geprägte Kindheit beschreibt.

Maj Sjöwall/Per Wahlöö, Die zehn Romane mit Martin Beck, Hamburg 1989. Auch wenn sie bereits in den 70er Jahren entstanden sind, geben die Krimis noch immer einen guten Einblick in die schwedische Gesellschaft.

Kurt Tucholsky, Schloss Gripsholm, Hamburg 1993.

Maße und Gewichte

Eine schwedische Meile entspricht 10 km. Beeren werden auf dem Markt in Liter gemessen.

Notruf

Polizei, Krankenwagen und Feuerwehr Tel. 1 12;
Pannenhilfe rund um die Uhr Tel. 0 20-91 00 40 (Larmtjänst).

Öffnungszeiten

Banken öffen Mo–Fr 9.30–15, Do bis 18, einige auch bis 17.30 Uhr. **Geschäfte** sind geöffnet Mo–Fr 9.30–18, Sa bis 14/16 Uhr. Das liberale Ladenschlussgesetz führt aber dazu, dass man fast in jedem Ort wochentags bis 20 und sonntags zwischen 12 und 16 Uhr, manchmal auch noch länger, einkaufen kann.

Systembolaget, der staatliche Alkoholhandel, ist Mo–Mi 9.30–18, Do, Fr bis 19, Sa 10–14 Uhr geöffnet. Mindestalter für Käufer ist 20 Jahre, wer erkennbar schon in die Flasche geguckt hat, darf erst gar nicht rein.

In fast allen Banken und Geschäften, wo es zu Warteschlangen kommen kann, gibt es die segensreiche Einrichtung des **Nummernsystems**, d. h., man zieht eine Nummer und wartet, bis man aufgerufen wird bzw. die Nummer auf einer Anzeigetafel erscheint.

Post und Porto

Nur noch in größeren Städten findet man Postämter *(postkontor)*. Briefmarken gibt es im Supermarkt, bei der Touristeninformation oder auch an Tankstellen. Briefe und Postkarten in andere Länder Europas kosten 10 SEK Porto.

Sehenswürdigkeiten

Sehenswürdigkeiten werden auf Hinweisschildern durch den Johannes- oder Ewigkeitsknoten angezeigt, Sehenswertes abseits der Hauptstraßen durch eine weiße Blume auf braunem Grund.

Telefonieren

Für Fernsprecheinrichtungen ist in Schweden die Telefongesellschaft Telia zuständig. Telefonkarten für Telefonzellen – Münzautomaten gibt es kaum noch – erhält man in vielen Geschäften, im Turistbyrå oder am Zeitungskiosk (*pressbyrå*). Auch mit Kreditkarten lässt sich telefonieren.

Vorwahl nach Schweden: 00 46, danach wählt man die Ortsnetzkennzahl ohne die 0. Bei Gesprächen von Schweden ins Ausland wählt man die Landesvorwahl (Deutschland: 00 49, Österreich: 00 43, Schweiz: 00 41) und wählt dann die Ortsnetzkennzahl ohne die 0 sowie die Teilnehmernummer.

Informationen über schwedische Handytarife bei Post- och Telestyrelsen (nur in schwedischer Sprache): www. pts.se

Trinkgeld

Trinkgeld ist im Beförderungspreis von Taxis oder der Restaurantrechnung enthalten, gegen eine Aufrundung des zu entrichtenden Betrages wird aber sicher niemand etwas einwenden.

Umgangsformen

Im großen und ganzen unterscheiden sich die schwedischen Umgangsformen nicht von den deutschen. Kleinigkeiten sind dennoch zu beachten, will man Fettnäpfchen vermeiden.

In diesem Zusammenhang passt das Wort *lagom*. Es lässt sich nur schwer übersetzen und bedeutet so viel wie gerade richtig, also z. B. nicht zu kalt, nicht zu warm, nicht zu laut, nicht zu leise. Übertragen auf das Zwischenmenschliche heißt das: sich nicht aufdrängen, nicht unangenehm auffallen, sich möglichst nicht streiten, was auch für politische Diskussionen gilt.

In Schweden duzt man sich für gewöhnlich, auch wenn man sich gerade erst kennengelernt hat. Diese informelle Anrede darf jedoch keineswegs darüber hinwegtäuschen, dass Schweden auf die Einhaltung einer gewissen persönlichen Distanz und einiger Höflichkeitsformen größten Wert legen.

Wird man in Schweden eingeladen, sollte man darauf achten, auf die Minute pünktlich zu kommen und an der Eingangstür zur Wohnung die Schuhe auszuziehen.

Tack, also danke, findet häufig Anwendung. Nach dem Essen und grundsätzlich nach einer Einladung bedankt man sich bei den Gastgebern: *Tack för maten*. (Danke für das Essen) oder *Tack för ikväll*. (Danke für heute abend). Trifft man seine Gastgeber wieder – und sei es nach Jahren –, bedankt man sich erneut: *Tack för senast* (Danke für neulich).

Här röker vi inte! Wir rauchen hier nicht: Raucher haben es schwer in Schweden, das auf dem besten Wege ist, rauchfrei zu werden: Öffentliche Gebäude sind es bereits. In Restaurants gibt es große Nichtraucherzonen. Es ist selbstverständlich, sich an das Rauchverbot zu halten. Wer das nicht tut, den trifft ein umfassendes und subtiles System sozialer Kontrolle. Wo einem das Rauchen nicht knallhart verboten, sondern an den gesunden Menschenverstand und das soziale Gewissen appelliert wird, muss man schon ein dickes Fell haben, um sich der Sucht zu ergeben. Und die Mitmenschen werden ihr Missfallen über den Regelverstoß sicher irgendwie kundtun.

Unterkunft

Hotels und Pensionen

Seit 2004 werden auch in Schweden Hotels nach Sternen klassifiziert. In der Regel sind Ausstattung und Komfort so gut, dass man kaum Häuser unter vier Sternen finden wird. Übernachtungen in schwedischen Hotels sind gerade in der Urlaubssaison besonders günstig zu haben, da diese dazu übergegangen sind, an Wochenenden und in den Sommermonaten, wenn die Geschäftsleute ausbleiben, Touristen mit attraktiven Sonderangeboten anzulocken. Dann sind gute Doppelzimmer mit Frühstück oft schon ab ca. 800 SEK zu bekommen. Eine Ausnahme bilden lediglich ausgesprochene Ferienhotels, z. B. an der Westküste, die fast ausschließlich Urlauber zu ihrer Klientel zählen.

Preisreduzierungen bieten auch Hotelschecks der unterschiedlichen Ketten. Der Vorteil: Man kann die Übernachtungskosten im Voraus kalkulieren; der Nachteil: Man ist auf eine Kette festgelegt und kann deshalb Sonderangebote vor Ort, die manchmal günstiger sind, nicht wahrnehmen. Kinder bis 5 Jahre übernachten fast überall kostenlos, bis 15 Jahre zahlen sie oft nur das Frühstück und ab 16 Jahren wird ein geringer Aufschlag fürs Extrabett im Zimmer der Eltern erhoben.

Eine reizvolle Alternative sind Übernachtungen in Pensionen (*pensionat*), kleinen, oft liebevoll altmodisch eingerichteten Hotels mit meist gutem Restaurant und angemessenen Preisen.

Ferienhäuser

Ein Ferienhaus zu mieten ist die wohl typischste Art des Schwedenurlaubs. Die Preise variieren je nach Lage und Ausstattung des Objektes stark und liegen bei ca. 200–300 €/Woche. Informationen entweder über Reisebüros oder bei Visit Sweden (s. Information), wo man auch Ferienhauskataloge schwedischer Touristenbüros erhält.

Camping

Um auf einem der ca. 650 Campingplätze übernachten zu können, die dem Schwedischen Campingverband angegliedert sind, ist eine Camping Card Scandinavia erforderlich, die auch in anderen Ländern gilt und ca. 50 SEK kostet. Stellplätze kosten zwischen 100 und 170 SEK, Hütten (*stuga*) mit Kochgelegenheit für Menschen ohne Zelt, Wohnwagen oder Wohnmobil zwischen 300 und 500 SEK. Bereits in Deutschland kann man Campingschecks über Reisebüros oder Fährgesellschaften kaufen. Zu beachten ist, dass in Schweden für Kocher, Lampen und Heizgeräte nur Propangas (*gasol*), kein Butan verwendet wird. Ein Verzeichnis der Campingplätze ist erhältlich über Visit Sweden oder direkt bei Sveriges Camping- och Stugföretagares Riksorganisation SCR, Box 255, 45117 Uddevalla, Fax. 05 22-64 24 30, www.camping.se.

Jugendherbergen

Die schwedischen Jugendherbergen (*vandrarhem*) kennen weder Altersbeschränkungen noch riesige Schlafsäle. Fast überall gibt es Doppel- und Familienzimmer. Jugendherbergen wurden in Leuchttürmen, ausgemusterten Eisenbahnwaggons, ehemaligen Gefängnissen, Festungen usw. eingerichtet. Ein Jugendherbergsausweis ist von Vorteil, doch es werden auch Nichtmitglieder aufgenommen (zu etwas höheren Preisen). Rauchen ist in den Häusern verboten! Informationen: Svenska Turistföreningen, Box 25, 10120 Stockholm, Tel. 00 46-8-463 21 00, Fax 678 19 58, info@stfturist.se, www.svenskaturistforeningen.se.

Privatunterkünfte/Bed & Breakfast

Mehr und mehr werden auch privat vermietete Zimmer (*rum*) und Wohnungen (*lägenhet*) angeboten. Bettwäsche und Frühstück muss man allerdings oft selbst organisieren. Die Übernachtungspreise liegen bei ca. 200 SEK aufwärts, dazu kommt eine geringe Vermittlungsgebühr, wenn man über das örtliche Turistbyrå bucht.

Dagegen ist bei Bed & Breakfast-Angeboten ein reichhaltiges Frühstück inklusive (ca. 250 SEK/Person). Besonders empfehlenswert sind Unterkünfte auf dem Lande, die von der Organisation Bo på Lantgård in einem Katalog zusammen mit Ferienhäusern und -apartments für Selbstversorger gelistet sind: Bo på Lantgård, Box 8, 66821 Ed, Tel. 05 34-1 20 75, Fax 610 11, www.bopalantgard.org.

Verkehrsmittel

Inlandsflüge

Wer von Südschweden aus einen Abstecher in die Weiten der lappländischen Landschaft unternehmen will, kann das tun, ohne seinen Geldbeutel übermäßig zu strapazieren, denn innerschwedische Flüge sind relativ günstig. Schwedische Reisebüros bieten gerade im Sommer häufig preisreduzierte Inlandsflüge zu besonderen Bedingungen.

Bahnfahren

Ein umfangreiches Rabattsystem und die komfortable Ausstattung der Züge machen Bahnfahren in Schweden zu einer reizvollen Alternative. Zu Angeboten sowie den Fahrplänen der Staatsbahnen: www.sj.se, Fahrpläne der staatlichen Bahn sowie der staatlichen und privaten Busse: www.resplus.se.

Busse

Strecken in ganz Schweden bedienen die Expressbusse von Swebus (im Reiseteil bei den jeweiligen Orten aufgeführt), wenn auch gelegentlich nur einmal am Tag, Achtung: für manche der Expressbusse ist eine kostenlose Reservierung erforderlich (Tel. 0 20- 64 06 40). SweBus, Cityterminalen, Klarabergsviadukten 72, 11664 Stockholm, Tel. 08-6 55 00 90, Fax 7 62 26 12, www.swebus.se.

Zeit

Es gilt die Mitteleuropäische Zeit bzw. Mitteleuropäische Sommerzeit.

Zeitungen

Deutschsprachige Zeitungen und Zeitschriften sind in der Saison in den touristischen Zentren meistens mit einem Tag Verspätung erhältlich.

SPRACHFÜHRER

»Ich mache das so, sagte ich. Erst spreche ich deutsch, und wenn sie das nicht verstehn, englisch, und wenn sie das nicht verstehn, platt – und wenn das alles nichts hilft, dann hänge ich an die deutschen Wörter die Endung as an, und dieses Sprechas verstehas sie ganz gut.« Soweit Kurt Tucholsky zu den Eigenheiten der schwedischen Sprache und zu der Verständigung mit den Einheimischen. In der Tat kommt man ganz gut weiter mit Englisch oder Deutsch, das neben Französisch zweite Fremdsprache (nach Englisch) ist . Doch das Erlernen zumindest einiger Höflichkeitsfloskeln erleichtert die Kontaktaufnahme ungemein.

Schwedisch ist eine nordgermanische Sprache und als solche eng mit dem Deutschen und dem Englischen verwandt. Während man beispielsweise Zeitungstexte mit ein wenig Geduld und Fantasie durchaus auch ohne Sprachkenntnisse entziffern kann, stellt die Aussprache für Lernwillige ein größeres Problem dar. Eine detaillierte Aufstellung der Ausspracheregeln sprengt jeglichen Rahmen, deshalb nur einige Hinweise:

o – wird meistens wie u ausgesprochen, z. B. *nota* (nu:ta) Rechnung.

u – wird meistens wie ü ausgesprochen, z. B. *hus* (hü:s) Haus oder *rum* (rümm) Zimmer.

y – wird wie ü ausgesprochen, z. B. *hyra* (hü:ra) mieten; *dyr* (dü:r) teuer; *tysk* (tüsk) deutsch.

å – wird wie o ausgesprochen, z. B. *åka* (o:ka) fahren; *tåg* (to:g) Zug.

d, h und **l** werden vor -j nicht gesprochen: *djur* (jü:r) Tier, *djup* (jü:p) tief, *hjälp* (jälp) Hilfe, *ljus* (jü:s) Licht.

g – wie im Deutschen, Ausnahmen: vor -e, -i, -y, -ä, -ö und nach l- und r- wie ein deutsches j in jagen: *älg* (älj) Elch; *Göteborg* (jö:tebo:rj).

k – wie im Deutschen, Ausnahmen: vor -e, -i, -y, -ä, -ö fast wie ein deutsches sch in schwimmen: *kyrka* (schürka) Kirche, *köpa* (schöpa) kaufen.

kj, sj, skj, stj und **tj** werden fast wie ein deutsches sch ausgesprochen: *kjol* (schu:l) Rock, *sjö* (schö:) See, *skjorta* (schu:ta) Hemd, *stjärna* (schä:rna) Stern, *tjugo* (schü:ge) zwanzig; ebenso **sk** vor -e, -i, -y, -ä, -ö: *skepp* (schepp) Schiff, *skön* (schö:n) schön.

s – wird immer stimmlos (scharf) gesprochen wie im deutschen Haus: *simma* (simma) schwimmen; *husen* (hü:sen) die Häuser.

v – wird wie ein deutsches w ausgesprochen: *vin* (wi:n) Wein.

Die schwedische Sprache weist einige Besonderheiten auf: Sie kennt den zusätzlichen Buchstaben å, der ebenso wie ä und ö immer am Ende des Alphabets, etwa in Telefonbüchern, steht. Außerdem wird der bestimmte Artikel angehängt: eine Kirche *en kyrka*; die Kirche *kyrkan*; ein Marktplatz *ett torg*; der Marktplatz *torget*.

Wörterbuch

Begrüßung und Konversation

Guten Tag, hallo	goddag, hej
Guten Morgen	god morgon
Guten Abend	god afton
Ich heiße...	jag heter...
Wie heißen Sie/ heißt Du?	Vad heter du?
Ich komme aus Deutschland, Österreich, der Schweiz	Jag kommer från Tyskland, Österrike, Schweiz
Sprechen Sie/ sprichst Du Deutsch?	Talar ni/ du tyska?
Ich verstehe nicht.	jag förstår inte
Ja bitte	ja tack
Nein danke	nej tack
Danke/Vielen Dank	tack/tack så mycket
Bitte sehr	varsågod
Entschuldigung	förlåt/ ursäkta mig
Keine Ursache/ gern geschehen	ingen orsak/ för all del
Tschüß	hej då
Bis bald	vi ses
Wo ist...?	Var är.../ var finns...?
Wieviel kostet...?	Vad kostar...?
Was ist das?	Vad är det?
Ja/nein	ja/nej
Toilette	toalett
Raucher/ Nichtraucher	rökare/ ickerökare

Unterkunft

Hotel	hotell
Campingplatz	campingplats
Jugendherberge	vandrarhem
Hütte	stuga
(Einzel-, Doppel-) Zimmer	(enkel-, dubbel-) rum
Haben Sie noch ein Zimmer frei?	Finns det lediga rum?
Bett/Betten	säng/sängar
Kinderbett	barnsäng
Frühstück	frukost
Dusche/Bad	dusch/bad
Sauna	bastu

Fortbewegung

geradeaus	rakt fram
rechts	till höger
links	till vänster
Autovermietung	biluthyrning
Tankstelle	bensinstation/ mack
Werkstatt	bilverkstad
Polizei	polis
(Haupt-)Bahnhof	(central-)station
Fahrkarte	biljett
Gepäck	bagage
Bushaltestelle	busshållplats
Flugplatz	flygplats
Fähre	färja
Fahrrad	cykel

Gesundheit

Apotheke	apotek
Arzt	läkare
Zahnarzt	tandläkare
Krankenhaus	sjukhus
Unfall	olycka
Ich bin …	
… Allergiker.	Jag lider av allergi.
… Diabetiker.	jag är diabetiker.
… schwanger.	jag är gravid.
Magenschmerzen	ont i magen
Kopfschmerzen	huvudvärk
Halsschmerzen	ont i halsen
Erkältung	förkylning

221

Einkaufen

Laden, Geschäft	affär, butik
Supermarkt	stormarknad
Lebensmittel(laden)	livsmedel(affär)
Flohmarkt, Trödler	loppmarknad
Ausverkauf	rea
Schnäppchen	fynd
Kreditkarte	(konto)kort
Barzahlung	kontant

Zahlen

eins	en, ett
zwei	två
drei	tre
vier	fyra
fünf	fem
sechs	sex
sieben	sju
acht	åtta
neun	nio
zehn	tio
zwanzig	tjugo
dreißig	trettio
vierzig	fyrtio
fünfzig	femtio
sechzig	sextio
siebzig	sjuttio
achtzig	åttio
neunzig	nittio
hundert	hundra
hunderteins	hundraett
zweihundert	tvåhundra
tausend	tusen

Wochentage

måndag	Montag
tisdag	Dienstag
onsdag	Mittwoch
torsdag	Donnerstag
fredag	Freitag
lördag	Samstag
söndag	Sonntag

Geografisches

å	Flüsschen
ås	Höhenzug
älv	größerer Fluss
bruk	Eisenhütte
by	Dorf
fors	Wasserfall, Stromschnelle
hamn	Hafen
holm	kleine Insel
köping	Handelsplatz
kyrka	Kirche
näs	Landzunge
ö	Insel
slott	Schloss
sjö	See
skog	Wald
sund	schmaler Ausfluss eines großen Gewässers
torg	Marktplatz
vik	Bucht

Im Restaurant

Kann ich die Speisekarte haben?	Kann jag få matsedeln?
Können Sie etwas empfehlen?	Kan du rekommendera något?
Kann ich bitte die Rechnung haben?	Kann jag få notan?
Ich hätte gerne/ ich nehme...	Jag vill gärna ha/ Jag tar...
Selbstbedienung	självbetjäning
dessert, efterrätt	Nachtisch
förrätt	Vorspeise
huvudrätt	Hauptgericht

Kulinarisches Wörterbuch

ättika	Essig
bröd	Brot
gräslök	Schnittlauch
grillad	gegrillt

kokt	gekocht	lamm	Lamm
olja	Öl	oxkött	Rindfleisch
ost	Käse	pannbiff	Hacksteak
peppar	Pfeffer	skinka	Schinken
persilja	Petersilie		
sallad	Salat	**grönsaker**	**Gemüse**
salt	Salz	ärter	Erbsen
småfranska	Brötchen	blomkål	Blumenkohl
smör	Butter	böner	Bohnen
soppa	Suppe	fänkål	Fenchel
stekt	gebraten	gurka	Gurke
vitlök	Knoblauch	kål	Kohl
		lök	Zwiebeln
fisk	**Fisch**	morötter	Karotten
abborre	Barsch	potatis	Kartoffeln
ål	Aal	purjolök	Lauch/Porree
fiskbullar	Fischklößchen	rödbeta	Rote Bete
flundra	Flunder	sparris	Spargel
forell	Forelle		
gädda	Hecht	**frukt**	**Obst**
gös	Zander	äpple	Apfel
hälleflundra	Heilbutt	björnbär	Brombeere
karp	Karpfen	hallon	Himbeere
lax	Lachs	jordgubbe	Erdbeere
musslor	Muscheln	körsbär	Kirsche
räkor	Garnelen	päron	Birne
rödspätta	Scholle	plommon	Pflaume
sill	Hering	vinbär	Johannisbeere
sjötunga	Seezunge	vindruvor	Weintrauben
skaldjur	Meeresfrüchte		
torsk	Dorsch, Kabeljau	**dryck**	**Getränke**
		choklad	Kakao
kött	**Fleisch**	fatöl	Bier vom Fass
älgstek	Elchbraten	grädde	Sahne
fläsk	Schweinefleisch	kaffe	Kaffee
get	Ziege	läsk	Limonade
kalkon	Pute	mjölk	Milch
kalops	Rindergulasch	rödvin	Rotwein
kalvkött	Kalbfleisch	socker	Zucker
korv	Wurst	te	Tee
köttfärs	Hackfleisch	vatten	Wasser
kyckling	Hähnchen	vitvin	Weißwein

REGISTER

Register

Register

SCHWEDEN-ATLAS

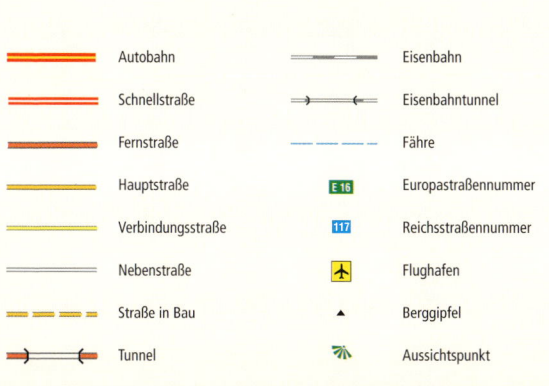

LEGENDE

1 : 1.400.000

0   50 km

Autobahn	Eisenbahn
Schnellstraße	Eisenbahntunnel
Fernstraße	Fähre
Hauptstraße	E 16 Europastraßennummer
Verbindungsstraße	117 Reichsstraßennummer
Nebenstraße	Flughafen
Straße in Bau	Berggipfel
Tunnel	Aussichtspunkt

SÜDSCHWEDEN

S. 234

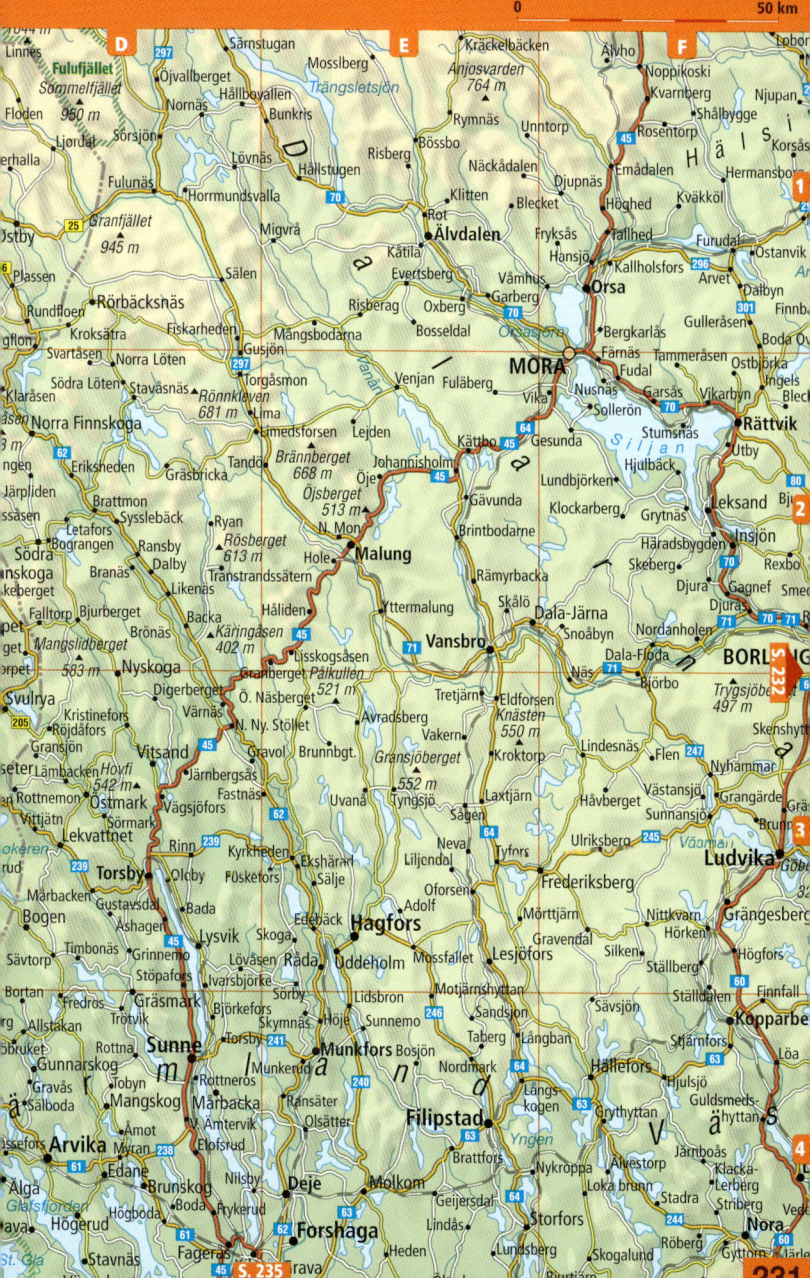

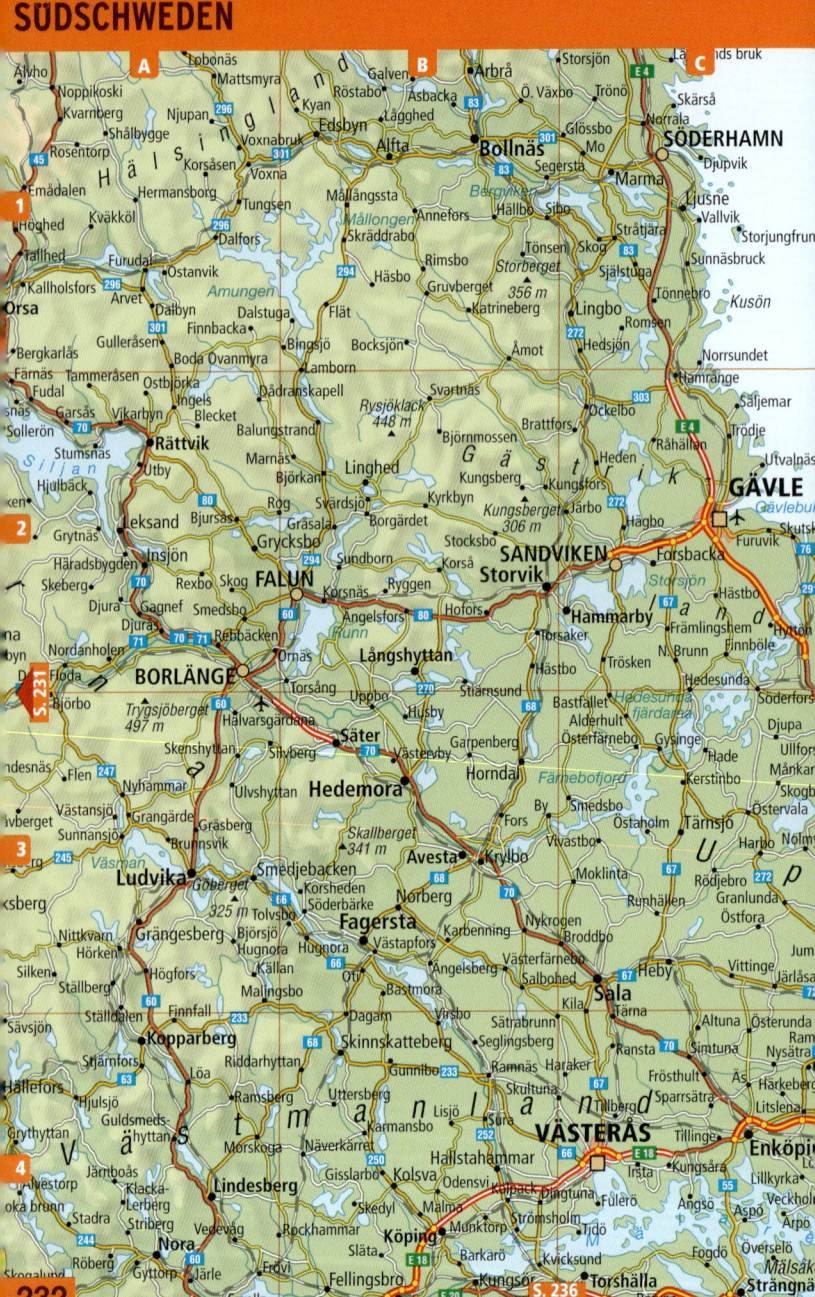

SÜDSCHWEDEN

1 cm = 14 km   **1 : 1.400.000**
0   50 km

D   E   F

O s t s e e

1

FINNLAND

2

årdskärs
Sikhjälma   Fågelsundet
ims   Gröno   Enskär
      Skärplinge   Ängskär   Norrboda
76   Stor-Rängsen
Vāstland   Forsmark
Strömsberg   Berkinge
erp   *Gräsö*
      Gräsbo 290 Valö   *Gräsö*
      Älglösa   **Öregrund**
92 Örbyhus   Norrskedika
            Hökhuvud Börstil **Östhammar**
      Gimo 292 Harg
            Singö
      Morkarla   Skäfthammar *Singö*
      Ramhäll 288   Sanda   Herräng
Läby   Skyttorp Alunda Kolarmora   Grisslehamn
Björklinge   Stavby Tuna Bladåker 283 *Väddö*
      Vattholma   Skebobruk 76 *Väddö*
Aro 288 Rasbo Ekeby   Knutby Broby   Lingstätö
Ago   Farlinge   Edsbro Söderby-Karl Björkö
y   Almunge 282   76 Starbsnas
UPPSALA   Lohärad Estuna *Väto*
      Bergsbrunna 280   Rådmansö Graddo *Söderarm*
änge   Östuna 77 273 **Norrtälje**   Kapellskär
Ubby Alsike E4 Rimbo Frötuna Penningby Furusund
sbro   Gottröda Penningby Furusund
älsta Haga Odensala Lunda Karsta Riala Bergshamra *Blidö*
      Skokloster 255   Arlanda E18 Vettershaga Roslags-
Sigtuna   Frösunda   Kulla
      Norrsunda   Osseby- Åsättra *N. Ljusterö*
imar Bålsta 268 Vallentuna Garn   *Möja*
            Akersberga Linanäs
Uppl Väsby   Täby Ö. Ryd *S. Ljusterö* *Björkärsskärgård*
Munsö Lässa   **Vaxholm**
      Jakobsberg   *Vindö*
STOCKHOLM   Gustavsberg
Birka   *Vindö*
Överenhörna Ekerö E4 Saltsjöbaden Stavsnäs
229   Ingarö *Värmdolandet*

Ahvenmaa
Åland   Löko **Geta**   Bärtbvik
            Labbnas Näs Längbergs-
      Strömma   öda Hulta
Skag   Saltvik   V
      Finström   **Sund** G
Storby Hammarland   Gölby Tranvik Anc
      Nafsby   Torp   Lumparland
            Gottby Onnigby Lemland Svinc
      Mariehamn   Flaka
      Maarianhamina   Järaso Hummerso

S. 237

233

A B C

NORWEGEN

Skagerrak

Holme-strand · Kobbøl · Rasberg · **Trømborg** · smark · Lenunge
Gullhaug · Jeløya · Vøler · Skiptve · **Ørje** · Holme · Strøm · 172
Hvitting · Gen · Horten · E6 · **S. 230** · akkestad · Øymark · Silbodal · Følsbyt · **Årjän**
Grorud · Svarstad · Vivestad · Fossan · Åsgård- · **MOSS** · Vansjø · Varteig · Degernes · Ströms · Silbodal · Løbby
Vanebu · 312 · Suklev · Undrumsdal · strand · Rygge · 114 · foss · Tolsby · Trankil · 172 · Harnäs · Siler
Steinsholt · 306 · Andebu · **TØNSBERG** · Råde · 110 · **SARPSBORG** · 22 · Åremark · Dalen · Gustavsfor
iljan · 32 · Odberg · Hvarnes · Sem · Lervik · Engelsviken · Onsøy · Hafslund · Kjølen · 21 · Törrskog · Barkerud
40 · Kvelde · Kodal · Stokke · Skjee · **NØTTERØY** · Borge · Skjeberg · 22 · Rokke · Sund · Stora Le · Sannerud · Ärtemark
SKIEN · 3 18 · 309 · **FREDRIKSTAD** · Ollerøy · **HALDEN** · Holmegil · Bengtsfors
PORSGRUNN · 303 · Tjøme · Trolldalen · Torsnes · E6 · Ustedal · 21 · Dals-Lång
anger · 308 · Langangen · Vasser · Spjærøy · Svinesund · Hälle · Idd · Rävmarken · Håbøl · Steneby · Tisselsk
SANDE- · 301 · Helgerød · Hvaler · Hogdal · Ör · Enningdal · Kornsjø · Klevmarken · Ed · Iväg · Håve
LARVIK · **FJORD** · Skjærhallen · Buar · Dals-Högen · Bäckefors · Råggård · Dal
Lange-sund · Berg · Stavern · Hällstrand · Skee · Håve · 22 · Mon · Ödsköit · Lerdal · Järbo · Gunnar
Strömstad · Kile · Tjärnö · Vassbotten · Bondemon · Fagerhult · Naverstad · Sanne · Rännelanda · Orsjön · Eriks
Överby · Rämne · Töftedal · Mo · Krokstad · Högsäter · Brålan
Resö · Skällerod · Smeberg · 165 · Tanum · Rabals- · Hedekas · 172
Lindön · Edsäm · hede · 163 · Hällevadsholm · Färgelanda · Stigen · Rådanefors
Havstenssund · Sännäs · Fjällbacka · Dingle · Valbo-Ryr · Nättjebacka · Frä
Grebbestad · Hamburgsund · E6 · Munkedal · Lane-Ryr · Binäs
Kämpersvik · Kville · 174 · Torreby · **UDDEVALLA** · **Väners-**
Heestrand · Hallinden · Röd · Skredsvik · 44 · **borg**
Bovallstrand · 171 · Brastad · Gustafsberg · Notebron
Hunnebostrand · Rixö · Sundsandvik · **TROLLHÄTTAN** · Gärdhe
Gravarne · 161 · Bökenäs · E6 · Ljungskile · Sjunt
Smögen · Malmön · 162 · Henän · Torp · Svenshögen · Lilla
Lysekil · Stillingson · Ljungskile · **Edet** · Göta
Lunnevik · Orust · Varekil · Västerlanda · St. Peder
Grundsund · Ellös · Svanesund · Nösund · 160 · Älvängen · Skepp
Hälleviksstrand · Stala · Stenung · sund · Spekeröd · Nol
Mollösund · Kyrkesund · **Tjörn** · Jorlanda · Älvängen
Skärhamn · Stenkyrka · Kareby · Alafors
Stockevik · Rönnäng · Tjuvik · Ytterby · **Kungälv**
Marstrand · 168 · Bohus · Olofstor
Klåveron · E6 · Agnesberg · Lerum · Härr
Rörö · Tuve · Partille
GÖTEBORG · Hjuvik · Landvetter · **Mölndal** · Kålered · Ln
Öckerö · Hönö · Styrsö · Askim · Lindome
Vrångö · Billdal · 148 · **Kungsbac**
Säro · Vallda · **Fjärå**
Onsala · **Tjolöhol**
Gottskär

Fotonachweis/Impressum

Fotonachweis

F. Bickle/Bilderberg, Hamburg   Abb.
S. 42, 46, 132

C. Boisvieux/Bilderberg, Hamburg
Abb. S. 52, 83, 147, 172, 203

H. Dressler/Look, München   Umschlagklappe vorn, Abb. S. 26, 50,
55, 78/79, 114, 117, 120/121, 144,
191

R. Freyer, Freiburg   Abb. S. 69, 70,
73, 100, 149, 162

M. Galli/Look, München   Abb. S.
60/61, 67, 78, 105

P. Juling, Lissendorf   Abb. S. 90,
126, 178, 197

H. J. Kürtz, Kiel   Abb. S. 2/3, 88, 94,
128, 136, 157, 166, 180, 182, 195,
206/207

H. Madej/Bilderberg, Hamburg   Abb.
S. 14/15, 208

R. Martini/Look, München   Abb. S.
125

H. Stadler, Fürstenfeldbruck   Titelbild, Abb. S. 1, 10, 17, 19, 29,
32/33, 36/37, 49, 65, 74/75, 92/93,
97, 103, 109, 139, 151, 152/153,
158/159, 160, 165, 176/177, 189

Wasa/The Food Professionals Köh-
nen GmbH, Sprockhövel   Abb. S.
41

J. Westmeyer, Köln   Abb. S. 86

Abbildungen

Titelbild: In den Stockholmer Schären
Vordere Umschlagklappe: Mariefred
S. 2/3: Brücke über den Öresund zwi-
schen Kopenhagen und Malmö

Kartografie

DuMont Reisekartografie
© DuMont Reiseverlag

© DuMont Reiseverlag, Ostfildern
3., aktualisierte Auflage 2005
Alle Rechte vorbehalten
Grafisches Konzept: Groschwitz, Hamburg
Druck: Rasch, Bramsche
Buchbinderische Verarbeitung: Bramscher Buchbinder Betriebe

ISBN 3-7701-5922-5

SÜDSCHWEDEN

STOCKHOLM

Lassa
Jakobsberg
Munsö
Birka
Överenhörna
Ekerö
SÖDERTÄLJE
Nykvarn
Hall
Norrga
äs Järna
nesta
Hölö
Torsåker
`sterljung
Trosa
Grytnäs
Iberga
Nynäs
Källvik
Askö
`rksund
Öja

Vaxholm
Gustavsberg
Vindö
Irsjöbaden
Stavsnäs
Ingarön
Värmdolandet
Atla
Brevik
Björnö
Nämdö
Dalarö
Tumba
Tungelsta
Österhaninge
Hörningsholm
Häringe
Sorunda
Osmo
St. Vika
Nynäshamn
Torö
Herrhamra
Örnö
Örnö
Utö

O s t s e e

Gotska Sandön

Färö
Holmudden
Lauterhorn
Färö
Bora
Hallshuk
Bläse
Fårösund
Gotland
Kappelshamn
Rute
Bungenäs
Lickershamn
Ire
Valleviken
Lummelunda
Lärbro
Kyllai
Tingstade
Slite
Hammars
Snäckgärdsbaden
Bäl
Tjälder
Visby
Hejdeby
Lasarve
Busarve
Vibble
Follingbo
Siggur
Hangre
Home
Dalhem
Aurungs
Sojvide
Roma
Gnisvard
Kräklingbo
Katthammarsvik
Bander
Gurfiles
Hervik
Västergarn
Sanda
Buttle
Västerby
Klintehamn
Sigsarve
Loista
Lye
Ljugarn
Ansarve
Lau
Bopparve
Fardhem
Stånga
St. Karlsö
Hemse
Hörte
*Ölands
norra udde*
Ronehamn
Grankullavik
Siglajvs
öda
Böda krono park

A   B   S. 232   C

Fellingsbro   Kungsör   Torshälla   Strängnäs
Ervalla   Arboga   Hallsta   Barva   Malmby
Daﬂkarlsberg   Götlunda   Sickelsjö   Sjölunda   56   Lista   ESKILSTUNA
Granbergsdal   Frösvidal   Kil   Hovsta   Oja   Ärla
Villingsberg   ÖREBRO   Almby   Lunger   St. Sundby   214   Mosstorp   Stålbega   Åker
gerfors   Broholm   Lannabruck   Gällersta   Asker   Hampetorp   Hökärr   Hedensö   Malmköping   Hogsten   Dunker   Laxne   223
Svartå   Mullhyttan   Kumla   Sköllersta   Julita   Österåker   Fjällskäfte   53   Björnlund
Hasselfors   Hardemo   Pålsboda   Vingåker   Bie   Floda   Mellösa   Flen   57   Sparrholm   Axala
brunn   Porlabrunn   Hallsberg   Högsjö   Baggetorp   55   Valla   221   Årdala   Bäven   Sibro   Asp
Laxå   Vretstorp   Svennevad   Katrineholm   St. Malm   Bettna   Husby   Oppunda   223   Bo
gersholm   Röfors   Asbro   Snavlunda   Glottra   Bo   Basnäs   Regna   Hävla   Nora   Strångsjö   Yngaren   Wrena   Råby   Rönö   Svar
Askersund   Haddebo   Hjortkvarn   Igelfors   Andebol   Stigtomta   53   Sjö
Donnafors   Tiveda   Marinedamm   Grytgöl   Rejmyre   55   Simonstorp   Gammelsta   Nyköping
Häggeboda   Tybble   51   Ljusfallshammar   Näkna   E4   Kila   Brogetorp   Oxelösu
Aspabruk   Tived   Godegård   Hällestad   Butbro   Grayersfors   Åby   Strömsfors   Norrtorp   Kvarsebo   Buskhyttan
Igelbäcken   49   Degerön   Tjällmo   Falla   Svärtinge   51   Näsvelvarn   Lönö
Bocksjö   50   Medevi brunn   211   Doverstorp   Risinge   NORRKÖPING   Ö. Husby   Arkö
Bölet   V. Ny   Karlsby   Kvarn   Boberg   Skärblacka   Kuddby   Arkösund
Svanvik   Varamobaden   Grytstorp   Stjärnorp   Kimstad   Hovsta   Ö. Ny   Rönö
Karlsborg   MOTALA   Borensberg   Ljungsbro   Norsholm   Söderköping   Skällvik
Mölltorp   Fornåsa   Berg   Roxen   V. Husby   Hylinge   Börrum   St. Anna
Nässja   Vadstena   Vreta   Rystad   Gistad   Ö. Ryd   Skälboo   Angelholm
Brev   Borghamm   LINKÖPING   Vággö
Vadstena   Skänninge   Vikingstad   Björsäter   Ringarum   Gusum   Valdemarsvik
Omberg   Tåkern   Väderstad   Mantorp   Skeda   35   Grebo   Yxnerum   Häggebo   212   Gryt   Fångö
Alvastra   Rök   Nyki   Ingebo   Fröjerum   Brantsbo   Tryserum   Breviksnäs
Hästholmen   50   Mjölby   34   Brokind   Åtvidaberg   Hannäs   Fågelvik   Kvädö
Ödeshög   Strålsnäs   32   Ycke   Adelshäs   Mosshult   Falerum   Ukna   Skedshult   Edsbruk   St. Askö
Hällan   Boxholm   Rimforsa   Stjärnevik   Broddebo   35   Överum   Björnsholm   Loftahammar
ava   Hålaveden   Trehörna   Sommen   Ulrika   Malma   Dymle   Lofta   Kallvik
Uppgränna   Sten   Tranås   Sjöbo   Svalsjö   Kisa   Hycklinge   Gamleby   Hasselö
Gränna   133   Gripenberg   Marek   Björdal   Horn   Odensvi   Heda   Almvik   Malmö
Hullaryd   Linderås   Torpa   Asunden   Fröåsa   135   Kärby   Verkebäck   VÄSTERVIK
Ilmstad   Viredda   Säby   Vervein   134   Guttringen   Hallingeberg   Hornsudde
mälak   Haurida   Aneby   Marbäck   Österbymo   Djursdala   Toverum   Ankarsrum   Västram   Händelöp
Svarttorp   Bredestad   Blackstad   33   Hökhult   Skaftet
uskvarna   Flisby   32   Åkersberg   Lägern   Ydrefors   Frödinge   Tetebo   Eknö
Lekeryd   Svinhult   33   Rumskulla   Hjorted   Solstadström
Forserum   Solberga   Skurugatt   Härstorp   Vimmerby   Flivik   Vinö
Nässjö   Eksjö   Bruzaholm   Ingatorp   Pelarne   Storebro   Tuna   Bredshult   Mörtfors   Misterhult
Finntorp   Broarp   33   Hult   Mariannelund   Kråkshult   Silverdalen   Veña   Krogstorp   Kärrsvik
Malmbäck   Bello   Storebro   Vederhult   Nygård   Långe E
Brunseryd   Björkö   Solgen   Ekekull   Svenarp   Hultsfred   Syserum   Figeholm   Byxelkro
Bodafors   Ekenässjön   Skede   Ökna   Malilla   Färbo   Virkvarn
Vakås   N. Sandsjö   31   Holsby   Ranforsen   34   Kristdala
Savsjö   127   Adelfors   Rosenfors   S. 239
Landsbro   Bäckseda   127   Kvillsfors   Flaten   E22
Frödervd   Nye   Skirö   Virserum   Mörlunda